INTRODUCTION TO
LIFELONG EDUCATION

평생교육론
한국적 평생교육의 이해와 실천

오혁진 · 김지선 공저

학지사

머리말

긴 시간을 거쳐 드디어 하나의 완결된 책으로『평생교육론』이 출간되었다. 그동안 여러 저자와 함께『평생교육론』공동 저작에 참여한 적은 있었지만, 저자가 대학교에서 직접 강의하는 내용을 중심으로 평생교육의 개념부터 역사, 원리, 정책까지 전체를 일관성 있게 정리하여 출판하는 것은 이번이 처음이다. 지난 20여 년 동안 해마다 수정보완하며 사용하던『평생교육론 강의자료집』이 마침내 대대적인 개편을 통해 정식으로 출판되었다. 기존의 강의 내용 이외에 김지선 박사가 집필한 새로운 내용이 추가됨으로써『평생교육론』은 질과 양적인 면에서 크게 개선되는 효과를 얻게 되었다.

저자에게 '평생교육'은 빛과 그림자로 인식되는 대상이자, 일종의 애증관계와 같은 복합적인 감정을 일으키는 개념이다. 한편으로, '평생교육'은 평생학습사회가 필요로 하는 새로운 교육개념으로서 새로운 교육실천의 장, 새로운 교육전문가의 출현을 정당화해 주었다. 저자가 속한 평생교육 전공 학과의 기반이 되어 주고 졸업생이 진출할 수 있는 활동의 장을 열어 주었다는 점에서, 저자는 현실적으로 '평생교육'의 혜택을 가장 많이 받은 사람 중 하나임에 틀림없다. 그런 면에서 '평생교육'은 참으로 고마운 개념이다.

그러나 다른 한편에서 '평생교육'은 저자에게 모호하기 그지없는 정체성 불명의 개념이기도 하다. 1980년대부터 이 분야에서 저자는 '평생교육'보다는 오히려 '사회교육'에 더 관심이 많았다. 그 당시 '사회교육'은 '학교 밖 교육'이라는 의미도 가졌지만, 그보다는 소외계층을 위한 교육, 생활중심의 교육, 사회정의를 위한 교육 등의 의미가 더 컸다. 반면, '평생교육'은 저자에게 당시 사회교육의 존재가치를 뒷받침해 주는 개념이자, 사회교육 실천을 위해 참조할 만한 학습자 존중의 원리를 반영하는 개념이었다. 그러던 중 2000년을 전후하여 우리나라에서는 '사회교육' 용어가 배제되고 그 자리를 '평생교육'이 대체하는 현상이 나타났다. 이른바 '사회교육의 배제'와 더불어 '광의적 평생교육과 협의적 평생교육의 혼재'가 나타난 것이다. 이러한 사태는 결코 학문적인 깊은 성찰 없이 다소 인위적·정치적·감성적·실용적·행정편의적 차원에서 이루어졌다는 점에서 아직까지도 현대 평생교육학계에 커다란 학문적 부담이 되고 있는 실정이다.

본래 '사회교육'에 일차적인 관심을 가지고 있던 저자의 입장에서, 이러한 '평생교육'의 일극화는 평생교육 개념 자체의 혼란을 가져옴은 물론, '사회교육' 본연의 가치를 부정하고, 그 개념에 기초한 학문적 정립 가능성을 어렵게 한다는 점에서 극복의 대상이 되었다. 이후, 저자는 한국에서 '사회교육'의 개념의 필요성을 다시 강조하는 것(『신 사회교육론』, 2012) 한국에서 사회교육의 역사를 정리하는 것(『한국 사회교육사상사』, 2016)에 주목했다. 이어서 저자의 관심은 사회교육을 학교 밖 교육이라는 영역중심으로 이해하는 한국과 일본중심의 조작적 관점에서 벗어나, 사회교육을 사회문제를 해결하기 위한 교육으로 이해하는 사회교육 고유의 보편적 관점으로 확장되었다. 이러한 관점은 한국과 일본에서 사회교육이 학교 밖 교육이라는 영역적 관점으로 굳어지기 전부터 존재했던 본질적 관점이었으며, 한국에서 '사회교육'이라는 용어가 배제되어 온 과정에서도 국제적으로는 더 활성화되고 있는 관점이었음을 확인하게 된 것이다. 저자는 이러한 근원적·보편적 사회교육의 개념을 바탕으로 나름대로 고유한 '사회교육학'을 재정립하기 위한 노력(『사회교육학탐구』, 2022)을 하였으며, 현재는 새로운 사회교육 개념을 바탕으로 고대부터 현대까지 한국의 사회교육사를 재정립하기 위해 노력하고 있다.

이러한 개인적 입장 때문인지 몰라도, 『평생교육론』은 저자가 대학 강단에서 가장 오랫동안 강의했음에도 불구하고 정식 발간이 다른 분야에 비해 오히려 늦은 감이 있다. 아마도 다른 분야, 특히 사회교육론 관련 저서 발간에 비해 시급성이 떨어진다고 판단한 점도 있고, 별도로 출판까지 할 정도로 고유한 내용이 부족하다고 느꼈던 점도 있다. 그러나 사회교육에 대한 이해가 진행됨에 따라 한국의 평생교육 실제에 대해서도 새로운 성찰을 하게 되었고, 이 점이 오히려 한국의 평생교육 현황을 종합적으로 이해하는 데 도움이 된다는 것도 알게 되었다. 아마도 이러한 사회교육적 성찰의 반영이 부족하게나마 이 책의 고유성이자 효용성이 아닐까 생각한다.

　이론적인 면이든 현실적인 면이든 '평생교육'은 저자가 결코 인연을 끊을 수 없는 존재이다. 최근에는 「교육기본법」에서조차 '사회교육' 관련 조항이 빠져 나름대로 '평생교육'으로의 개념적 일관성이 더욱 강화되었지만, 그렇다고 평생교육의 개념 자체가 더 명확해졌다고 보기는 어렵다. 오히려 '평생교육'이라는 용어 또는 기표에 담기는 의미가 더 복잡해짐으로써 평생교육의 개념적 혼란이 더 가중된 측면이 있다. 이른바 한국에서 '평생교육의 한 지붕 세 가족' 현상이 더 분명해진 것이다. 한국에서 평생교육론을 연구한다는 것은 결국 한 지붕 세 가족 현상을 인식하고 이를 어떻게 해석하고 다룰 것인가와 관련된다.

　이와 관련하여 저자가 찾아낸 나름대로의 정답은 한국에서 '평생교육'은 곧 '사회교육'과 '평생학습'을 통합한 개념이라는 것이다. 먼저, 한국에서 '평생교육' 개념 속에는 저자가 일차적으로 관심을 가지고 있는 사회교육의 개념이 핵심적인 위치를 차지하고 있다. 현재 한국의 평생교육은 사회문제 해결을 위한 교육실천의 전통, 즉 사회교육의 전통을 상당한 정도로 수용·계승하고 있기 때문이다. 특히 범정부적 차원에서 이루어지는 다양한 평생교육 관련 사업은 사실 각 부처가 담당하고 있는 사회문제를 해결하기 위한 교육실천이라는 점에서 사회교육 관련 정책사업들이라고 할 수 있다. 따라서 한국에서 이루어지는 다양한 평생교육 활동을 이해하고 발전과제를 모색하기 위해 사회교육 관점은 결정적인 의미를 가진다. 다른 한편, 한국에서 평생교육은 '평생학습'의 개념을 내포한다. 이는 학습이 전 생애, 전 공간에서 이루어지고 있음을 의미하는 것은 물론, 학습자의 주체성을 존중하고 학습기회의 권리를 보장하는 것이 평생교육의 핵심적인 원리임을 의미하는 것이기도 하다. 따라서 한국에서 '평생교육'의 실천은 사회교육과 평생학습의 원리를 통합적으로 적용하는 것을 의미한다. 사회교육과 평생학습의 통합, 이것이 곧 한국적 평생교육을 제대로 이해하기 위한 이론적 접근 방식인 것이다. 21세기 이후 '사회교육'을 인위적으로 배제하려는 관점을 가지고는 한국의 평생교육을 제대로 이해할 수 없다. 오히려 '사회교육' 본연의 관점을 되살리고, 이를 '평생학습'과 통합하여 이해할 때 한국의 평생교육은 그 실체를 분명히 알 수 있다.

이 책은 바로 사회교육과 평생학습의 관점으로 한국의 평생교육을 이해하고 발전과제를 모색해 본 결과물이라고 할 수 있다. 구체적으로는 한국적 상황에서 평생교육의 개념, 평생교육의 역사, 평생교육 실천의 원리와 방법론, 평생교육 정책의 현황과 발전과제를 사회교육과 평생학습의 개념과 원리에 기초하여 파악하였다. 여기에 특히 김지선 박사와의 협업이 큰 도움이 되었다. 김지선 교수는 사회교육 관점에서 한국 평생교육정책의 특징과 발전과제를 분석하였다. 이 책에서 평생교육정책과 사업은 단지 교육부와「평생교육법」, 국가평생교육진흥원 중심의 정책사업뿐만 아니라 범정부와 지자체 차원에서 이루어지는 모든 것을 포괄한다. 다른 정부부처, 다른 법률에 근거하여 사회문제 해결을 위해 실시되는 사회교육적 정책사업들도 전 생애차원에서 교육이 적용되고 있으며, 더 나아가 평생학습의 원리가 적용되어야 한다는 점에서 평생교육정책사업이라고 할 수 있는 것이다.

이 책의 출판을 위해 많은 분의 도움이 있었다. 먼저, 출판을 도와주신 학지사 김진환 사장님과 김은석 상무님 그리고 짧은 기간 동안 편집에 애써 주신 이희주 선생님께 감사의 말씀을 드린다. 또한 평생교육론을 함께 공부한 대학원과 학부생들의 다양한 의견과 발표도 많은 도움이 되었다. 이 자리를 빌려 감사의 말씀을 드린다. 이 책은 앞으로 더 많은 분의 도움을 받으며 보완되고 개선될 것이다. 부디 이 책이 모든 독자분께 평생교육 학문 공동체 구현은 물론 평생교육의 올바른 실천을 위해 조금이나마 도움이 되기를 기대한다.

2025. 2.
저자를 대표하여
오혁진

차례

제3부 평생교육의 원리와 과제

제4부 평생교육 관련 법과 정책

평생교육 개념의 이해와 정립

제1장

평생교육 개념의 일반적 이해

현대사회에서 평생교육은 일상적인 용어가 되고 있다. 그런데 평생교육의 개념은 모호한 점이 많이 있다. 평생교육은 개념의 외견상 학교교육을 포함한 전 생애에 걸친 교육임에도 불구하고 현실적으로는 주로 학교교육 이외의 성인교육 중심으로 다루어지고 있는 현실이다. 또한 현실적으로 평생교육과 유사한 개념들이 혼동되어 사용되고 있는 것도 사실이다. 이 장에서는 평생교육의 개념을 보다 명확하게 이해하기 위해 평생교육의 다양한 정의를 일반적인 개념정의 방식에 비추어 이해하고, 현대사회에서 평생교육이 실질적으로 어떻게 이해되고 있는가를 살펴보고자 한다. 또한 평생교육이 일정한 기준에 따라 어떻게 유형화될 수 있는지 그리고 평생교육과 관계가 있는 유관 개념들에는 어떠한 것들이 있는가를 구체적으로 살펴보고자 한다.

■ 학습목표

1. 개념의 정의 방식 유형에 따라 현대사회에서 사용되고 있는 평생교육의 기술적 정의, 조작적 정의, 강령적 정의의 의미와 예를 제시할 수 있다.
2. 전 세계적으로 평생교육이 '학교교육 이외의 교육' 중심으로 이해되고 있는 현황과 배경을 설명할 수 있다.
3. 다양한 기준에 따른 평생교육의 유형을 파악하고 새로운 기준에 따라 유형화할 수 있다.
4. 평생교육과 유관한 개념을 파악하여 그 개념의 특성과 평생교육 개념과의 관계성을 설명할 수 있다.

1. 평생교육의 기본 개념

현대사회에서 평생교육은 일반적인 용어가 되고 있다. 그러나 평생교육 개념에 대한 이해는 저마다 다르게 나타난다. 평생교육은 어떠한 관점과 영역으로 인식하느냐에 따라 학교교육을 제외한 성인교육이 되기도, 학교교육을 포함한 모든 교육이 되기도 한다. 이처럼 이 절에서는 개념정의 방식에 따른 평생교육의 개념을 살펴 보고자 한다.

1) 개념 정의 방식의 유형과 의의

학문의 세계에서 개념은 정의(definition)에 의해 표현된다. 개념을 최종적인 언어로 진술해 놓은 것이 곧 정의인 것이다. 따라서 개념을 분석하기 위해서는 실제적으로 그 개념에 대한 다양한 정의를 분류하고 해석하는 것이 필요하다. 그런데 개념을 정의하는 방식은 개념을 사용하는 사람의 특정한 의도와 맥락에 따라 다르기 때문에 이에 대한 주의가 요구된다.

일반적으로 개념의 정의 방식에는 기술적 정의(記述的 定義), 조작적 정의(操作的 定義), 강령적 정의(綱領的 定義)가 있다(Scheffler, 1960: 11-35; 이돈희, 1983: 73-74; 이홍우, 1991: 11-25).

먼저, 기술적 정의란 다른 말로 국어사전식 정의로서 모든 사람이 특정한 맥락에 관계없이 일상생활에서 동일하게 받아들일 수 있는 정의를 말한다. 개념의 기술적 정의는 일반인에게 누구나 받아들일 수 있는 상식적인 의미를 알려 줌으로써 일상생활에서 최소한의 의사소통을 원활하게 하는 데 기여한다. 그러나 사용자의 주관과 사용되는 맥락에 따라 그 구체적인 의미가 다소 다르게 인식될 소지가 있어 엄밀한 학문적인 정의로서는 적절치 못하다고 할 수 있다.

조작적 정의는 다른 말로 약정적 정의(約定的 定義)라고 할 수 있다. 조작적 정의는 특수한 상황에서 그 개념이 갖는 애매모호함으로 인해 발생할 수 있는 부작용을 극복하기 위해 관계자들이 특정한 의미로 약속하여 사용하는 정의를 말한다. 조작적 정의는 일상생활에서 상식적으로 받아들여지는 것과 다르게 과학적으로 엄밀하게 규정하려고 한다는 점에서 과학적 정의의 성격을 가진다. 자연과학은 물론 사회과학에서도 개념이 과학적 연구에 등장하기 위해서는 조작적으로 정의되지 않으면 안 된다. 예를 들어, 지능이 과학적 연구에 유용한 개념이 되기 위해서는 '머리 좋은 정도'라는 기술적 정의가 아니라 '지능검사의 결과를 규준표에 비추어 판단한 것'이라는 조작적 정의를 사용하는 것이 더 유용하다고 할 수 있다(이홍우, 1991: 42).

또한 강령적 정의는 다른 말로 규범적 정의(規範的 定義)라고 할 수 있으며 개념 속에 관계자들이 추구해야 할 가치를 포함하고 있는 것을 특징으로 한다. 따라서 교육에 관한 강령적 정의는 그 안에 교육의 목적을 내포하고 있으며, 교육의 목표를 결정하고 내용을 선택하며 방법을 기용하는 데 있어서 기본적인 규칙을 제시한다. 그러므로 강령적 정의는 교육관의 집약된 표현이라고 할 수 있다(이돈희, 1983: 93). 많은 경우 교육의 강령적 정의는 현재의 교육현실에 대한 비판적인 문제의식과 대안제시의 성격을 가진다(이홍우, 1991: 27). 특히 교육철학이나 교육사 분야에서는 각 시대의 위기상황에서 교육사상가들이 제시한 다양한 교육의 강령적 정의가 다루어진다. 그런데 특정한 강령적 정의를 일반인들이 폭넓게 받아들일 때 그 정의는 그 시대의 지배적인 교육적 가치체계가 된다. 그리고 이러한 가치체계가 구체적으로 검증되지 않고 수용될 때 일종의 슬로건과 같은 성격을 갖게 된다(Komisar, 1961: 200).

〈표 1-1〉 개념 정의 방식의 유형

개념 정의의 유형	성격
기술적 정의	국어사전식 정의. 모든 사람들이 이론(異論)의 여지 없이 받아들일 수 있는 정의. 일반인들의 상식에 기초.
조작적 정의	약정적 정의. 체계적 연구와 실천을 위해 임의로 약속한 정의. 과학적 정의.
강령적 정의	규범적 정의. 기존의 가치에 대한 문제 제기를 통해 새로운 가치를 대안으로 제시하는 정의.

이러한 세 가지 개념 정의 방식은 모두 나름대로의 의의를 가지고 있다. 관련 분야에 아직 생소한 초심자들에게 알기 쉽게 설명하기 위해서는 기술적 정의가

활용된다. 그리고 관련분야에서 보다 학문적으로 체계화된 연구와 실천을 위해서는 조작적 정의가 활용된다. 그런 면에서 학문으로 성립하기 위한 기본적인 정의는 학자들이 서로 공유하는 조작적 정의라고 할 수 있다. 한편, 강령적 정의는 관련된 연구와 실천의 장에서 한 단계 더 성숙해지기 위한 새로운 문제 제기의 결과로 나타난다. 이러한 강령적 정의는 현재의 관점으로는 설명할 수 없는 현상에 대해 새로운 대안적 관점을 제공함으로써 학문분야에서 새로운 학파를 형성할 수도 있다.

2) 개념 정의 방식에 따른 한국 평생교육 개념의 다양성

이와 관련하여 한국의 평생교육 분야에서 쉽게 접할 수 있는 평생교육의 개념들을 정의 방식의 유형에 따라 제시하면 〈표 1-2〉와 같다.

〈표 1-2〉 개념 정의 유형별 평생교육의 개념 사례

정의의 유형	평생교육의 개념 사례
기술적 정의	나면서부터 죽을 때까지 모든 삶의 영역에서 이루어지는 교육, 교육의 수평적·수직적 통합
조작적 정의	학교의 정규 교육과정을 제외한 교육(평생교육법)
강령적 정의	안드라고지로서의 교육, 학습자 중심 교육, 국가 인적자원개발을 위한 교육

첫째, 기술적 정의의 차원에서 볼 때, 한국에서 평생교육에 관한 가장 일반적인 의미는 역시 '나면서부터 죽을 때까지 모든 삶의 영역에서 이루어지는 교육, 교육의 수평적·수직적 통합'이라고 할 수 있다. 이는 유네스코의 정의를 그대로 반영한 것이다. 평생교육(lifelong education)이란 일반적으로 모태로부터 죽을 때까지 가정, 학교, 사회 등 삶의 전 영역에서 행해지는 가르침과 배움의 과정이라고 할 수 있다. 이러한 기술적 정의에 근거하여 평생교육을 구성하는 하위요소들을 다양한 기준에 따라 제시하면 〈표 1-3〉과 같다.

〈표 1-3〉 평생교육 개념의 구성

기준	구분
생애주기	유아교육 – 아동교육 – 청소년교육 – 성인교육(adult education)
교육의 장	가정교육 – 학교교육 – 학교 밖 교육
학교교육과의 관계	학령전 교육 – 학교교육 – 계속교육(continuing education)
직업과의 관계	직업준비교육 – 현직교육 – 순환교육(recurrent education)
교육의 형태	형식교육(formal education) – 비형식교육(nonformal education) – 무형식교육(informal education)

둘째, 조작적 정의의 차원에서 볼 때, 한국에서 평생교육은 특별히 학교 이외의 교육을 일차적으로 내포하고 있다. 한국에서 평생교육을 포괄하는 모법인 「평생교육법」에는, "'평생교육'이란 학교의 정규교육과정을 제외한 학력보완교육, 성인 문해교육, 직업능력 향상교육, 성인 진로개발역량 향상교육, 인문교양교육, 문화예술교육, 시민참여교육 등을 포함하는 모든 형태의 조직적인 교육활동을 말한다."라고 제시되어 있다. 이에 따라 한국의 대학부설 평생교육원, 평생교육법에 근거해 설치된 국가평생교육진흥원이나 시·도평생교육진흥원, 평생학습관 등에서 사실상 학교교육의 주대상인 청소년을 제외한 일반 성인을 주요 대상으로 하고 있는 실정이다.

셋째, 강령적 정의의 차원에서 볼 때, 한국에서 평생교육은 원론적으로 기존의 교육과는 다른 새로운 교육적 가치를 강조한다. 즉, 교수자 중심의 수직적인 관계에 의해 실시되는 전통적인 학교교육과 달리 평생교육은 참여자의 주체적인 참여, 교수자와 학습자의 상호작용, 학습자의 경험이 중시되고 있다. 또한 교육의 내용도 주지적이고 미래지향적인 것만을 다루는 것이 아니라 학습자의 일상생활과 밀접한 관련이 있는 것을 중심으로 한다. 따라서 현실적인 의미에서 평생교육은 기존의 학교교육을 제외한 영역에서 학습자의 일상생활과 관련된 내용을 중심으로 학습자의 참여와 경험 존중을 통해 이루어지는 교육활동이라고 할 수 있다.

이와 같이 한국에서 평생교육은 맥락에 따라 다양하게 정의되고 있다. 평생교육이 학문적으로 더 확고하게 정립되기 위해서는 우선 현재의 혼재된 평생교육 개념을 세 가지 정의 방식에 따라 분류하고 용도에 맞게 활용해야 한다. 아직도 '평생교육'에 대해 생소한 일반인들의 이해를 얻기 위해서는 상식에 기초한 기술적 정의가 활용되어야 한다. 그러나 평생교육의 학문적인 탐구를 위해서는 모든 전문가가 공유할 만한 합리적인 조작적 정의가 필요하다. 한편, 현대사회에서 평생교육의 실천방향을 새롭게 모색하기 위해서는 전문가들이 평생교육의 올바른 이념적인 방향성을 제시하는 강령적 정의들도 소중하게 다루어져야 한다.

3) 한국 평생교육의 현실적 의미

앞에서 살펴본 바와 같이 한국에서 '평생교육'이라는 개념은 광범위하면서도 모호한 의미로 사용되고 있다. 그럼에도 불구하고 한국에서 평생교육은 다음과 같은 일반적인 의미를 갖는다.

첫째, 한국에서 평생교육은 기존의 학교중심 교육과는 차별화된 새로운 교육관을 전제로 한다. '평생교육'은 우리가 일상생활 속에서 일반적으로 '가르침과 배움'과 관련해서 통용하고 있는 '교육'이라는 개념 그 자체와 외견상 큰 차이가 없다. 그럼에도 불구하고 우리 사회에서 여전히 '교육'이라는 용어 외에 '평생교육'이라는 용어가 요구되고 있는 까닭은 그만큼 현실적으로 우리들의 인식 속에 교육은 '학교'에서만 이루어지는 것이라는 잘못된 상식이 너무나도 강하게 자리잡아 왔기 때문으로 볼 수 있다. 이런 맥락에서 한국의 평생교육은 학교교육과는 차별화되는 교육을 의미한다.

둘째, 한국에서의 평생교육은 '학교 밖 교육'에 일차적인 관심을 갖는다. 평생교육의 범위 안에 학교교육이 포함될 수 있음을 부인하지 않으나 주된 관심은 학교 밖 교육, 학교교육 이후의 교육인 것이다. 이러한 현상은 국제적인 동향과도 관계있다. Wain(2006)에 의하면 세계적으로도 평생교육은 확장적 접근과 축소적 접근의 두 가지 양태를 나타낸다. 확장적 접근이란 평생교육을 사회 전체가 각 개인을 위한 학습자원이 되도록 하는 과정으로 간주하는 것이다. 축소적 접근은 평생교육을 연수훈련, 순환교육 등과 같은 일반적인 성인교육과 동일한 것으로 간주하는 것이다. 이와 같이 전 세계적으로 평생교육은 확장적 접근과 축소적 접근이 모두 나타나는 것이 일반적이다. 그런데 한국의 경우에는 상대적으로 축소적 접근이 보다 공식적이고 체계적으로 이루어지고 있는 실정이다. 한국에서 법적으로 평생교육을 학교교육 이외의 교육으로 공식화하고 있는 것이 이를 반영한다. 이렇게 공식적으로 평생교육을 학교의 정규교육 이외의 교육으로 정의하는 경우는 한국만의 특수한 상황이라고도 할 수 있다.

〈표 1-4〉 평생교육의 의미 비교

구분	원론적 의미(광의의 의미)	현실적 의미(협의의 의미)
영역	학교교육 + 학교 밖 교육 = 교육	학교 밖 교육(비형식교육)
기본 관점	비형식교육을 포함한 새로운 교육학 성립	정규학교교육 이외 교육의 특화
국제적 표기	lifelong education	adult education, nonformal education 社會敎育(사회교육)

이런 점을 종합할 때 평생교육 개념은 기존의 정규학교 중심의 교육관을 벗어난 새로운 관점의 교육개념이라고 할 수 있지만 실질적으로는 학교의 정규교육과정을 제외한 교육을 의미한다고 할 수 있다. 따라서 한국의 평생교육은 영어로 'lifelong education'으로 표기되는 것이 관례이나 실질적으로는 국제적으로 'adult education(성인교육)'이나 'nonformal education(비형식교육)', 또는 일본의 경우 '社會敎育(사회교육)'을 의미하는 것이 더 일반적이라고 할 수 있다.

2. 평생교육의 일반적 유형화

앞서 살펴본 바와 같이 평생교육은 어떠한 맥락으로 이해하느냐에 따라 실천영역과 관점 등이 달라진다. 이는 평생교육이 가지고 있는 대상 및 범위의 광범위성 때문이다. 그러한 이유로 이 절에서는 평생교육의 일반적 유형 기준인 내용과 조직 형태에 따라 어떻게 유형화되는지 살펴보고자 한다.

1) 일반적인 내용에 따른 유형화

① 국민생활에 필요한 성인 기초·문자해득교육 및 인문교양교육
- 자유로운 표현과 사회문화적 생활에 필요한 기초적인 지식과 기술의 습득
- 사회적으로 바람직한 태도, 능력, 행동을 발달시키는 광범위한 교육
- 기초적인 보건지식교육, 응급처치, 공해, 공중위생 등과 관련한 건강보건교육
② 지식, 기술의 변화에 대응하는 직업능력 향상 교육
- 직장적응교육, 직장예절교육, 현직교육, 대학수준 이상의 전문교육
- 진로탐색교육, 진로개발교육
③ 개인적인 취미 여가교육
- 취미활동과 자아발견, 건전한 여가 선용, 전인적 발달을 위한 여가의 교육적 활용(국민독서교육 등)
④ 시민공동체 생활에 필요한 교육
- 가정생활교육, 시민생활교육, 인간관계교육
⑤ 문화예술교육
- 국민의 문화 진흥을 위한 교육
⑥ 기타 학교교육 외의 조직적인 교육활동
- 국제이해교육, 전통문화이해교육 등

2) 평생교육 조직 형태상의 유형

① 학교중심의 평생교육: 각종 학교가 전개하는 평생교육활동
- 지역사회학교
- (전문)대학부설 평생교육원(사회교육원)
② 준학교체제의 평생교육
- 공민학교, 고등공민학교, 각종 기술학교, 전수고등학교, 방송통신고등학교, 방송통신대학교, 개방대학교

③ 각종 사설학원

④ 민간단체 평생교육기관

  • 산업체의 교육기관, 문화센터

⑤ 행정기관 중심의 교육기관

  • 각 부서별 연수원, 노동부 산하의 각종 훈련원

⑥ 자원단체의 평생교육기관: 시민단체, 사회단체

⑦ 시설 중심의 평생교육: 도서관 마을문고, 박물관, 문화회관, 청소년회관,
  여성회관, 복지관

⑧ 매스 미디어를 통한 평생교육

3) 평생교육법 규정에 의한 평생교육 프로그램 7진 분류

대분류		중분류
7대 영역	정의	하위영역
기초문해교육 (언어적 기초와 활용)	한글을 읽고, 쓸 수 있도록 하는 문자해독 능력과 생활 속에서 직면한 문제를 해결하고 주어진 과업을 수행할 수 있는 문해활용 능력을 개발하는 평생교육	내국인 한글문해 프로그램
		다문화 한글문해 프로그램
		한글 생활문해 프로그램
학력보완교육 (학력 조건과 인증)	초·중등교육법, 고등교육법, 평생교육법에 명시된 소정의 학력을 인정받기 위해 필요한 이수단위 및 학점과 관련된 학력인증 평생교육	초등학력보완 프로그램
		중등학력보완 프로그램
		고등학력보완 프로그램
직업능력교육 (직업준비와 직무 역량개발)	직업에 필요한 자격과 조건을 체계적으로 준비하고, 주어진 역할과 직무를 효과적으로 수행할 수 있도록 지원하는 평생교육	직업준비 프로그램
		자격인증 프로그램
		현장직무역량 프로그램
문화예술교육 (문화예술 향유와 활용)	문화예술적 상상력과 창의력을 촉진하고 문화예술 행위와 기능을 숙련시키는 일련의 과정과 일상생활 속에서 문화예술을 향유하고 접목할 수 있는 능력을 개발하는 평생교육	레저생활스포츠 프로그램
		생활문화예술 프로그램
		문화예술향상 프로그램

인문교양교육 (교양확장 및 소양개발)	특정 직업에 필요한 전문지식 및 기술 획득을 위한 학습보다는 교양을 갖춘 현대인으로서 전인적인 성품과 다양한 소양을 개발하고, 신체적·정신적 건강을 겸비할 수 있도록 지원하는 평생교육	건강심성 프로그램
		기능적 소양 프로그램
		인문학적 교양 프로그램
시민참여교육 (사회적 책무성과 공익적 활용)	현대의 민주시민으로서 갖추어야 할 자질과 역량을 개발하고 사회통합 및 공동체 형성과 관련하여 시민참여를 촉진하고 지원하는 평생교육	시민책무성 프로그램
		시민리더역량 프로그램
		시민참여활동 프로그램
성인 진로교육 (성인 진로개발 역량 향상교육)	성인들이 자신에게 적합한 직업을 찾고, 진로를 인식, 탐색, 준비, 결정 및 관리할 수 있도록 하는 활동의 평생교육	성인 진로탐색 프로그램
		성인 취업지원 프로그램
		성인 심리검사 프로그램

3. 평생교육 연구를 위한 이론적 유형화의 모색

기존 평생교육의 유형화 기준은 일반 사람들이 이해하기에는 용이하지만 중복되어 분류되는 등 모호한 점이 있다. 평생교육의 성격을 보다 체계적이고 논리적으로 구분하기 위해서는 새로운 이론적 기준에 의한 유형화가 필요하다. 이절에서는 평생교육의 사회적 지향성과 내용을 바탕으로 새로운 평생교육의 유형화 기준을 제시하고자 한다.

1) 일반적 유형화의 문제점과 대안

앞서 살펴본 바와 같이 평생교육은 다양한 방식으로 유형화될 수 있다. 그러나 이러한 방식의 구분은 외형적으로 상식적인 수준에서 파악하기 용이한 점은 있으나 유형화의 기준이 동시에 다양하게 적용되어 유형 자체가 논리적으로 서로 중복되거나 모호한 측면이 있다. 예를 들어, 비문해해소 및 국민 기초 강화형 평생교육은 내용중심의 유형이라면 학교교육보완형 평생교육은 교육체제의 유형이라 같은 차원에서 유형화하기 어려운 준거이다. 하나의 평생교육이 두 가지

이상의 유형에 동시에 속하는 경우가 발생하기 때문이다. 또한 교양증진의 경우도 학교교육 보완을 통해서도 이루어질 수 있고 문해교육 차원에서도 이루어질 수 있으며, 동시에 시민의식 함양이나 사회계몽의 효과를 거둘 수도 있다. 그것은 '교양교육'의 내용과 방법, 효과가 지나치게 포괄적이기 때문이다. 이와 같이 명확하지 않은 준거를 통해 평생교육을 유형화하는 것은 혼란을 불러일으킬 수 있다. 따라서 평생교육의 성격을 보다 체계적이고 논리적으로 구분하기 위해 새로운 이론적 기준에 의한 다양한 유형화가 필요하다.

이러한 시도의 하나로서 평생교육을 두 가지 핵심적인 측면인 '교육의 사회적 지향성'과 '교육의 내용'을 기준으로 유형화해 볼 수 있다. '교육의 사회적 지향성'은 평생교육 활동이 일차적으로 개인의 발전 자체에 초점을 맞추는지 아니면 사회의 통합과 발전 자체에 초점을 맞추는지를 의미하며, '교육의 내용'은 평생교육이 기초적이고 포괄적인 일상생활을 기반으로 하는지 아니면 경제중심의 전문적인 분야를 중심으로 하는지를 의미한다. 이에 따르면 다음 그림과 같이 평생교육을 기초교육형, 의식함양형, 직업훈련지원형, 사회개발형의 네 가지 부분으로 유형화할 수 있다.

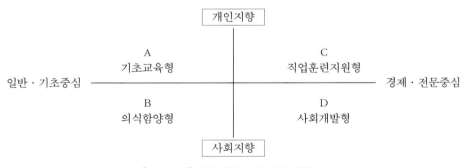

[그림 1-1] 평생교육의 실천 영역 유형화

이러한 기준을 통해 특정한 평생교육 활동이 시대별로 어느 유형에 해당되는지 보다 명확하게 파악할 수 있다. 예를 들어, '문해교육'의 경우에도 시대나 상황에 따라 기초교육형의 성격이 강한 경우도 있고 의식함양형의 성격이 강할 수도 있다. 그리고 시대마다 각 유형의 활성화 정도가 다르게 나타나거나 각 영역

안에서도 구체적인 모습이 다를 수 있다. 여기서 주의할 것은 각 유형의 평생교육이 그 자체로 바람직하거나 부정적인 성격을 의미하는 것은 아니라는 것이다. 예를 들어, 의식함양형이 반드시 통념상 긍정적인 의미를 갖는 것만은 아니다. 일제강점기의 일본총독부에 의한 정신교육도 여기에 포함될 수 있기 때문이다. 또한 각 유형에 속한 평생교육 활동들은 외형상 같은 성격을 가지고 있더라도 구체적으로 표방하는 가치와 실행원리는 다르게 나타날 수 있다. 즉, 같은 의식함양형 평생교육이라고 하더라도 개인을 교화시키기 위한 것도 있는 반면, 개인의 의식화를 도와주기 위한 것도 있을 수 있다. 이러한 점은 곧 그 분야 평생교육의 중요 쟁점이라고 할 수 있다. 이러한 점을 고려하여 평생교육의 각 유형별 의미와 쟁점 요소들을 정리하면 다음과 같다.

〈표 1-6〉 평생교육의 유형별 성격

유 형	의 미	관련된 이슈
기초교육형 (개인×일반·기초)	개인의 발전을 전제로 기초적, 일반적인 교육 실시. 성인기초, 학력보완, 교양교육 포함.	개인의 학습권 보장이 얼마나 우선적으로 이루어지는가? (시혜 대 권리)
의식함양형 (사회×일반·기초)	개인을 사회적 존재로 변화시켜 나가는 교육.	사회적 존재로서의 개인의 변화를 어떤 의도에 의해 추구하는가? (교화 대 의식화)
직업훈련지원형 (개인×경제·전문)	고도산업사회, 정보화 사회 적응을 위한 개인의 직업능력향상 교육.	전문직업능력 향상의 목적이 무엇인가? (효율성 대 주체성)
사회개발형 (사회×경제·전문)	교육을 통해 사회를 총체적으로 개발하기 위한 교육(민간주도, 국가주도 모두 포함).	신자유주의와 세계화에 대해 어떤 입장을 취하는가? (세방화 대 지역화)

4. 평생교육 개념의 유관 개념

현대사회에서는 다양한 교육적 개념들이 새롭게 발생하고 있다. 이러한 개념들은 많은 공통점에도 불구하고 시대적 · 사회적 맥락에 따라 그 성격이 조금씩 다르게 인식되고 있다. '평생교육'과 관련된 개념들 또한 국가적 · 사회적 · 경제적 맥락에 따라 목적과 의미의 다소 차이가 나타난다. 이러한 맥락에서 '평생교육'과 밀접한 관련이 있는 개념들의 의미를 살펴보고자 한다.

1) 성인기초교육

성인기초교육(adult basic education)은 UNESCO의 탄생(1945. 11. 10.)과 함께 UNESCO의 우선사업의 하나로 대중들을 위한 기초교육 운동으로 시작되어 비문해자를 대상으로 빈곤과 무지 속에서 살고 있는 국가를 돕는 교육사업을 의미한다. 기초교육이란 1947년 유네스코 준비위원회에 의해 최초로 사용되었는데 그 합의된 의미는 문해(Literacy)와 사회활동참여에 필요한 필수적인 기술, 지식, 가치관 등을 획득할 수 있도록 해 주는 교육이다. 각 지역공동체나 사회가 모든 사람에게 제공할 필요가 있는 일종의 '최소한'의 또는 '기본적인 양'의 교육인 것이다. UNESCO 초대 사무총장 Julian Huxley는 "성인기초교육의 일차적인 목표는 문해교육이다."라고 하였다. 구체적으로는 일상생활에 필요한 읽기(reading), 쓰기(writing), 셈하기(arithmetic)와 같은 3R's의 능력, 의식주 등의 일상에서 기초적인 생활기술, 건강의 유지관리를 위한 지식 및 기술, 청결하고 안전한 생활환경을 유지하고 관리하는 데 필요한 지식, 기술 그리고 기본적인 직업지식, 기술, 기본적인 사회구조 및 정치 경제구조에 관한 지식 등의 습득이 그 범주에 속한다.

2) 문해교육

문해교육(文解敎育, literacy education)에서 의미하는 문해(文解)는 문맹(文盲)의 반대개념이다. 과거에는 '문맹' 또는 '문맹자'라는 용어를 사용했으나 이것은 어디까지나 해당자를 무능자로 비하하는 부정적인 의미의 용어였다고 할 수 있다. 따라서 최근에는 긍정적인 시각에서 '문해'라는 말을 사용하고 있다. 문해(文解)는 글자 그대로 문자해득 또는 문장이해라는 뜻이며 더 나아가 개인의 문화적 해방이라는 뜻도 내포하고 있다. 문해의 기준을 살펴보면, 과거 일제강점기 해방 후에는 '이름 석 자 쓸 정도' 또는 '간단한 편지를 읽을 수 있는 정도'에 두었으나 오늘날과 같이 급속하게 발달하는 산업사회에 있어서는 '그가 속해 있는 사회 속에서 효과적인 사회참여와 풍부한 문화이해와 급변하는 직업 기술 적응에 불편을 느끼지 않을 정도의 의사소통능력'을 말한다. 이러한 기준에서 볼 때 현대사회에서 문해의 기준은 적어도 일간신문 정도의 문장을 불편 없이 읽을 수 있을 뿐 아니라, 그 정도의 문장으로 자기의사를 표현할 수 있어야 하며 더 나아가 새로운 직업과 기술에 관계되는 IT분야의 용어와 부호도 이해해야 하는 수준이다.

3) 지역사회교육

지역사회교육(community education)은 주민의 교육적 필요를 충족시킴으로써 지역사회에 봉사하는 철학적 개념이다. 긍정적인 지역공동체의식을 개발해 주민 생활을 개선하고 지역사회 자체의 실현을 목적으로 지역사회의 과정을 발전시키려는 노력이다. 학교교육, 시설활용, 청소년교육, 성인교육 등 교육 '프로그램'의 실천에서 관련 문제의 해결을 위한 기관 간 유대 활동을 통해 주민참여로 발전되는 '과정'이 개념의 핵심적 요소로 강조된다.

4) 계속교육

계속교육은 영국에서는 'further education', 미국에서는 'continuing education', 독일에서는 'Weiterbildung'이란 용어로 사용되고 있다. 영국의 'further education'은 초·중등학교를 통하여 의무교육을 마친 사람들을 대상으로 하며 대학교육은 제외된다. 미국의 'continuing education'은 학습자 자신이나 타인들에 대해 사려 깊게 창조된 일련의 학습경험을 의미한다. 독일의 'Weiterbildung'은 1차 교육단계인 정규교육을 마친 이후 다시 조직화된 학습에 참여하는 것을 의미하며, 광의로는 교육(Bildung)과 지식(Wissen)의 완성과 확장을 위한 모든 활동을 의미한다. 교육의 대상이 주로 성인이며, 교육은 성인교육기관에서 주로 이루어진다.

계속교육은 크게 일반교육과 직업교육으로 구분할 수 있다. 그런데 직업 분야에서 계속교육의 중요성이 커짐으로써 흔히 직업계속교육과 계속교육이 유사어로 사용되기도 한다. 영국은 1975년 '계속교육규정(Further Education Regulations)'을 만들어서 계속교육 진흥을 위한 법적 기반을 확대하였고, 1992년에는 「계속 및 고등교육법(Further and Higher Education Act)」을 시행함으로써 계속교육을 고등교육과 병렬시키고 계속교육대학에 대한 지원과 관리를 중앙정부가 담당하게 하였다. 2000년에는 「학습과 기술법(Learning and Skills Act)」을 시행함으로써 기술교육을 학습과 연계하고, 이 법을 통하여 계속교육에 대한 중앙정부의 책임을 더욱 강화시켰다. 독일에서는 1970년 이후 계속교육의 개념이 성인교육과 같이 사용되고 있다. 이 시기 각 주에서 성인교육법/계속교육법이 공포되어 성인교육법/계속교육이 정부와 지방자치단체의 재정적 지원을 받을 수 있는 법적인 기초를 마련하였다. 독일에서 계속교육과 관련되는 법규로는 유급학습휴가법, 노동촉진법 등이 있다.

5) 순환교육 또는 회귀교육

순환교육 또는 회귀교육(recurrent education)은 OECD(Organization for Economic Cooperation and Development)에 의하여 제시된 평생교육의 정책이론이다. 순환교육의 개념은 정규학교를 졸업하고 직업을 가진 성인들에게 직업과 관계되는 새로운 지식과 기술을 교육하는 산업사회의 생동적인 갱신을 위한 교육이다.

자아결정에 기초한 개인의 성장발달, 보다 더 많은 기회균등, 교육과 인간의 삶의 세계간의 합리적인 연결, 교육 시스템과 직업 시스템 사이의 주기적인 순환을 이론적 근거로 삼고 있다. OECD에 의한 순환교육의 원리를 보다 구체적으로 살펴보면 다음과 같다.

① 의무교육 최종학년에 진로선택을 위한 교육과정이 설정되어야 한다.
② 의무교육 이후에 각자의 생활적기에 따라서 가장 적절한 시기에 교육의 기회를 부여해 준다.

③ 모든 사람이 필요한 장소와 시간에 교육받을 수 있는 적절한 시설이 골고루 분포되도록 한다.

④ 일과 사회적 경험이 입학규정이나 교육과정 작성 시 주로 고려되어야 한다.

⑤ 학업과 직업을 교대할 수 있는 계속적 방법으로 생애 과정을 구성하도록 한다.

⑥ 교과과정 편성, 교과내용, 교수방법을 흥미집단, 연령집단, 사회집단별로 고려하여 동시화 시킨다.

⑦ 학위나 증서를 학습결과로 보지 않고, 평생교육의 과정지도와 인격의 발달을 중시한다.

⑧ 의무교육 이후 각 개인은 적절한 직업준비와 사회적 안정을 얻을 수 있는 준비과정으로 일정한 학습휴가를 가질 권리가 있다.

6) 인적자원개발

인적자원개발(Human Resource Development: HRD)은 조직 내 직무수행 개선이나 구성원 개인의 성장을 도모하기 위하여 고용주가 제공하는 계획되고 조직화된 학습경험을 의미한다. 이러한 정의에는 교육, 훈련, 개발이 포괄적으로 내재되어 있다. 즉, 인간의 학습활동을 통하여 조직 구성원 개인의 향상(교육)뿐만 아니라 현재 수행하는 직무(훈련) 능력의 개선과 미래에 하게 될 역할이나 직무에의 대비(개발)를 포함하는 것이다.

요약

1. 평생교육 개념은 정의 방식에 따라 다양하게 정의되고 있다. 기술적 정의 차원에서 평생교육은 '나면서부터 죽을 때까지 모든 삶의 영역에서 이루어지는 교육, 교육의 수평적·수직적 통합'으로 이해되고 있으며, 조작적 정의 차원에서는 '학교의 정규 교육과정을 제외한 교육'으로 이해되고 있다. 마지막으로, 강령적 정의차원에서 평생교육은 '안드라고지

로서의 교육, 학습자 중심 교육, 국가인적자원개발을 위한 교육'으로 이해되고 있다. 이처럼 한국에서 평생교육은 맥락에 따라 다양하게 해석되고 있다.

2. 한국에서 평생교육은 기존의 학교중심 교육과는 차별화된 새로운 교육관을 전제로 하고 있으며, 동시에 학교 밖 교육에 일차적 관심을 갖고 있다. 이러한 관점에서 한국의 평생교육은 adulut education(성인교육) 또는 nonformal education(비형식교육)에 더 가까운 의미를 가지고 있다.

3. 평생교육은 일반적 내용 또는 조직 형태, 프로그램에 따라 다양하게 유형화 될 수 있지만 일반적 유형화는 서로 중복되거나 모호한 측면이 있기도 하며, 2가지 이상의 유형에 동시에 속하는 경우가 발생하기 때문에 교육의 사회적 지향성과 내용에 따라 유형화하는 것이 좋다. 평생교육 실천영역은 개인을 지향하는지 사회를 지향하는지, 교육의 내용이 일반·기초중심적인지 경제·전문중심적인지에 따라 기초교육형, 의식함양형, 직업훈련지원형, 사회개발형으로 유형화 될 수 있다.

4. 평생교육 개념과 관계가 깊은 용어에는 성인기초교육, 문해교육, 지역사회교육, 계속교육, 순환교육 또는 회귀교육, 인적자원개발 등이 존재한다.

연구문제

1. 일상생활에서 평생교육 용어가 광의로 사용되는 경우와 협의로 사용되는 경우를 찾아 그 현황과 문제점을 분석해 보시오.

2. 교육현실에 심각한 문제가 있거나 교육의 본질에 비추어 의심스럽게 생각될 때 교육에 대한 나름대로의 강령적 정의가 필요하다. 각자 평생교육에 대한 나름대로의 강령적 정의를 기술하시오(그 이유와 더불어).

3. 각국의 평생교육 관련 개념들에 나타난 이념, 사회경제적 배경의 차이를 설명하시오.

4. 평생교육 조직의 유형화에 따라 우리 주변에 있는 평생교육조직 및 기관의 예를 들어 보시오.

참고문헌

김도수(2010). 한국 사회교육의 기저. 학이시습.

김신일, 박부권, 한숭희, 정민승, 배영주, 신나민, 김영화, 이혜영, 임철일, 김민호, 박성정, 이지혜, 오혁진(2005). 학습사회의 교육학. 학지사.

오혁진(2022). 사회교육학 탐구. 학지사.

윤여각, 김현섭, 이화진, 박현숙, 이부영, 양도길, 김지연, 최윤정, 김혜정, 이승훈, 지희숙(2016). 평생교육의 눈으로 학교 읽기. 에피스테메.

이돈희(1983). 교육철학개론. 교육과학사.

이홍우(1991). 교육의 개념. 문음사.

한숭희(2004). 학습사회를 위한 평생교육론. 학지사.

한숭희(2005). 평생교육담론이 교육학 연구에 던진 세 가지 파동. 평생학습사회, 1(2). 1-14.

한숭희(2019). 교육이 창조한 세계. 교육과학사.

한준상(2001). 학습학. 학지사.

Komisar, B. P. (1961). The logic of slogans. *Language and Concepts in Education* (pp. 195-215). Rand McNally and Company.

Scheffler, I. (1960). *The language of education*. Charles C. Thomas.

Wain, K. (2006). Lifelong education and adult education. *International Journal of Lifelong Education, 12*(2), 85-99.

제2장
한국적 평생교육 개념의 정립

　한국에 '평생교육'이라는 용어가 처음 도입된 이후 이 개념은 여러 맥락에서 다소 혼란스럽게 사용되고 있다. 어느 나라나 학문적인 개념은 다양한 정의를 가질 수 있으나 한국의 '평생교육'은 특수한 역사적 배경으로 인해 더 복잡한 양상을 드러내고 있다. 이와 관련하여 한국에서는 '평생교육' '사회교육' '평생학습' 용어 사이의 복잡한 관계성을 이해해야 할 필요가 있다. 한국에서 이 세 가지 개념은 평생교육 분야에서 역사성을 갖고 있는 개념임과 동시에 나름대로 '평생교육'의 본질을 표방하고 있다. 이에 따라 '한 지붕 세 가족'처럼 각자 다른 개념에 입각하여 평생교육을 추구하는 양상이 발생할 수 있다. 이러한 개념상의 혼란은 평생교육의 학문적 정립과 효과적인 실천에 방해가 되고 있는 실정이다. 여기서는 한국에서 이 세 가지 개념의 혼란상을 극복하고 각 개념의 의미와 관계성, 각 개념에 근거한 학문적 접근 및 연계방안에 대해 살펴보고자 한다.

■ **학습목표**

1. 한국에서 '평생교육' '사회교육' '평생학습'이 혼용되고 있는 실상을 파악하고 그 문제점을 설명할 수 있다.
2. 세 개념에 대한 이전의 논의 양상을 설명하고 새롭게 제기되는 지향성에 대해 설명할 수 있다.
3. 각 개념에 입각한 학문적 논의의 내용과 과제에 대해 설명할 수 있다.
4. 세 개념에 입각한 학문적 논의가 평생교육 발전에 이바지할 수 있는 방안이 무엇인지 제시할 수 있다.

1. 한국에서 평생교육 개념의 혼란 현황

현재 한국에서는 '평생교육'이라는 개념이 다양한 맥락에서 다양한 의미로 사용되고 있다. 예를 들어, '평생교육 영역' '평생교육 이념' '평생교육 관점' '평생교육 원리' 등의 표현들이 동시에 사용되기도 한다. 한국에서 앞과 같은 평생교육 개념의 혼란은 '평생교육' '사회교육' '평생학습' 개념들 사이의 혼선과 무관하지 않다. 여기에서는 한국에서 이러한 개념들 사이의 혼선이 발생한 과정과 그 문제점을 제시하고자 한다.

1) '평생교육'과 '사회교육'의 혼란

역사적으로 '사회교육' 또는 'adult education'과 '평생교육(lifelong education)'은 상관관계 속에서 발전해 왔다. 그러나 한국의 경우에는 오랫동안 사용해 왔던 '사회교육'이 '평생교육'으로 대체되는 경향을 띠었다는 점에서 문제가 크다. 특히, 2000년 「평생교육법」이 시행됨에 따라 기존의 '사회교육' 개념을 법적·공식적으로 사용하지 않음과 동시에 '평생교육'의 개념을 법률상 '학교의 정규교육을 제외한 교육'으로 한정하게 되었다. 이에 따라 한국의 평생교육과 관련된 명칭들은 과거의 '사회교육'에서 인위적으로 '평생교육'으로 바뀌었다. 이러한 변화는 한국의 평생교육에 대한 관심의 확산에 긍정적인 영향을 끼친 것과 동시에 이론적·실천적 차원에서 많은 문제점을 가져온 것도 사실이다. 이를 구체적으로 살펴보면 다음과 같다.

첫째, 한국에서 '평생교육'의 개념은 영역의 차원에서 혼동을 일으키게 되었다. 즉, 이전부터 존재했던 '요람에서 무덤까지의 교육으로서의 평생교육'과, 이전의 '사회교육'을 대체한 '학교의 정규교육을 제외한 평생교육'이 혼동을 일으키게 된 것이다. 이는 'adult education'이나 'continuing education' 社會敎育(일본의 경우)을 '평생교육'과 명백히 구별하는 국제적인 동향과 차이가 있다.

> 평생교육1(본래적 의미) =
>   학교교육 + 평생교육2(평생교육법상 기존의 사회교육을 대체한 의미)

둘째, '사회교육' 자체가 갖고 있는 개념적 유용성을 상실할 수 있다. 사회교육은 우리나라에서 독특한 성격을 가진 개념으로 활용되어 왔다. 이는 단지 학교 이외의 교육만이 아니라 사회지향적·소외계층지향적 교육의 개념을 포함하고 있다. 따라서 이러한 전통을 가진 사회교육 개념을 사용하지 않는 것은 곧 그러한 성격의 교육에 소홀하게 될 소지가 있다. 이는 최근 평생교육 분야에서 좀 더 강조해야 할 필요성이 있는 가치이기도 하다.

이러한 점을 종합해 볼 때 사회교육과 평생교육은 별개의 개념으로 확립될 필요가 있다.

2) '평생교육'과 '평생학습'의 혼란

한국에서 '평생교육'과 '평생학습'은 그 개념 간의 구분이 명확하지 않은 채 혼용하는 경우가 많다. 이는 이전까지 교육학계에서 '교육'의 개념을 중심으로 논의한 것과 무관하지 않다. 점차 '학습'이 강조되는 상황이지만 두 개념 간의 차이와 관계에 대한 인식이 아직 미흡한 실정이다.

폭발적으로 증가하는 지식의 양과 더불어, 능동적이고 주체적인 참여를 강조하는 시민성의 발달, 인간수명의 증가 등은 제공자 중심의 교육관에서 벗어나 학습자 중심의 관점에서 학습자의 능동적인 학습을 더욱 중시하는 경향을 낳았다. 이에 따라 '평생학습'은 '평생교육'을 초월하여 별개의 개념으로 인식해야 할 필요성이 커지고 있다. '평생학습'은 '평생교육'과 밀접한 관계를 가지고 있으나 관행적으로 '교육'과 '학습'을 혼용해서 사용해도 무방했던 과거의 패러다임과는 다른, 새로운 교육 패러다임을 상징하는 개념으로 자리매김하게 된 것이다.

그러나 '평생학습'의 중요성이 커진다고 해서, 곧 '평생교육' 개념이 더 이상 의미가 없다는 것은 아니다. 평생학습이 중요해지고 평생학습사회가 발전함에도 불구하고 여전히 이를 돕기 위한 실천의 중요성은 더욱 강조되고 있다고 할 수 있다. 따라서 교육학 분야에서 '평생학습'과 '평생교육'은 각각 의미를 갖는 별개의 개념으로 인식되어야 한다. 그런데, '평생교육'과 '평생학습'을 구분하는 인식은 아직 과도기를 거치고 있는 중이다. 이러한 인식이 완전히 자리매김할 때까지 한국에서 '평생교육'과 '평생학습'의 개념적 혼란은 당분간 계속될 것이다.

2. 사회교육/평생교육/평생학습 개념의 변천과 재고찰

앞에서 살펴본 바와 같이 한국에서는 '평생교육'을 중심으로 '교육' 용어를 공유하는 '사회교육' 그리고 '평생'이라는 용어를 공유하는 '평생학습'이 서로 혼란을 일으키고 있다. 여기서는 '사회교육' '평생교육' '평생학습' 개념의 형성과정과 문제점을 살펴보고 올바른 개념의 지향성을 모색해 보고자 한다.

1) 사회교육

한국에서 '사회교육'은 '평생교육'이라는 용어가 들어오기 훨씬 이전인 구한말부터 존재했다(이정연, 2010). '사회교육'은 1960년대 말 '평생교육'의 개념이 도입된 이후에도 학교교육과 더불어 평생교육의 한 부분으로 자리매김하는 데 별다른 문제가 없었다. 그러나 2000년 「평생교육법」이 시행될 무렵 '사회교육'은 법률상 '평생교육'으로 대체되고 점차 쇠퇴하게 되었다.

그러나 최근에는 사회교육이 단지 과거의 유산이 아니라 평생교육으로 대체될 수 없는 고유한 의미를 가진 것으로 재조명되어야 할 필요성이 제기되고 있다(오혁진, 2022). 이는 사회교육이 단지 '학교교육 이외의 교육' 또는 오늘날 「평생교육법」에서 정의하고 있는 '좁은 의미의 평생교육'의 과거식 표현이 아니라, 사회공동체를 지향하는 교육, 평민 중심의 교육, 사회문제 해결을 위한 교육으로서 독자적인 성격을 가진 교육이라는 것이다. 사회교육을 '학교교육 이외의 교육'으로 인식하는 것을 '영역 중심의 사회교육' 개념이라고 한다면, 사회교육을 사회문제의 해결이나 공동체의 형성을 위한 교육으로 인식하는 것을 '기능 중심의 사회교육' 개념이라고 할 수 있다. 현재 국제적으로는 평생교육과 별개로 교육을 통해 사회문제를 해결하고 사회공동체를 지향하는 기능 중심의 사회교육 개념이 활성화되고 있는 실정이다.

이와 관련하여 우리나라에서 사회교육 개념의 변천과정을 '영역 중심의 사회교육'과 '기능 중심의 사회교육' 차원에서 살펴보고자 한다. 이를 통해 사회교육의 정체성을 비판적으로 검토하고 평생교육과의 올바른 관계를 모색해 보고자 한다.

(1) 영역 중심 사회교육 개념의 전개

'사회교육' 개념은 우리나라의 역사 속에서 많은 변화를 겪어 왔다. 문자적으로 보면 사회교육(social education)은 '사회에서의 교육, 즉 학교교육이 보편화되지 않은 상황에서 일상생활에서의 생활문제 해결을 위한 교육'으로 이해될 수 있다. 사실, 이것이 사회교육의 본질이라고 할 수 있다. 그럼에도 불구하고 한국에서 사회교육은 대체로 '영역 중심'의 개념으로 인식되어 왔다. 그 구체적인 양상을 살펴보면 다음과 같다.

첫째, '비형식교육'으로서의 사회교육 개념이다. 한국에서 사회교육은 대체로 학교 이외의 교육, 즉 비형식교육(nonformal education)을 의미하였다. 이에 따라 전반적으로 한국에서 사회교육이란 학교교육을 보충하거나 보완하는 교육으로 인식되었다. 이는 현재 평생교육 분야에서도 학교를 대신하거나 보완하는 학력인증 교육이 여전히 매우 중요한 과제로 인식되는 결과를 가져왔다.

둘째, '성인교육'으로서의 사회교육 개념이다. 한국에서 사회교육은 국제적으로 통용되는 'adult education'의 한국적 용어로 인식되기도 하였다.[1] 특히 학교교육이 보편화된 이후에 사회교육은 대상적인 측면에서도 성인교육(adult education)과 같은 의미를 갖는 것으로 인식되었다. 과거 영미계열의 성인교육

---

[1] 예를 들어, 과거 우리나라를 대표했던 사회교육기구였던 '한국사회교육협회'의 영문명이 'Korean Association of Adult Education(KAAE)'이었다.

이 소외계층을 위한 인문교양교육 중심으로 실천되어오다가 점차 인적자원개발 중심으로 옮겨간 것처럼 성인교육으로서의 사회교육도 그러한 경향을 나타내었다. 이러한 현상은 오늘날 평생교육이 대부분 성인 중심으로 이루어지는 것과 맥을 같이한다.

셋째, '좁은 의미의 평생교육'으로서의 사회교육 개념이다. 2000년을 전후하여 「평생교육법」이 「사회교육법」을 대체하는 과정에서 평생교육법상으로는 '평생교육'이 기존의 '사회교육'을 그대로 대체하게 되었다. 이에 따라 '사회교육'은 '좁은 의미의 평생교육'과 동일한 개념을 가진 용어로 간주되며 용도폐기되었다. 그 결과 '사회교육'은 학교교육과 무관하게 독자적인 개념형성의 기회를 상실하게 되었고 '평생교육'은 개념상의 혼란이 가중되는 계기가 되었다.

(2) 한국에서 기능 중심 사회교육 개념 논의의 전통과 의의

이와 같이 한국에서는 사회교육을 비형식교육, 성인교육, 좁은 의미의 평생교육처럼 영역 중심의 개념으로 인식하는 경향이 강했다. 그런데 이와 다르게 한국에서는 학문적으로 사회교육의 개념을 좀 더 근본적인 차원에서 파악하려는 움직임도 존재했다. 그것은 사회교육의 본질을 '학교교육 이외의 교육'이 아니라 '사회를 위한 교육'으로 파악하려는 접근 방식이다. 이른바 기능 중심의 사회교육 개념이라고 할 수 있다. 이러한 논의의 흐름을 구체적으로 살펴보면 다음과 같다.

■ 사회지향성을 강조한 사회교육 개념의 제시

한국 사회교육학의 역사 속에서 사회교육을 학교교육과 무관하게 사회지향성을 중심으로 정의한 역사를 살펴보면 다음과 같다.

먼저, 사회교육은 학교교육이 생기기 '이전'부터 존재해 온 교육의 원형이라는 입장이 존재했다. 이러한 입장을 견지하는 대표적 학자로 김도수를 들 수 있다. 그는 교육이란 사회의 근원적인 기능이며, 그런 의미의 교육을 '사회교육'이라고 지칭하였다. 그에 의하면 사회교육이야말로 학교교육보다 훨씬 앞서 인류의 역사와 함께 시작된 것이기에, 교육의 원형이나 본질은 학교교육에서보다 '사회교육'에서 찾을 수 있다(김도수, 2010). 이러한 관점에 의하면 교육의 원형이나 본질이 곧 사회교육이므로 이를 굳이 학교교육 이외의 교육이라고 인식할 필요가 없다. 이 점에서 김도수의 주장은 사회지향적 사회교육의 개념에 대한 재발견이라고 할 수 있다.

한편, 한숭희(1998)는 한국 사회교육의 역사에 나타난 사회교육의 핵심적 특성을 '사회에서 일어나는 교육'이라기보다는 '사회를 변혁하는 교육'이라고 규정하였다. 이처럼 사회교육의 특성을 사회지향적 실천이라는 행위적 본질로 파악하는 관점은 기능 중심의 사회교육의 개념 정립에 관한 사례라고 할 수 있다.

■ 사회교육 개념의 국제적 동향에 대한 선도적 반영

한편, 한국에서 사회교육에 대한 논의 가운데에는 이미 오래전부터 기능 중심의 사회교육 개념에 관한 국제적 흐름을 반영한 경우도 있다(오혁진, 2017). 이는 주로 스위스의 교육실천가인 페스탈로치의 사회교육사상 연구를 통해 이루어졌다. 페스탈로치의 교육사상은 19세기 중엽 이후 독일과 유럽을 중심으로 발전되어 온 'social pedagogy'의 형성에 기반이 되었다. 'social pedagogy'는 전형적인 의미의 기능 중심 사회교육 개념에 해당한다(오혁진, 2022).

일제강점 시기에 최현배, 강치봉 등은 페스탈로치의 교육사상연구를 통해 페스탈로치의 교육실천을 사회개조, 사회개혁을 추구하는 사회교육이라고 인식하였다. 이는 이미 오래전부터 우리나라에 기능 중심의 사회교육 개념이 도입되었음을 의미한다.

특히 1970년대 김정환은 페스탈로치의 사회교육사상을 소개하면서 이를 한국 사회교육학의 새로운 기초로 제시하고 있다. 김정환에 의하면 페스탈로치는 사회문제를 교육적 감각으로 인식하며 교육을 통해 사회문제를 해결하고 사회를 개혁하려고 한 사회교육자이다. 그는 사회교육을 모든 사회성원을 대상으로 하여 사회성원의 일체감을 좋은 방향으로 일깨워 사회인으로서의 자질을 계발하며 바람직한 사회 환경을 교육적으로 조성하는 활동이라고 정의한다(김정환, 1977).

이와 더불어 최근에는 기능 중심 사회교육학에 대한 국제적 동향 속에서 한국의 사회교육 개념을 재정립하기 위한 노력이 이루어지고 있다(오혁진, 김미향, 2017; 오혁진, 2018; 김기환, 2020). 이러한 시도는 사회교육의 고유한 개념을 성립함과 동시에 사회지향적인 한국 사회교육의 전통을 회복하는 것과도 관계된다.

2) 평생교육

(1) 평생교육 개념의 다양성

한국에서 '평생교육'은 '사회교육'이나 '평생학습' 개념과의 혼란과는 별개로 상황에 따라 다양한 의미를 가져 왔다. 이를 구체적으로 살펴보면 다음과 같다.

첫째, 교육영역으로서의 평생교육이다. 이는 국제적 차원에서의 가장 보편적인 평생교육 개념이라고 할 수 있다. 기존의 학교교육 중심의 교육개념에서 벗어난 이른바 '요람에서 무덤까지의 교육' '교육의 수평적 · 수직적 통합' 등의 평생교육 개념은 시간적 영역과 공간적 영역에서 교육의 항상성과 편재성(遍在性)을 의미한다. 우리나라에서도 평생교육이 도입된 이후 평생교육은 기존의 학교교육과 사회교육(영역으로서의 사회교육)을 통합한 영역으로서의 평생교육 개념으로 인식되었다. 이러한 평생교육의 개념은 점차적으로 기존의 평생교육 학자들만이 아니라 일반 교육학자 및 일반인들에게도 폭넓게 수용되고 있는 실정이다. 다만, 한국의 경우 특수하게 「평생교육법」에 의해 평생교육이 '학교정규교육을 제외한 교육'으로 정의됨에 따라, 평생교육의 적용 영역을 두고 학교교육을 포함하는 경우와 포함하지 않는 경우로 구분되는 혼동이 발생하고 있다.

둘째, 교육이념으로서의 평생교육이다. 이는 평생교육의 '강령적 정의' 또는 '규범적 정의'와 맥을 같이한다. 강령적 정의 또는 규범적 정의는 교육이 지향해야 할 가치를 개념 속에 포함하고 있는 경우를 말한다. 예를 들어, 평생교육의 이념으로 '평등교육' '민주적 교육' '학습자 주도' 등의 가치가 제시된다. 평생교육과 더불어 이러한 교육이념들이 자연스럽게 제시되는 이유는 평생교육이 이전의 엘리트 중심적 · 교수자 주도적 성격이 강한 일반 학교교육의 대안으로 발전한 역사적 배경 때문이다. 이러한 역사적 배경이 있기는 하지만 평생교육 자체가 개념상 본질적으로 그러한 가치를 지향해야 하는 것인가에 대해서는 의심의 여지가 있다. 그러한 가치는 평생교육의 역사상 특별한 의의를 갖지만 평생교육만의 고유한 것은 아니기 때문이다. 평생교육의 개념이 확립되기 이전에도 많은 교육사상가에 의해 이러한 가치들이 강조된 바가 있다. 따라서 평생교육 자체의 본질적인 '개념'과 평생교육이 추구하는 '이념'은 구분해서 이해할 필요가 있다.

셋째, 지식기반의 평생학습사회를 위한 실천으로서의 평생교육이다. 이는 '평생교육' 개념이 지식기반사회의 급격한 도래와 연관됨에 따라 부각된 개념이다. 이 경우 평생교육 개념의 본질은 시간적·공간적 영역에서의 포괄적 교육이기보다는 '지식기반사회', 다른 말로 '평생학습사회'를 위한 교육이다. 현대사회에서 사람들은 끊임없이 지식을 가르치고 배운다. 이 경우 평생교육은 평생학습사회에서 지식을 학습하도록 돕는 교육이라고 정의될 수 있다.

넷째, 새로운 교육학적 관점에 입각한 평생교육이다. 새로운 교육학적 관점이란 기존의 교육제공자 중심의 교육학과 다르게 학습활동을 인간의 고유한 행위로 이해하는 관점을 말한다. 즉, 학습이란 교육의 결과로서 주어지는 것이 아니라 인간의 고유한 일상적 행위의 하나라는 것이다. 이러한 인간의 학습은 당연히 평생에 걸쳐, 언제 어디서나, 내용의 제한없이 이루어지는 것이기 때문에 '평생학습'이라고 지칭될 수 있다. 이 경우 '평생교육'은 이러한 인간의 고유한 행위로서의 평생학습이 잘 이루어지도록 하기 위한 의도적인 행위이다. 또한 이런 의미의 평생교육은 평생학습의 고유한 현상과 특성에 입각한 실천이기에 교육원리로서의 평생교육이라고도 할 수 있다.

(2) 평생교육 개념 정립의 지향점

이와 같이 한국에서 '평생교육'은 그 자체로 다양한 개념을 포함한다. 이는 그만큼 평생교육의 역할과 기능도 다중적임과 동시에 혼란을 일으킬 수 있음을 의미한다. 이와 관련하여 한국에서 평생교육 개념의 활용 양태와 문제점을 지적하고 지향해야 할 위상과 역할을 제시하면 다음과 같다.

첫째, 평생교육 개념의 적용 범위에 관한 것이다. 교육의 범위 측면에서 평생교육은 학교교육을 포함해야 한다. 이는 평생교육 개념이 출현한 이후부터 부과

된 과제라고 할 수 있다. 그러나 다른 한편, 교육영역의 측면에서 제기될 수 있는 문제는 평생교육의 원론적 개념에도 불구하고 한국에서 평생교육의 영역이 사실상 학교 밖 교육에 치중하는 경향이 나타나고 있다는 것이다. 평생교육을 학교 밖 교육 중심으로 파악하는 경향은 우리나라의 경우 더 심화될 소지가 있음을 부인하기 어렵다. 한국에서는 「평생교육법」에 의해 공식적으로 평생교육 자체가 학교정규교육 이외의 교육으로 정의되고 있기 때문이다. 이에 따라 '평생교육'을 논의한다고 하면서 실제로는 과거 '사회교육'의 영역을 벗어나지 못하는 양태가 나타난다. 이는 평생교육의 개념을 스스로 제한하는 결과를 가져온다. 평생교육은 기본적으로 교육의 포괄성을 내포하고 있기 때문이다. 그러나 최근에는 학교교육을 평생교육의 관점으로 분석하는 접근도 이루어지고 있다(윤여각 외, 2016). 이는 평생교육의 영역을 전반적으로 확장한다는 점에서 의미있는 시도라고 볼 수 있다. 앞으로 특정한 영역이나 대상만을 위한 교육이 아니라 포괄적인 교육적 접근을 추구하는 평생교육 논의가 보다 활성화될 필요가 있다.

둘째, '평생교육'과 '평생학습'의 관계에 관한 측면이다. 현대사회에서 '평생교육'은 '평생학습'과의 긴밀한 연관성 속에서 그 중요성과 역할이 더욱 부각되고 있다. 이는 엄밀한 의미에서 볼 때 두 가지 차원에서 동시에 이루어진다고 볼 수 있다. 하나는 구체적으로 '평생학습사회'를 위한 평생교육이고, 다른 하나는 '평생학습' 자체를 위한 평생교육이다. 전자가 주로 정치적·경제적 관점에서 지식기반의 평생학습사회에서 개인적·국가적으로 생존하기 위한 필연적 수단으로써 평생교육을 강조한다면, 후자는 학습하는 존재로서 인간의 주체적인 가치추구 행위를 지원하기 위한 매개로서의 평생교육이라고 할 수 있다. 이 두 가지 경우는 서로 밀접한 관계 속에 동시에 추진될 수도 있지만 경우에 따라서는 목적이나 내용, 방법에서 차이가 발생할 수밖에 없다. 그런 면에서 평생교육은 평생학습사회 유지와 인간의 평생학습행위 지원이라는 두 가지 과제를 조화롭게 해결해야 할 책임이 부여되었다고 볼 수 있다.

3) 평생학습

　과거에는 '평생학습'이 '평생교육'과 큰 차이가 없는 의미로 사용되었지만 점차 중요한 의미를 갖는 별개의 개념으로 확립되고 있다. 일반적으로 '평생교육'이 '전 생애에 걸친, 전 공간에서 이루어지는 교육'인 것처럼 '평생학습'도 이에 대응하여 '전 생애, 어디에서나 이루어지는 학습'이라고 인식할 수 있다. 특히, 지식기반 사회의 도래로 학습할 내용이 많아짐에 따라 학교교육의 시기나 학교라는 공간 이외에 전 생애, 전 공간에서 '평생학습'을 하게 되었다는 인식도 존재한다. 이런 점에서 지식기반사회의 도래 및 이에 따른 평생학습사회의 강조는 직접적으로 '평생학습'의 개념이 부각되는 계기가 되었다고 볼 수 있다.

　그런데 '평생학습사회'의 도래라는 맥락에서 이해되는 '평생학습' 개념은 다분히 평생학습사회의 활성화를 위한 관리적 · 수단적 의미를 내포한다. 즉, 평생학습사회에서 현대인들이 어떻게 학습을 통해 적응하고 사회 및 국가발전에 이바지해야 하는가가 논의의 초점이 된다. 이러한 성격을 가진 평생학습은 과거의 관리지향적인 학교교육의 연장이라는 비판도 가능하다. 즉, 과거의 학교교육이 그랬던 것처럼 현대의 평생학습은 지식기반사회를 위해 강요되고 통제받아야 하는 새로운 수단이 될 수 있는 것이다.

　이에 대해 평생학습을 인간의 교육적 행위에 대한 패러다임의 변화로 인식하는 관점이 부각되고 있다. 이러한 관점에 따르면 '평생학습'은 단지 평생에 걸쳐 학습하는 일을 지칭하는 용어라기보다는 인간의 교육 관련 행위에 대한 새로운 관점의 개념이다. 평생학습은 '일시적'이 아니라 '평생'에 걸친, '관리-통제적 교육'과 구분되는 '자발적 학습'을 일컫는다. 이는 곧 인간 자체를 '학습하는 존재'로 파악하는 것이다. 시대의 변화로 학습해야 할 지식이 증가했거나 평생교육이 강화되었기에 그에 따른 결과로 '평생학습'이 수반된 것이 아니라, 인간 자체가 본래적으로 '평생에 걸쳐 학습하는' 존재라는 것이다.

　이러한 인식의 형성에는 인간의 학습성향적 본질을 이해하려는 학문적 접근이 큰 영향을 미쳤다고 볼 수 있다. 기존의 교육주의적 입장과 대별되는 '학습주의'(김신일 외, 2005), 인간의 기본 행위로서의 학습활동의 실태를 분석하기 위한

'학습생태계'(한숭희, 2019)에 대한 논의들이 이에 해당한다. 이에 따르면 인간은 특정한 기관에서 실시하는 교육에 의해서만이 아니라 일상생활 속 사람들과의 상호작용을 통해서 학습한다. '평생학습'은 곧 이러한 성격의 학습 개념을 표현하는 용어이다. 이러한 '평생학습' 개념에 상응하는 '평생교육'은 특정한 지식이나 교육이념 등을 전달하는 것이 아니라, 학습하는 동물로서 인간의 주체적 학습을 최대한 돕는 것을 일차적인 목적으로 삼는 교육이라고 할 수 있다.

3. 세 개념의 정립과 학문적 지향점

앞에서 한국에서 사회교육, 평생교육, 평생학습 개념의 현황과 문제점 및 지향점에 대해 살펴보았다. 이 세 가지 개념은 곧 평생교육학의 정립과도 밀접한 관계를 갖는다. 여기서는 세 개념의 정립이 갖는 학문적 의의를 살펴보고 각 개념에 기초한 평생교육학의 성격과 과제를 살펴보고자 한다.

1) 사회교육 개념의 비판적 재정립과 사회교육론의 탐색

'평생학습'의 시대가 되었다고 해서 사회교육의 존재나 역할이 없어지는 것은 아니다. 평생학습의 시대에 맞게 사회교육의 역할과 새로운 과제가 주어진다고 볼 수 있다. 그러나 한국에서는 '사회교육' 개념 자체가 다소 인위적으로 배제됨으로써 평생학습시대에 맞는 사회교육의 고유한 역할과 과제를 체계적으로 모색하기 위한 기회를 갖지 못했다고 볼 수 있다. 따라서 사회교육 개념의 재정립을 통해 평생학습시대에 맞는 사회교육의 위상을 모색해야 할 필요성이 커지고 있다.

사회교육 개념의 재정립은 단지 과거 영역 중심의 사회교육 개념을 복원하는 것으로는 부족하다. 사회교육의 전통을 계승함과 동시에 사회교육의 국제적 흐름을 반영하는 것이 필요하다. 이는 곧 영역 중심이 아닌 기능 중심의 사회교육 개념이 정립되어야 함을 의미한다. '학교 이외의 교육'은 특수한 상황에서 강조된 것일 뿐, 사회교육의 본질은 일상생활 속에서 사회적 관계를 통한 사회문제의 해결을 지향하는 교육이다(오혁진, 2022). 교육의 사회적 역할과 지향성에 초점을 맞춘 교육개념과 이론은 이미 전 세계적으로 오래전부터 중시되어 왔다. 한국의 경우에도 사회교육이 평생교육으로 전환되기 훨씬 이전부터 사회교육의 본질을 학교 이외의 교육이 아닌 사회지향성에서 찾는 전통이 존재해 왔다. 또한 기능 중심의 사회교육 개념이라고 할 수 있는 'social pedagogy'의 개념이 현재 국제적으로 확산되고 있다는 사실과 아울러, 그 개념이 이미 과거 한국에도 도입된 바 있었다는 사실이 발견되고 있다.

이러한 개념에 기초한 논의는 일반적인 의미에서 '사회교육론'이라고 지칭할 수 있다. 학교교육만이 교육의 전부가 아니라는 것을 전제한다는 점에서 넓은 의미의 '평생교육학' 안에 포함된다고 볼 수 있다. 그러나 주로 사회문제의 해결을 지향한다는 점에서 '사회교육실천론'이라고 지칭할 수 있다. 한국에서도 기능 중심의 사회교육에 대한 논의와 실천이 이어져 왔다는 점에서 사회교육론을 정립할 역사적 토양은 충분하다고 할 수 있다. 이와 관련하여 현대사회에서 사회교육론의 역할과 과제를 살펴보면 다음과 같다.

첫째, 평생학습의 시대에 맞는 사회교육론의 새로운 적용이 구체적으로 논의되어야 한다. 인간 행위로서의 학습의 고유성과 학습권을 존중하는 사회교육의 철학, 학습자의 생애주기별 특성과 교육적 필요를 고려한 사회교육의 내용, 학습자의 자기주도적, 공동체적 학습성향을 반영한 사회교육의 실천이 구체적으로 고려되어야 한다.

둘째, 사회교육의 고유한 영역과 전통에 대한 지속적인 관심이 있어야 한다. 사회교육의 하위 유형인 기초교육, 경제적 자활교육, 시민교육, 사회개발교육 등은 평생학습의 시대에도 여전히 중요시되어야 한다. 또한 삶 속에서의 교육, 교육을 통한 사회의 변화, 사회평등, 교육복지, 평민 중심, 공동체지향적인 사회교육의 전통은 평생학습의 시대에도 여전히 중시되어야 한다.

2) 평생교육 개념의 포괄적 정립과 학문의 통합성 강화

평생교육은 본래 교육의 포괄적 성격을 반영하는 개념이었으나 한국적인 특수한 상황에서 '학교정규교육 이외의 교육'으로 인식되는 변화를 겪었다. 이는 평생교육의 본래 의미와도 부합하지 않음은 물론 평생교육을 포괄적으로 이해하는 국제적인 경향과도 일치하지 않는다. 원론적인 의미에서 평생교육은 모든 영역의 교육을 하나로 통합하고 체계화하기 위한 개념이 되어야 한다. 이러한 접근에 의하면 평생교육은 교육의 영역, 주체, 내용, 방법 등을 총체적 관계 안에서 하나로 묶어야 한다.

이러한 평생교육 개념에 입각한 학문적 접근은 '평생교육통합론'이라고 지칭할 수 있다. 평생교육통합론은 평생교육의 포괄적 관점에서 주로 교육 실천의 문제를 다루게 된다. 이와 관련하여 평생교육통합론이 다룰 구체적인 과제를 제시하면 다음과 같다.

첫째, 평생교육통합론은 평생학습사회의 유지와 발전을 위한 교육적인 실천 방안을 종합적으로 다루어야 한다. 평생학습사회는 다양한 요인이 복합적으로 작용하고 있는 실질적 사회이다. 따라서 다양한 학문의 연계를 통해 평생학습사회의 실태를 파악하고 바람직한 방향으로 평생학습사회가 나아갈 수 있는 교육 실천의 원리와 방법들을 모색해야 한다. 이 과정에서 학문에 대한 개방적이고 유연한 자세가 필요하다. '농경사회'가 농학만의 연구대상이 아니듯이, '평생학습사회'는 모든 학문의 연구대상이 될 수 있음을 인정하고 개방하는 자세가 필요하다. 평생교육통합론은 이러한 연구 결과를 모두 통합하여 궁극적으로 어떠한 교육적 처방을 내릴 수 있을까를 다루는 다학문적 연구 공간이 되어야 할 것이다.

둘째, 평생교육통합론은 다양한 교육영역을 하나의 시스템으로 통합하여 효과적으로 운영하는 방안을 다루어야 한다. 특히 기존의 학교교육과 지역, 가정, 직장에서의 교육을 어떻게 유기적으로 연결시킬 것인가가 중요한 학문적 논의 과제라고 할 수 있다. 학교교육과 학교 밖 교육체제를 연결하는 포괄적 학제의 개편, 기존 학교교육의 성과와 이후의 교육성과를 연계하는 학습성과인증제의 체계적 운영, 지역에서 학교교육과 다양한 유형의 교육활동을 연계하는 학교 밖 교육의 통합 등이 중요하게 다루어져야 한다. 이런 맥락에서 평생교육 차원에서 학교교육에 대한 지속적인 관심이 요구된다.

3) 평생학습 개념의 정립과 새로운 교육론의 탐색

앞에서 살펴보았듯이 '평생학습'은 여러 가지 인간활동 중에서 고유하고 특별한 현상을 설명하는 개념으로 발전하고 있다. 그런 면에서 평생학습은 인간의 행위를 이해하고 설명하는 학문의 기초개념이 될 수 있다. 즉, 경제학, 사회학, 심리학 등이 인간의 다양한 행위 중에 나타나는 특정한 현상을 고유한 관점으로 설명하는 학문이듯이, 평생학습과 관련된 새로운 교육학도 인간의 평생학습 행위를 설명하는 고유한 학문으로 발전할 수 있는 것이다. 이는 '학습의 재발견'을 통해 학습의 현상을 중심으로 인간을 이해하려는 순수학문적 접근인 것이다. 이러한 학문은 인간을 끊임없이 배우는 존재로 규정하며 그 배움의 현상과 원리를 연구한다.

이처럼 인간의 고유한 행위로서의 평생학습을 이해하고 설명하는 데 우선순위를 두는 학문을 '평생학습론'이라고 지칭할 수 있다. '지식기반' 또는 '평생학습사회'의 도래가 학습 중심의 순수학문적 인식에 눈을 뜨게 해주는 계기가 되었지만, 평생학습론의 연구대상이 '지식'만도 아니고 시기적으로 '현대'만을 다루지는 않는다. 평생학습론은 시대와 학습소재를 초월하며 학습의 편재성(遍在性)을 전제로 한다. 설령, 지식기반사회가 사라지고 대부분 사람이 지식, 기술의 학습을 필요로 하지 않는 또 다른 시대가 온다 해도 '평생학습'은 고유하면서도 보편적인 인간행위인 것이다.

같은 맥락에서 현대사회가 '평생학습사회'가 되었다고 해서 순수학문으로서의 '평생학습론'의 성격이 특별히 달라지는 것은 아니다. 평생학습론이 궁극적으로 평생학습사회를 발전시키는 데 기여할 수 있다. 그러나 평생학습론은 평생학습사회를 발전시키기 위한 실천적인 전략을 모색하기에 앞서 우선 인간이 어떻게 평생학습을 하는지를 설명하고 이해하는 데 우선적인 관심을 갖는다. 이렇게 인간의 평생학습 행위의 성격과 원리를 정확하게 이해하는 것은 그 자체로 인간의 본질을 더 깊이 이해하는 데 기여함은 물론, 진정한 의미에서 평생학습사회를 구현하고 사회교육의 실천 그리고 평생교육적 접근이 적절하게 이루어지는 데 기여할 수 있다. 따라서 '평생학습론'은 시간과 공간을 초월하여 존재하는 인간의 학습 행위의 구체적인 양태를 이해하고 설명하기 위한 학문적 노력을 기울여야 한다.

4. 세 개념 간의 관계 정립

지금까지 살펴본 바와 같이 한국에서는 '평생교육' 개념의 혼란으로 인해 평생교육학의 성격과 과제도 모호한 측면이 있다. 이를 극복하기 위해서는 평생교육과 사회교육, 평생학습의 개념을 재정립하고 그 관계를 재설정하는 것이 필요하다. 한국의 평생교육학은 사회교육실천론, 평생교육통합론, 평생학습론의 세 가지 요소를 포함하고 있다. 논의의 목적과 과제가 다른 세 가지 차원의 학문적 논의가 '평생교육학'의 이름 아래 하나인 것처럼 혼재되어 있는 것이다. 이러한 맥락에서, 한국의 평생교육학의 발전을 위해서는 이 세 가지 학문적 접근 간의 협력과 조화가 필요하다. 이것은 곧 평생교육학 발전을 위한 '사회교육실천론' '평생교육통합론' '평생학습론'이 서로 자신의 정체성을 분명히 하고 독자적인 역할을 하면서도 서로 연계하는 것을 의미한다.

오늘날 지식기반사회, 정보화사회, 평생학습사회에서 어떻게 지식을 배우고 관리할 것인가를 다루는 것은 '평생학습론'이라기보다는 사회교육실천론 또는 평생교육통합론의 성격이 더 크다. 이를 위해서는 특별한 교육적 조치가 필요하기 때문이다. 그러나 사회교육실천과 평생교육통합이 바람직하게 이루어지기 위해서는 그 기반이 되는 평생학습의 성격과 원리가 규명되어야 한다. 이를 다루는 평생학습론은 '학습'을 기초개념으로 하는 '새로운 교육학'의 하나로서 순수학문적 성격을 띠며, 학교교육뿐만 아니라 사회교육의 실천에 큰 영향을 미칠 수 있다. 평생학습론은 사회교육실천론과 평생교육통합론 발전에 기초가 된다. 가장 고유하고 차별화된 평생교육학을 정립하려면 평생학습론을 기반으로 사회교육실천론과 평생교육통합론이 발전될 수 있도록 협력할 필요가 있다.

앞과 같은 세 가지 학문적 논의는 별개로 이루어질 수 있으나 각각의 조합을 통해 이루어지는 것이 바람직하다. 여러 가지 조합 방식에 따른 연구과제를 살펴보면 다음과 같다.

① 평생학습론 + 사회교육실천론: 평생학습 원리를 사회교육 각 영역 및 대상에 적용함. 사회교육실천과정에 나타나는 평생학습의 원리를 연구한다.
② 평생학습론 + 평생교육통합론: 평생학습의 원리가 생애 전체, 삶 전체에서 체계적·통합적으로 구현될 수 있도록 하기 위한 제도 및 시스템의 구축을 연구한다.
③ 사회교육실천론 + 평생교육통합론: 사회교육의 학문적 성과를 학교교육에 적용하거나 양자를 통합하기 위한 방안을 연구한다.

이와 같이 세 개념 각각의 차별적 정립과 개념 간의 관계 정립을 통해 한국에서 평생교육 개념상의 혼란을 극복하고, 체계적이고 포괄적인 평생교육학을 발전시키는 데 이바지할 수 있을 것이다.

요약

1. 한국에서 '평생교육' '사회교육' '평생학습' 개념은 서로 혼란스럽게 사용되고 있다. 과거부터 사용되던 '사회교육'이 '평생교육'으로 대체되는 현상이 나타남에 따라 '평생교육'은 넓은 의미의 평생교육과 좁은 의미의 평생교육이 혼재하는 현상이 나타났으며, 학습중심 패러다임에 대한 이해의 부족으로 '평생교육'과 '평생학습'이 정확하게 구별되지 않은 채 사용되어 왔다. 평생교육의 학문적 발전과 실천을 위해서는 이 세 가지 개념이 잘 정립되고 적절한 관계를 맺는 것이 필요하다.
2. 사회교육은 일상생활을 중심으로 사회적 관계를 바탕으로 사회문제해결과 사회적 공동체를 지향하는 교육이라는 국제적·보편적 개념으로 정립되어야 한다. 평생교육은 전 생

애적, 전 사회적 차원에서 다양한 교육적 실천들을 연계하는 통합적 교육의 개념으로 자리매김해야 한다. 평생학습은 교육의 결과로서 주어지는 것이 아니라 인간의 본연적·주체적·항상적·편재적 학습의 개념으로 정립되어야 한다.

3. 이러한 개념에 기초하여 평생교육학은 크게 일상생활에서 사회문제를 해결하기 위한 사회교육실천론, 인간의 평생학습 행위를 설명하고 이해하기 위한 평생학습론, 평생학습 증진을 위해 다양한 영역의 교육을 연계하고 통합하고자 하는 평생교육통합론으로 구성될 수 있다. 평생교육의 지속적인 발전을 위해서는 평생교육 개념의 특성상 평생교육학이 세 가지 차원으로 구성될 수 있음을 인식하고 각 차원의 논의를 진전시킴과 동시에 서로 유기적으로 연계하는 것이 필요하다. 이를 통해 평생교육 개념의 혼란 극복은 물론 평생교육학의 발전에도 기여할 수 있다.

연구문제

1. 우리나라 교육현장에서 '사회교육' '평생교육' '평생학습'이 혼용되고 있는 사례를 제시하고, 그 대안을 제시하시오.

2. 우리나라 평생교육 관련 학회에서 발행하는 논문들을 사회교육실천론적 접근, 평생교육통합론적 접근, 평생학습론적 접근 중 주로 활용된 접근 방식에 따라 분류하고 그 동향을 분석하시오.

참고문헌

김기환(2020). 사회적 기능 중심 사회교육사상가의 사회교육 실천원리 비교 연구. 동의대학교 대학원 박사학위논문.

김도수(2010). 한국 사회교육의 기저. 학이시습.

김신일, 박부권, 한숭희, 정민승, 배영주, 신나민, 김영화, 이혜영, 임철일, 김민호, 박성정, 이지혜, 오혁진(2005). 학습사회의 교육학. 학지사.

김정환(1977). 페스탈로찌의 사회교육론 연구. 성곡논총 8. 성곡문화재단.

오혁진(2014). 한 지붕 세 가족, '평생교육학'의 성찰과 상생 모색. 평생학습연구의 새로운 쟁점과 연구문제 탐색. 2014년 한국평생교육학회 연차학술대회.

오혁진(2017). 한국에서의 페스탈로치 사회교육사상 수용과정 연구. 평생교육학연구, 23(4). 1-25.

오혁진(2018). 다산 정약용 수기치인론의 사회교육적 의의에 관한 연구. 평생교육학연구, 24(4). 1-22.

오혁진(2022). 사회교육학 탐구. 학지사.

오혁진, 김미향(2017). 사회적 기능 중심의 사회교육 개념 탐색. 평생교육학연구, 23(1) 31-53.

윤여각, 김현섭, 이화진, 박현숙, 이부영, 양도길, 김지연, 최윤정, 김혜정, 이승훈, 지희숙(2016). 평생교육의 눈으로 학교 읽기. 에피스테메.

이정연(2010). 한국 '사회교육'의 기원과 전개. 학이시습.

한숭희(1998). 성인교육의 비판적 담론과 한국사회교육연구. 사회교육학연구, 4(2). 23-50.

한숭희(2005). 평생교육담론이 교육학 연구에 던진 세 가지 파동. 평생학습사회, 1(2) 1-14.

한숭희(2019). 교육이 창조한 세계-학습활동에서 교육체계로의 진화. 교육과학사.

제2부

평생교육의 형성과 전개

제3장

평생교육의 형성 배경과 발달단계

현대사회에서 평생교육의 용어 자체는 비교적 신조어에 해당한다. 평생교육은 사회의 변화를 바탕으로 형성되고 발전하고 있다. 평생교육 개념의 형성과 발전을 위해 많은 이론가와 실천가의 노력이 필요했다. 평생교육의 필요성에 대한 공통된 인식에도 불구하고 평생교육의 실천방향은 국가 및 국제기구에 따라 다른 양상을 나타내기도 한다. 이 장에서는 평생교육의 형성 배경, 보편적인 발달단계를 살펴보고, 평생교육론 형성의 교육사상적 기반 및 UNESCO와 OECD의 평생교육 관점상의 차이를 살펴보고자 한다.

■ 학습목표

1. 평생교육 형성의 사회적 배경을 설명할 수 있다.

2. 전 세계적으로 평생교육이 역사적으로 발달해 온 보편적인 단계를 고유한 개념을 중심으로 설명할 수 있다.

3. 평생교육의 개념 형성에 이바지한 주요 교육사상가의 이론을 파악하고 그 의의를 설명할 수 있다.

4. 중요 국제기구인 UNESCO와 OECD가 추진해 온 평생교육 사업을 이해하고 두 기구 사이의 평생교육 이념상의 차이를 설명할 수 있다.

1. 평생교육 발전의 사회적 배경

평생교육이 본격적으로 활성화된 것은 비교적 최근에 들어서이다. 이 절에서는 평생교육이 발전하는 데 영향을 미친 다양한 사회적 배경을 살펴보고자 한다.

1) 현대 학교중심 공교육제도에 대한 비판

현대사회에서 평생교육이 활성화된 배경 중의 하나는 기존의 학교중심 공교육제도에 대한 회의와 비판이라고 할 수 있다. 20세기 전환기에 대표적인 미국의 교육학자인 듀이(J. Dewey)는 당시 일반화되어 있던 주지주의적 학교교육을 실제의 삶과 유리된 무의미한 인생 낭비라고 주장하며, 학교를 초월한 사회 속의 교육을 강조하였다. 일리치(Ivan Illich)도 당시의 학교교육은 참된 교육을 가로막는 제도라고 비판하면서 탈학교사회(deschooling society)를 주장하였다.

한국의 경우에도 장상호(1997)는 새로운 교육학의 정립을 주장하면서 교육을 학교교육(schooling)과 일치하는 것에 대해 비판하였다. 그에 의하면 학교에서 일어나는 사태가 모두 교육적 현상인 것도 아니고, 교육이 학교에서만 이루어지는 것도 아니다. 그는 일상생활에서 이루어지는 교육본위의 세계를 강조하였다. 이들은 공통적으로 학교교육의 근본적 개혁과 더불어 학교중심 교육관의 근본적인 변화가 필요함을 지적하였던 것이다.

2) 지식정보화 사회의 도래

평생교육의 중요성이 커진 배경에는 정보사회 · 지식기반 사회의 도래가 큰 몫을 차지한다. 정보사회 · 지식기반 사회란 주요 인간활동이 정보통신기술(ICT)이 제공하는 서비스의 지원을 받아 이루어지는 사회를 의미한다. 엄청나게 많은 양의 정보가 신속하게 처리되고 전달, 공급되며 대부분의 고용이 지식과 정보의 생산, 처리, 유통과 관련된 정보산업에 집중되는 사회를 말한다. 일찍이 앨빈 토플러(A. Toffler)는 "지식의 장악이야말로 인류의 모든 조직체에서 전

개념 내일의 전 세계적 권력투쟁의 핵심이다."라고 하였다. 또한 피터 드러커(P. Drucker)는 "지식이 하나의 자원이 아니라 바로 자원 그 자체가 되는 사회가 도래했다."라고 주장하였다.

이처럼 인간의 경제활동과 직결되는 지식은 폭발적으로 증가하고 있다. 기원 원년 당시의 지식과 기술은 1750년에 배로 증가하였고, 제2의 배증은 1900년에 이루어졌으며, 제3의 배증은 1950년에, 제4의 배증은 1960년에 일어났다. 최근에는 5년마다 지식과 기술이 배증하고 있다. 21세기 들어서는 인공지능, 양자 컴퓨팅, 유전자 조직 등 새로운 기술 사업 분야의 발달로 지식 총량의 배증 시기가 1년 이하로 끊임없이 단축된다는 주장도 있다. 이 말은 인간의 지식과 기술이 최초로 배증하는 데는 1750년이 걸렸지만 제2의 배증에는 250년, 제3의 배증에는 50년, 제4의 배증에는 10년, 그 후의 배증은 5년 이하의 주기로 이루어지고 있음을 의미한다.

한편, 실생활에 유용한 지식의 수명은 급격하게 단축되고 있다. 미래학자들이 예측하는 새로운 지식의 수명은 3–5년에 불과하다. 산업화시대에는 학교에서 받은 교육을 사회에서 활용하며 지속할 수 있었지만 정보화 사회에서는 배운 지식을 사회에서 그리 오랫동안 활용할 수 없게 된 것이다. 대학 졸업 후 직업을 갖고 일하는 시기가 60대 후반까지라 하더라도 평생에 걸쳐 10번 이상의 재조정이 필요한 사회가 되어 버렸다. 이에 따라 전 생애에 걸쳐 새로운 지식을 습득하는 평생교육의 중요성이 커졌다.

3) 인간수명 및 여가 시간의 증가

현대사회에서 평생교육의 중요성이 커진 것에는 인간의 수명 자체가 길어진 것도 영향을 미친다고 할 수 있다. 그만큼 인간의 생애에서 학교교육 시기의 비중은 상대적으로 줄어들고 교육을 필요로 하는 '평생'의 물리적 시간이 길어진 것이다.

이와 아울러 소득수준의 향상 및 여가시간의 증대로 인해 학습할 수 있는 물리적 시간이 증대한 것도 평생교육의 활성화에 기여한다고 볼 수 있다. 주5일제를 넘어 최근 화두가 된 주4일제 도입과 같이 노동의 시간을 줄이고자 하는 노력

가운데 학습을 위한 여가의 증대가 이루어지고 있는 것이다.

4) 학습의 중요성과 권리에 대한 인식 변화

경제활동을 위한 평생교육의 필요성과 별개로 학습의 향유를 위한 평생교육의 필요성도 커지고 있다. 주체적인 학습을 통한 내면의 자유와 성장을 추구하는 경향성 또한 커지고 있다. 이에 따라 시민의 기본권리로서의 학습권에 대한 인식이 높아지고 있다. 학습권 사상에 따르면 평생교육은 기존의 학교교육에 이어 인간의 생존을 위한 인권이자 기본권이라고 할 수 있다. 민주주의가 성숙해짐에 따라 인권이자 시민의 기본권으로서의 평생교육에 대한 요구가 높아지고 있는 것이다.

2. 평생교육의 사회적 발달단계

평생교육은 학교교육의 변화 및 사회경제적 흐름에 맞추어 변화되어 왔다. 이 절에서는 학교교육과의 관계에서 평생교육의 발달단계와 각 시기별 평생교육의 특징을 정리하여 제시하고자 한다.

1) 평생교육에 관한 일반적인 발달단계 설정의 기준

평생교육의 발달단계는 기본적으로 학교교육과의 관련성을 일차적인 기준으로 하여 공교육제도 성립 이전, 공교육제도 형성과정, 공교육제도 완성 이후의 단계로 파악하는 것이 일반적이다.[1] 이러한 기본적인 단계 위에 당시의 사회경

---

1) 이렇게 학교교육과의 관계를 기준으로 교육의 단계를 파악하는 것은 평생교육학 분야에서 일반적인 흐름이라고 볼 수 있다. 예를 들어, 한숭희(2005: 22)는 교육학의 3단계를 근대 학교체제가 성립하기 이전의 1세대 교육학, 보편적 학교체제를 중심으로 발전한 2세대 교육학, 학교교육 양식에서 벗어나서 학습사회를 중심으로 발전한 3세대 교육학으로 구분한다. 평생교육 분야에서

제적인 흐름에 따라 생활중심, 소외계층 중심, 평생학습 등의 성격들이 상대적으로 더 부각되기도 하였다. 그리고 학교제도의 기원, 의무교육제도 확립시기, 고등교육의 보편화, 평생교육 관계법 제정 등의 구체적인 시기는 달랐지만 우리나라는 물론 유럽과 미국을 비롯한 전 세계가 이와 유사한 과정을 거치고 있다고 볼 수 있다(Kelly, 1992; Stubblefield, 1988; Jarvis, 1995: 33-36). 한국 평생교육만의 특징도 이러한 커다란 범주 안에서 의미를 갖는다. 이상의 내용을 표로 정리하면 다음과 같다.

〈표 3-1〉 학교교육과의 관계에서 본 평생교육 성격의 변천

구 분	학교교육의 대상	평생교육의 성격
공교육제도 성립 이전	상류 계층	삶을 위한 교육
공교육제도 형성과정	중산층 이상, 일부 평민	소외계층을 위한 학교교육의 보완 및 대안교육
공교육제도 완성 이후	모든 계층	학교교육 이후의 계속교육, 삶을 위한 교육

먼저, 공교육제도 성립 이전 시기에는 귀족이나 특수계층의 자녀들만이 극소수의 학교교육을 받을 수 있었다. 그러나 이 시기에도 오늘날의 평생교육에 해당되는 교육활동이 시행되었다고 볼 수 있다. 우리나라의 경우 계, 두레, 향약, 서당 등이 이에 해당한다. 그런 의미에서 평생교육이야말로 학교교육보다 훨씬 앞서 인류의 역사와 함께 시작되었으며 교육의 원형이나 본질은 학교교육에서보다 평생교육에서 찾을 수 있다는 주장도 가능하다. 그 시기 평생교육의 가장 큰 특징은 학교교육을 보충한다거나 소외계층을 대상으로 하기보다는 그 당시 그들의 일상적·공동체적 생활과 직결되었다. 일부 양반들이 실생활과 직접적인 관계가 없는 교육을 삶과 괴리된 채 실시한 것에 비해 당시의 평생교육은 일반 평민들을 대상으로 가정, 지역사회, 일터 속에서 공동체적 생활과 직결된 교

교육의 발달단계를 흔히 학교교육의 시대, 평생교육의 시대, 평생학습의 시대로 파악하는 것도 일정 정도 이러한 관점을 반영한다고 볼 수 있다.

육활동을 했던 것이다.

둘째, 공교육제도 제도가 활발하게 형성되는 시기는 평생교육이 담당해야 할 분야도 보다 명확해진 시기이다. 우리나라의 경우에도 평생교육의 영역이 부각되기 시작한 때는 구한말 이후 학교교육이 정비되기 시작한 때부터이다(황종건 외, 1966: 24-25). 이 시기의 평생교육은 주로 '사회교육'의 용어를 통해 실현되었다. 이 시기 평생교육은 소외계층을 위한 보완교육이나 또는 사회변혁을 위한 대안교육으로서의 성격을 강하게 드러낸 시기이다. 공교육제도가 완비되기 이전까지는 학교교육이 보편화될수록 학교교육을 받지 못한 이들의 소외는 더 커져갔다고 볼 수 있다. 그리고 계급간의 불평등이 심화됨에 따라 보다 높은 수준의 교육에 대해서는 여전히 소외되는 현상이 반복되었다. 따라서 상대적으로 학교교육의 혜택을 받지 못하는 이들을 위한 학교교육 보완형 평생교육이 요구되었다. 다른 한편에서는 학교교육이 평민계층의 삶과 괴리됨에 따라 주체적인 입장에서 대안적인 성격을 가진 평생교육을 실시하기도 하였다(Titmus, 1981: 103). 영국의 경우 대학확장교육에서 비롯되어 20세기에는 노동자교육협회를 중심으로 노동자교육을 한 것이 그 예라고 할 수 있다(Kelly, 1992). 덴마크에서 비롯되어 전 세계로 파급된 평민대학(Volkshochschule)도 이러한 사례 중의 하나이다. 따라서 이 시대의 평생교육은 소외계층을 위한 학교교육 보완적 교육 그리고 불평등을 해소하기 위한 사회변혁적 교육의 성격을 갖게 되었다. 즉, 그 시기에는 학교교육의 일반적인 혜택을 받지 못하는 소외된 평민들을 위한 보완적, 때로는 대안적인 평생교육이 주를 이루었던 것이다.

셋째, 근대공교육제도가 완성된 시기 이후 학교교육의 보완을 위한 평생교육은 이전에 비해 상당히 축소되었다. 그러나 지식기반사회, 수명의 연장 등에 의해 평생학습의 필요성이 급증함에 따라 이른바 학교이후 고등교육 수준의 교육수요는 더 팽창하고 있는 실정이다. 선진국의 경우 초기 학교교육이 완결됨에도 불구하고 지식경제 등의 배경 속에서 새로운 성인계속학습의 요구가 발생하였던 것이다(한숭희, 2009: 25). 이에 따라 평생교육은 더 이상 소외계층만의 관심거리가 될 수 없게 되었다. 소외계층을 위한 평생교육이 지속적으로 필요하고 그러한 전통을 소중하게 계승해야 함에도 불구하고 평생교육 개념의 핵심으로서의 '소외계층중심'은 현실적으로 그 지위를 거의 상실했다고도 볼 수 있다. 이 시기 평생교육의 두드러진 특징은 생활중심의 교육이 더욱 강조된다는 것이다. 이는 경험학습, 지역학습공동체, 일터에서의 학습 등의 형태로 나타난다. 또한 학습의 결과를 객관적으로 인증하고 학교교육과도 연계하는 다양한 학습인증제도가 발전한다. 이와 같이 누구에게나 보편적으로 학습이 중요해진 현대사회에서 평생교육의 성격을 규정짓는 가장 두드러진 특징은 현대의 평생교육이 소외계층을 대상으로 학교교육을 보완하는 수준을 넘어 점차 새로운 차원에서 생활중심 교육이 다시 주를 이루게 되었다는 사실이다.

2) 평생교육의 일반적 발달단계 및 그 특징

앞에서 평생교육의 발달단계를 설정하고 단계별 평생교육의 기본적인 성격을 살펴보았다. 이를 바탕으로 평생교육의 일반적인 발달단계를 보다 세분화하면 1단계 원형적 생활중심 평생교육, 2단계 소외계층 중심 평생교육, 3단계 고등교육 중심 평생교육, 4단계 현대적 생활중심 평생교육이라고 지칭할 수 있다. 이러한 평생교육의 일반적 발달단계에 따라 각 유형 평생교육의 비중과 성격을 학교교육과 더불어 그림으로 표현하면 [그림 3-1]과 같다.

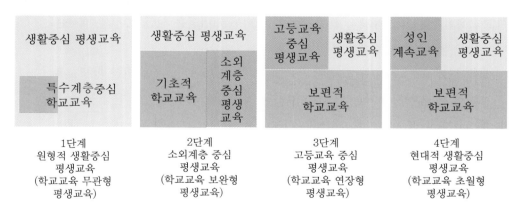

[그림 3-1] 평생교육의 일반적 발달단계 모형

이와 관련하여 국내외의 일반교육사와 관련된 문헌들을 종합하여 각 발달단계에 해당되는 평생교육의 특징을 보다 구체적으로 구성하면 다음과 같다. 이것들은 각 단계에 해당하는 지표들이라고도 할 수 있다.

① 원형적 생활중심 평생교육(학교교육 무관형 평생교육)
- 국가는 일부 왕족이나 귀족, 상류층을 대상으로 관료양성 중심의 학교교육을 극히 제한적으로 실시하고, 국가에서 향약과 같이 평민을 교화하기 위한 평생교육이 부분적으로 이루어짐(김진규, 1996: 149).
- 대부분 평민은 일상생활 속에서 지역사회를 중심으로 공동체적 생활에 필요한 무형식적 평생교육 활동을 실시함(황종건 외, 1966; 김도수, 2010).

② 소외계층 중심 평생교육(학교교육 보완형 평생교육)
- 국가주도의 공교육체제가 성립되기 시작함에 따라 모든 계층에게 학교교육에 대해 법적으로 허용하였으나 실질적으로는 민중계급에게 실질적인 학교교육 기회가 충분히 보급되지 않음으로 인해 학교교육 기회의 격차가 발생함(梅根悟, 1990).
- 보충하려는 학교교육의 수준에 따라 초등교육 보충형 평생교육에서 중등교육 보충형 평생교육의 단계로 분류될 수 있음.
- 학교교육의 참여가 사회경제적 성공과 직결된다는 신념의 확산으로 인해 학교교육을 받지 못하는 것에 대한 소외감이 커짐. 따라서 전통적인 생활중심 평생교육 이외에 학교교육의 혜택을 받지 못한 소외계층 대상의 학교교육 보완형 평생교육이 발생함(주로 야학, 문해교육 등의 형태)(Jarvis, 1995: 34; Reischmann, 1999: 1). 때로는 기존의 학교교육과 이념적으로 대립되는 학교교육 대안적 형태의 평생교육이 발생하기도 함(Freire. 2009).

③ 고등교육 중심 평생교육(학교교육 연장형 평생교육)
- 기초적인 학교교육의 보편화로 인해 소외계층을 위한 학교교육 보완형 평생교육의 비중이 줄어든 대신 고등교육에 대한 요구증가로 이를 충족

시키기 위한 평생교육의 역할이 증대됨.
- 기초적인 평생학습지원시스템이 구성되고 고등교육의 학력을 인증해 주기 위한 제도가 발달함.

④ 현대적 생활중심 평생교육(학교교육 초월형 평생교육)
- 전통적인 학교교육과 고등교육으로서의 학교교육 보편화 이후에도 생활의 필요를 충족시키기 위한 체계적이고 형식적인 평생학습의 중요성이 커짐에 따라 평생교육이 고등교육을 포함한 전통적인 학교교육을 보완하는 차원을 넘어 학교교육과 별도로 지속적인 성인계속교육의 성격을 가짐(Jarvis, 1995: 35; 한숭희, 2009).
- 전통적인 대학을 제도적으로 보완하기 위한 제도와 별도로 고등교육을 이미 이수한 성인들을 대상으로 하는 2차, 3차 이수 대학이 증가하며 경험학습의 인증제도가 활성화됨.
- 평생교육의 상당부분이 학교교육의 연장으로서의 성인계속교육에 편입되기도 하지만 이와 무관하게 시민교육, 지역평생교육, 학습조직형성 등 공동체적 생활중심의 평생교육이 활성화됨(허정무, 1999).

이러한 발달단계는 평생교육의 핵심적인 요소들 중의 하나가 가장 두드러지게 나타내는 시기를 기준으로 구분한 것이다. 따라서 다른 요소들도 부분적으로는 상존해 왔다고 볼 수 있다. 그리고 평생교육 고유의 발달단계에 기초한 시대 구분의 기준을 바탕으로 각 나라의 평생교육 역사를 구조적으로 파악하고 비교할 수도 있다.

3. 평생교육론 형성의 교육사상적 기초

평생교육이 하나의 학문으로서 개념과 사상을 확립하기까지에는 많은 교육실천가와 사상가의 노력이 필요하다. 이 절에서는 평생교육의 개념 형성에 이바지한 주요 교육사상가의 활동가 이론을 살펴보고 그것이 평생교육에 어떠한 영향을 미쳤는지 살펴보고자 한다.

1) 코메니우스

코메니우스(Johann Amos Comenius, 1592-1670)는 17세기 유럽의 대표적인 교육학자이자 근대 교육학의 선구자로 인정받고 있다. 그는 보헤미아의 개신교공동체인 보헤미안 형제단의 성직자로 활동했으나 종교전쟁의 시대적 혼란 속에 오랜 기간 망명생활의 어려움을 겪었다. 그는 유럽의 여러 나라를 돌아다니며 조국의 독립을 위해 노력했다. 그와 동시에 그는 30년간의 종교전쟁으로 황폐해진 인간의 심성을 순화하고 타락한 도덕성을 회복하기 위해 보편적 교육을 강조하였다. 그는 보편적인 언어로 보편적인 사상을 가르치는 일이 마음의 평화는 물론이고 세계의 평화를 실현하는 길이라고 믿고, 보편적 지식체계를 수립하려고 노력하였다. 그의 대표 저서인『대교수학』(Didactica magna)은 '모든 사람에게, 모든 것을, 모든 방법으로 철저하게 교육하기' 위한 교육학적 노력의 결과였다. 그런 면에서 그는 공동체성의 회복과 조국의 국권회복 및 세계평화를 위한 평생교육의 원리를 체계적으로 연구한 사회교육과 평생교육의 대표적인 선구자라고 할 수 있다.

(1) 평생교육 사상

코메니우스는 〈인간 개선에 관한 일반담론〉 중 제4권『범교육학』에서 사계절의 변화와 하루의 주기에 근거하여 인생을 8단계로 구분하고 각 단계에 학교이름을 붙였다.

① 인간이 탄생하는 '태아학교'
② 출생에서 6세까지 '유아학교'
③ 6세에서 12세까지 '아동학교'
④ 성숙기를 의미하는 '소년학교'

⑤ 지혜와 덕성과 신앙을 가르치는 '청년학교'
⑥ 인생의 결실을 맺는 '장년학교'
⑦ 지혜의 절정기를 이루는 '노년학교'
⑧ 영원한 생을 의미하는 '죽음의 학교'

코메니우스에게 있어서 교육은 사람의 신분이나 장애여부 등에 의해 선택되는 것이 아니라, 모든 사람에게 제공되어야 하는 것이었다. 그러므로 코메니우스는 부자나 귀족들과 마찬가지로 가난한 자들에게 (보통)교육을 실시해야 한다고 주장하였다. 17세기 초에는 교육이 귀족이나 부유층 자녀들만을 위한 교양교육을 중심으로 이루어졌기 때문에 부자나 귀족들과 마찬가지로 일반인들을 위한 보통교육을 실시해야 한다는 코메니우스 주장은 매우 급진적인 교육사상이었다.

또한 코메니우스는 국가에서 아동들이 학교에서 배우는 데 필요한 모든 것을 다 제공하여야 한다는, 무상 학용품 지급을 포함한 무상 의무교육을 주장하였다. 공교육의 개념과 제도가 확립되지 않았던 시기에 신분에 관계없이 모든 가난한 자와 중증장애인도 하나의 인격체로서 국가가 교육을 제공해야 한다고 주장하였다. 또한 코메니우스는 빈민 가정의 자녀들이 생계를 위한 가사(농업과 수공업 등)를 도우면서 하루 최소한 두 시간 정도의 수업을 받도록 합리적이고 현실적인 대안을 제시하였다.

코메니우스는 성서에 기초하여 인간의 본질을 파악함으로써 인간은 누구나 교육을 받아야 한다는 보편적 교육론을 주장하였다. 코메니우스에게 있어서 교육평등의 의미는 모든 사람에게, 모든 것을, 모든 방법으로 가르쳐야 한다는 '만인을 위한 교육(education for all)'이었다. 그러나 그는 인간의 지적능력을 모두 똑같다고 보지는 않았으며, 따라서 모든 사람에게 동일한 교육을 실시하는 것이 평등이라고는 생각하지 않았다.

2) 베이질 익슬리

일반적으로 평생교육은 UNESCO에서 비롯된 것으로 이해되고 있지만 실제로는 이보다 반세기 앞서서 영국의 익슬리(Basil Yeaxlee: 1883~1967)의 저작에서 처음 나타났다. 익슬리는 영국의 성인교육과 종교교육에 깊이 관여하였으며, 그가 1929년에 출판한 『평생교육』(Lifelong Education)은 교육을 전 생애에 걸쳐 이루어지는 것이라는 관점을 취하고 있다. 또한 개인적·사회적 그리고 일을 통한 생활 속의 자원과 경험 모두가 개인의 교육을 위해 의미있는 역할을 담당하고 있다는 관점을 선구자적인 입장에서 제시하였다. 그가 제시한 평생교육 개념은 교육을 바라보는 방식을 재정립하고자 했던 20세기 영국의 독창적 산물이다 (Jarvis, 1987).

교육에 대한 그의 사상은 수평적으로는 일터와 여가, 지역사회 등과 같은 '삶의 공간'을 가로지르며, 수직적으로는 요람에서 무덤에 이르기까지 학습과 삶을 통합시키는 것에 근거를 두고 있다. 익슬리는 학교에서의 교육을 일생에 걸친 교육과정의 시작으로 보았고 이후 이어지는 성인교육은 성인이 끊임없이 반성하고 이성적으로 생각할 수 있도록 돕는 역할을 수행해야 한다고 주장했다. 또한 교수 학습에 있어서 새로운 비형식적 방법과 무형식적 방법을 고려해야 한다고 했다. 강력한 사회적 영향력과 책임감을 지닌 일부 교육학자들이 더 나은 인간의 환경을 만들기 위해 사회적·정치경제적 그리고 교육적 개혁이나 혁명을 지향했던 것과 달리 익슬리는 개인의 삶의 질을 지향하였다.

익슬리는 모든 사람이 평생교육을 준비할 수 있고 모든 사람에게 평생교육이 제공될 수 있도록 교육이 변해야 한다고 주장하였다. 사회적 지위나 재정적 상황에 좌우되지 않고 시민권의 하나로 고등교육이 제공될 수 있도록 고등교육 시설의 대규모 확대가 새로운 교육구조의 일부를 형성해야 한다는 관점을 공유하였다.

익슬리는 『평생교육』(Lifelong Education)에서 성인을 위한 교육이 전체 국가를 성장시키고 자유와 책임이라는 두 가지 이상을 추구하는 데 도움이 될 것이라고 전망하였다. 모든 사람이 정치적·사회적 경쟁, 변화, 재해석에 관련되어 있는 한 넓은 의미의 평생교육을 요구하게 될 것은 자명하다고 주장하였다. 모든 사람은 형식교육 밖에서나 형식교육을 떠난 후에도 지적으로 계속 성장할 수 있는 능력을 지녔다고 보았다. 인문학이 모든 교육의 기초를 형성한다는 주장을 지지하며 '인문학'에는 끝이 있을 수 없다고 주장하였다.

3) 랭그랑과 데이브

현대적인 의미에서 평생교육 개념의 형성은 UNESCO의 연구자들을 중심으로 이루어졌다. 그중에서 가장 중요한 역할을 한 인물로 폴 랭그랑(Paul Lengrand, 1910~2003)을 들 수 있다. 그는 대학교수로 있으면서 성인교육분야에서 활약하였고, 특히 프랑스의 민중교육운동단체인 '민중과 문화(Peuple et Culture)'를 창설하고 회장을 역임하였다. 1948년 이후 UNESCO의 전문위원으로서 A. 델레온 등과 함께 평생교육 문제연구에 착수하여 1965년 집대성하여 그 성과를 발표함으로써 평생교육을 새로운 교육원리로까지 끌어올렸다. 그 후 UNESCO의 성인교육계획과장을 거쳐 교육국 비교교육 전문위원으로 재직하였다. 저서로는 『평생교육입문』 등이 있다(권두승, 1999).

1965년 파리의 UNESCO 본부에서 폴 랭그랑의 주도로 개최된 성인교육추진위원회의 회의를 필두로 하여 "교육에 책임을 지닌 조직 및 기관은 배우고 싶은 자에게 누구에게나 학습 기회를 제공해야 한다."라는 주장이 세계 각국에서 일제히 제기되었다. 랭그랑의 논문을 검토한 성인교육추진위원회는 다음과 같은 제안을 UNESCO 사무국에 보냈다. "UNESCO는 출생에서 죽음에 이르기까지 일생을 통하여 행해지는 교육의 과정, 전체적으로 통합적인 필요가 있는 교육의 과정을 만들고 활동하는 원리로서 평생교육을 승인하여야 한다." 그 후 UNESCO 사무국에서 이 원리를 채택하여 1970년 '세계 교육의 해'의 기본이념으로 평생교육을 제창하게 되었고 랭그랑의 『평생교육입문』이 출간되어 평생교육의 개념이 각국에 파급되었다.

랭그랑은 평생교육을 '개인의 출생에서부터 죽을 때까지 전 생애에 걸친 교육(수직적 차원)과 학교 및 사회 전체 교육(수평적 차원)의 통합'으로 말함으로써 교육의 통합성과 종합적 교육체계를 강조하였다.

> 현재의 교육체제는 교육을 일생의 한정된 시기, 즉 청소년기에 한정시키고 있는 것에 비해 평생교육은 전 생애에 걸친 것으로 본다. …… 현재의 교육체제는 직업교육과 일반교육, 형식교육과 비형식 교육, 학교교육과 학교 외 교육 등 여러 가지 교육활동을 분리하고 있다.

그러나 평생교육은 인격의 전체적·유기적인 발달을 고려하여 여러 가지 교육 사이의 연결 내지 결합을 시도하고 있다.

한편, UNESCO의 교육연구소를 중심으로 평생교육의 이념과 이론적 기초형성에 크게 기여한 데이브(R. H. Dave, 1929~2023)는 평생교육 개념의 핵심적 특성을 총체성, 통합성, 유연성, 민주성의 네 가지로 제시하였다.

첫째, 총체성은 제도권교육에서 일상생활 속 교육 그리고 유아교육에서 노인교육에 이르기까지 모든 종류의 교육을 포함하는 포괄적 교육관을 표현한 것이다. 다시 말해 이제까지 학교교육만을 중심으로 삼아온 교육제도의 범위를 확장하자는 것이며, 더불어 다양한 교육에 대해서도 그 가치와 지위를 인정하는 정신이다.

둘째, 통합성은 다양한 교육들이 상호 유리되지 않고 긴밀한 관련 속에서 운영되어야 한다는 정신으로 횡적 통합과 아울러 종적 통합을 동시에 의미한다. 그러나 구조적 통합보다는 기능적 통합에 역점을 둔다.

셋째, 유연성은 다양한 학습요구를 가지고 있는 학습자들이 각자의 조건에 적합한 방식으로 학습할 수 있도록 교육내용, 장소, 시간, 방식 등을 유연하게 만들어 교육을 다양한 학습자의 요구와 조건에 적응시키자는 것이다.

넷째, 민주성은 기존교육제도가 선별주의와 정예주의를 지향해온 것에서 벗어나 만인이 공평하게 교육받을 수 있어야 하며, 이를 위해 교육에 대한 민주적 참정권이 차별없이 인정 되어야 한다는 것이다.

〈표 3-2〉 평생교육의 형성과 관련된 주요 이론가의 주장

주창자	Lengrand	Dave	Cropley	Faure 외	Gelpi
평생교육의 필요성	현대사회의 도전(사회적·경제적·문화적·기술적·정치적 변화)	현존교육체제의 부적합성	기존교육의 부적절성	• 인간소외 • 인간의 도구화 • 기존 교육체제의 한계	• 소외극복 • 종속성 탈피

주창자	Lengrand	Dave	Cropley	Faure 외	Gelpi
목표	• 자아실현 • 사회 적응 • 행복을 위한 교육 • 삶의 질 향상 • 평화와 국제 이해	개인과 집단의 삶의 질 향상	평등한 교육기회 제공	• 존재하기 위한 학습 • 완전한 인간	• 평등실현
평생교육의 내용	• 직업, 여가, 예술 • 체육, 시민교육	• 직업교육 • 일반교육		• 교양교육 • 존재하기 위한 교육	• 일반교육과 직업교육의 통합 • 교육과 노동의 통합
기존교육 체제와의 관계	• 교육연령 제한의 철폐 • 학교의 교육 독점 폐지 • 무탈락자 • 개인의 독자성 유지	현존 교육 체제 보완		전통적 교육관 탈피	변증법적 관계
특징 (교육의 결과)	• 자아실현 • 사회적응 • 이상주의적 경향 (구체성결여)	개인과 집단의 삶의 질 향상 및 기회 확대		• 사회적응 • 완전한 인간 형성 • 이상주의적	평등사회 실현

*출처: 권두승(1999).

4. UNESCO와 OECD를 통한 평생교육론의 전개

국제적으로 평생교육의 이념은 대표적인 국제기구인 UNESCO와 OECD를 통해 확산되었다. 두 기구는 대비되는 평생교육의 이념을 바탕으로 평생교육 관련 정책과 사업을 전개하였다(이무근, 2000).

평생교육 개념의 정립 및 확산은 유네스코를 통해 시작되었다. UNESCO는 1970년 '국제교육의 해'를 맞이하여 랭그랑의 이념을 구체화시킨『평생교육입문: An Introduction to Lifelong Education』이라는 책을 발간하여 전 세계에 보급하였다. 또한 1972년에는 1970년 '세계교육의 해'를 기념하여『존재를 위한 학습: Learning to Be』이라는 'Faure 보고서'를 발표하여 랭그랑의 평생교육론을 발전시킨 UNESCO 학습사회론의 기조를 마련하였다. 평생교육을 통한 학습사회의 비전을 담고, 학습사회의 주인이 될 평생학습자의 모습을 지·덕·체가 골고루 갖추어진 완전한 인간상을 제시하였다. 이처럼 오래전부터 평생교육의 중요성을 강조한 UNESCO의 입장은 보다 개인의 전인적인 성장에 초점을 맞추고 있다.

이에 반해 평생교육에 대한 OECD의 기본 입장은 직업능력의 계속적인 향상을 위해 평생교육체제가 구축되어야 한다는 것이다. OECD는 1973년에 미래 교육을 위한 정책문서로 『순환교육: 평생학습을 위한 전략(Recurrent Education: a Strategy for Lifelong Learning)』을 발표하였다. 순환교육은 교육의 시기를 아동기와 청소년기의 학교교육에 국한하는 것에서 벗어나 전 생애주기에 걸쳐 수시로 노동과 학습을 연계하는 모형이다. 1990년대에 OECD는 모든 사람에게 평생학습은 필수적이며, 모든 사람은 평생학습에 접근할 수 있어야 한다는 "모든 이를 위한 평생학습"을 선언한다. 이를 위해 평생학습 기초 강화, 학습과 노동 간의 유기적인 연계성 증진, 평생학습 관련 모든 파트너의 책임과 역할 제고, 평생학습에 대한 투자 증대와 교육훈련을 제공하는 사람들에 대한 인센티브 창출 등을 전략적으로 강조한다. 이는 곧 평생교육의 경제적 가치를 강조하는 것이다.

양 기구는 설립 목적과 성격이 다른 만큼 평생교육에 대한 접근에 있어서도 많은 차이가 있음을 보여 준다. UNESCO의 평생교육론과 OECD의 순환교육론은 기존의 학교중심 교육체제로부터 벗어나야 한다는 점에서는 일치하지만 전자는 전인적(全人的) 자아실현에 중점을 두고 후자는 계속적 직업능력신장을 강조한다. 이와 같은 입장을 드러내는 진술들을 비교하면 다음과 같다(김신일, 2000).

> 평생교육은 각자의 전 생애에 걸친 인격적·사회적·직업적 발전을 성취해 나가는 과정으로, 개인과 집단의 삶의 질을 향상시키는 데 목적이 있다(UNESCO).

> 순환교육은 의무교육 또는 기본교육 이후에 전 생애에 걸쳐 주로 직업활동과 교육에 순환적으로 참여할 수 있도록 만드는 종합적 교육 전략이라고 할 수 있다(OECD).

UNESCO는 제3세계권의 이해관계와 인간의 삶의 질 향상, 평화, 인간화, 민주주의, 사회정의 실현이라는 사회문화적 발전 면에서 접근하고 있다. 반면에 OECD는 주로 경제 논리로서 평생교육을 이끌어가고 있다. 구조적인 문제와 가용 직업 기회의 접근 여부보다는 평생학습의 강조를 인적자본의 형성에 두고 있다.

평생교육에 관하여 세계적으로 영향을 끼쳐온 두 국제기구의 이러한 차이는 각 기구의 회원국들의 특성과 이념의 차이에 기인한다. 전자는 제삼세계 국가들이 참여하고 있을 뿐만 아니라 비교적 진보적 경향을 드러내고 있는 반면, OECD는 경제적 부국들로 구성되어 경제적 논리가 비교적 강하다. 한국은 오래 전부터 UNESCO 회원국으로 활동해 왔기 때문에 교육의 논의에 그 영향을 많이 받아오다가, 1996년에 OECD 회원국으로 가입함에 따라 OECD 교육정책 노선의 영향도 받고 있다. 특히 IMF 사태 이후에 OECD의 노선이 국가정책에서 자주 드러나고 있다. 평생교육의 관점에 관한 두 기관의 차이를 비교하면 다음과 같다.

〈표 3-3〉 UNESCO와 OECD의 평생교육 관점 비교

구 분	UNESCO	OECD
중점사항	전인적 발전	계속적 직업능력신장
접근방법	사회문화적 발전(평화, 인간화, 민주주의)	경제논리(인적자본의 형성)
주요회원국	제3세계국가	경제적 부국

UNESCO와 OECD의 평생교육 논리는 모두 시대적 · 사회적 요구를 반영하고 있다. 개별 국가의 차원에서 이 관점은 조화롭게 추구될 필요가 있다. 인간의 전인적 발전 및 민주주의의 발전과 개인 및 국가의 경제적 발전은 모두 필요한 것이기 때문이다. 그러나 양자 사이에 시간적 우선순위를 고려한다면 UNESCO적인 관점의 평생교육이 기초를 쌓은 후에 OECD적인 평생교육의 관점이 접목되는 것이 보다 바람직하다고 할 수 있다. 평생교육체제 성립의 선진국들은 이러한 순서로 평생교육을 발전시킴으로써 평생학습사회를 보다 건전하게 발전시킬 수 있었다. 안정된 교육복지와 성숙한 시민의식의 평생학습 기반 위에 효율적이고 창의적인 경제성장을 위한 평생학습을 결합한 것이다.

요약

1. 기존 공교육제도에 대한 비판과 지식정보화 사회의 도래 등의 사회적 영향으로 평생교육의 중요성이 부각되었다. 역사적으로 평생교육은 1단계 원형적 생활중심 평생교육, 2단계 소외계층 중심 평생교육, 3단계 고등교육 중심 평생교육, 4단계 현대적 생활중심 평생교육의 단계를 거친다.
2. 평생교육의 개념과 이념 정립에 기여한 교육사상가들은 총체성, 통합성, 유연성, 민주성을 핵심적인 평생교육의 특성으로 제시하였다. UNESCO와 OECD는 서로 대비되는 평생교육의 이념을 바탕으로 국제적으로 평생교육 확산에 기여하고 있다.

연구문제

1. 10년 뒤 우리나라에서 나타날 수 있는 평생교육의 양상을 구체적으로 예측해 보시오.
2. 우리나라의 평생교육 발전과정을 평생교육의 일반적인 발달단계에 따라 제시하시오.
3. 동양 및 한국의 고유한 철학이나 사상 중에서 평생교육의 개념이나 이념 형성에 기초가 될 수 있는 사례를 찾아보시오.
4. 최근 UNESCO와 OECD 평생교육 국제사업의 현황과 특징을 제시하시오.

📖 참고문헌

권두승(1999). 평생교육론. 교육과학사.

김도수(2010). 한국 사회교육의 기저. 학이시습.

김신일(2000). 평생학습사회 실현의 방향과 과제. 21세기 평생학습사회 도래와 새로운 학습체제 구상. 2000년도 평생교육정책세미나 자료집. 한국교육개발원 평생교육센터.

김진규(1996). 향약의 사회교육적 의의. 평생교육학연구, 2(1), 145-173.

오혁진(2012). 신사회교육론. 학지사.

이무근(2000). 국제기구의 평생교육 정책동향 및 발전모델 비교분석. 교육인적자원부.

장상호(1997). 학문과 교육(상). 서울대학교 출판부.

장상호(1997). 학문과 교육(하). 서울대학교 출판부.

한숭희(2009). 화성에서 온 사회교육, 금성에서 온 평생교육. 평생학습사회, 5(1), 1-18.

허정무(1999). 일본의 성인교육 전개과정과 성인교육학의 발전. 한국성인교육학회, 2(3), 75-105.

황종건, 오해훈, 오계희, 노공근, 이인순(1966). 한국의 사회교육. 중앙교육연구소.

梅根悟 (1990). 세계교육사. (김정환, 심성보 역). 도서출판풀빛. (원저는 1967년에 출판).

Freire, P. (2009). 페다고지 (*Pedagogy*). (남경태 역). 그린비. (원저는 1968년에 출판).

Jarvis, P. (1995). *Adult and Continuing Education: Theory and Practice* (2nded.). Routledge.

Jarvis, P. (1987). *Twentieth century thinkers in adult education*. Croomhelm.

Kelly. T. (1992). *A history or adult education in Great Britain*. University of Liverpool.

Long, H. B. (1991). *Early innovators in adult education*. Routledge.

Reischmann, J. (1999) Adult education in Germany. Roots, status, mainstreams, changes. In: Andragogy Today: Interdisciplinary Journal of Adult and Continuing Education. *The Adult & Continuing Education of Korea, 2*(3), 1-29.

Stubblefield. H. W. (1988). *Towards a history of adult education in America: The search for a unifying principle* (Croom Helm series on theory and practice of adult education in North America). Published in the USA by Croom Helm in association with Methuen.

Titmus, C. (1981). *New strategies for adult education: practices in Western Europe*. Follett Publishing Company.

제4장

한국 평생교육의 역사와 발전과제

한국에서 평생교육이 본격적으로 실시된 것은 해방 이후라고 할 수 있다. 우리나라에서는 공동체를 지향하는 평생교육론의 전통이 '사회교육' 용어와 더불어 맥을 이어 왔으나 평생교육의 영역이 확장되고 다양한 성격의 평생교육론이 등장함에 따라 그 전통적인 성격이 다소 변화하고 있다. 이에 따라 평생교육의 정체성에 대한 회의와 혼돈이 벌어지고 있는 실정이다.

이 장에서는 먼저 우리나라의 평생교육이 어떤 과정을 거쳐 발전해 왔는지를 살펴보고, 역사적인 관점에서 우리나라의 전통적인 평생교육의 이념과 원리가 무엇인지 살펴보고자 한다. 또한 시대적 변화에 따라 전통적인 평생교육의 이념과 성격이 어떻게 다양화되었는지를 살펴보고, '사회교육'의 개념 재고찰을 통한 평생교육의 정체성 확립 방안을 모색해 보고자 한다.

■ **학습목표**

1. 평생교육의 보편적 발달단계에 따라 한국의 평생교육 변천과정을 설명할 수 있다.

2. 우리나라 역사 속에 나타난 평생교육의 전통적인 이념과 성격을 이해한다.

3. 현실 속에 나타나는 전통적인 평생교육 이념의 변천 양상을 이해한다.

4. 평생교육론의 재정립을 위한 한국 사회교육 개념 정립의 필요성을 이해한다.

1. 한국 평생교육의 발전과정

국가마다 시기와 양상에 따라 다소 차이가 나타나지만 평생교육은 일반적인 단계를 거치며 발달해 왔다. 그리고 각 시대의 평생교육은 국가적인 차원의 지원 체제성립을 통해 구현된다. 여기에서는 한국의 평생교육의 일반적인 발달단계에 따른 한국 평생교육의 역사적 사례와 아울러 해방 이후 평생교육체제의 변천과정을 구체적으로 살펴보고자 한다.

1) 한국 평생교육의 발달단계

우리나라에서 평생교육이 실시된 것은 곧 인간사회가 성립된 이후라고 볼 수 있다. 즉, 나면서부터 죽을 때까지의 모든 교육을 일컫는 넓은 의미의 평생교육 개념에서 본다면 우리나라에서 평생교육이 실시된 것은 곧 이 땅에 인간사회가 형성된 원시시대 이후라고 볼 수 있다. 한편 평생교육을 정규학교 교육 이외의 교육이라는 좁은 의미에서 본다고 하더라도 평생교육의 역사는 고대국가 이후로 향약, 두레, 계, 서당, 야학, 지역사회학교, 학원, 문화원 등 다양한 형태로 이어져 내려왔다고 볼 수 있다. 여기서는 한국 평생교육의 변화과정을 보다 심도 있게 파악하기 위해 평생교육의 일반적인 발달단계와 한국사의 일반적인 시대 구분에 따라 살펴보고자 한다.

먼저, 우리나라에서 원형적 생활중심 평생교육의 시기는 고대사회부터 개화기 이전까지 근대적인 의미의 학교교육이 보급되기 전이라고 할 수 있으며, 소외계층 중심 평생교육 또는 학교교육 보충형 평생교육의 시기는 구한말 개화기, 일제강점기, 국가재건기(1945~1960년), 경제발전 및 민주화 운동기(1961~1987년) 시대를 포함한다. 한편, 우리나라에서 고등교육 중심 평생교육은 일반적인 차원에서 시민사회형성기(1988~1997년)와 맥을 같이 한다. 또한, 현대적 생활중심 평생교육의 시기는 복지 및 세계화 병행기(1998~2007년) 및 시장경쟁 강화기(2008~2017년) 그리고 포용적 운영기(2018~현재)와 시기를 같이 한다. 각 시기에 한국의 평생교육은 많은 실천가와 기관, 제도, 정책 등을 통해 실시되었으며 그

발달단계에 맞추어 한국사회의 시대적 과제에 반응하였다. 이와 관련하여 시기
별로 평생교육의 시대적 과제와 사례를 정리하면 다음 〈표 4-1〉과 같다.

〈표 4-1〉 평생교육의 발달단계별 한국의 사례

평생교육 발달단계	시대	주요 시대적 배경	평생교육의 주 과제	주요 평생교육 활동 및 기관
원형적 생활중심 평생교육시기	고대사회~ 조선후기	신분중심 왕조국가 농경사회	사회화 생존 및 협력	두레, 계, 향약, 서당
소외계층 중심 평생교육시기 (학교교육 보충형 평생교육)	구한말 개화기	외세침략 갑오경장	민중의 삶 계몽 실력양성을 위한 기초교육	사립학교, 민족단체 야학
	일제강점기	황국신민화 정책 민족자주독립	기초 수준의 학력 보완교육을 통한 교화와 민족 실력 양성	일본 총독부의 지역 순회강연 총독부 지방중견청년강습회 민간부분의 변형된 서당, 야학
	국가재건기 (1945~1960)	미군정 이승만 정권 4.19 및 장면 내각	학력보완교육을 통한 국가재건	4H 운동 미군정 국문강습소 전국문맹퇴치 5개년계획 공민학교, 고등공민학교
	경제발전 및 민주화 운동기 (1961~1987)	군사정권 비약적 경제발전기 민주화운동 추진기	중등교육 수준의 성인기초교육을 통한 개인 및 지역의 경제발전	재건국민운동 가나안농군학교 새마을 교육 산업체부설학교 및 학급 한국지역사회학교후원회 노동야학
고등교육 중심 평생교육시기 (학교교육 연장형 평생교육)	시민사회 형성기 (1988~1997)	민주주의 확립 시민사회 활성화	민주시민교육	시민단체 시민교육 문화학교 사내기술대학 독학사 제도, 학점은행제
현대적 생활중심 평생교육시기 (학교교육 초월형 평생교육)	복지 및 세계화 병행기 (1998~2007)	외환위기 극복 기초복지 강화 지방분권 강조	자격, 학력인증제도 인적자원 및 지역평 생교육	원격대학 설립 평생학습지원시스템정비 평생학습도시 사업 지역학습동아리 활동
	시장경쟁 강화기 (2008~2017)	시장 경쟁과 효율성 강조 평생학습 강화	효율적 경제발전을 위한 평생학습	평생교육법 전면개정 원격대학 정규대학화 평생학습계좌제 실시
	포용적 운영기 (2018~현재)	사회구조의 변화 복지지원 강화 평생학습 활성화	사회혁신적, 포용 적 평생학습 추진	장애인평생학습도시 검정고시지원센터 평생교육바우처 지원사업

2) 한국 평생교육체제의 발전과정

한국에서 근대적인 의미에서 본격적인 평생교육이 이루어진 것은 학교중심 공교육체제가 확립되기 시작한 구한말 이후 일제시대를 거쳐 정부를 수립한 이후라고 볼 수 있다. 또한, 국가적인 차원에서 본격적인 관심을 가지게 된 것은 그보다 훨씬 최근 일이라고 볼 수 있다. 덴마크의 경우 18세기 말에 이미 평민대학(Volkshochschule)이 전국적인 체계를 갖추었으며, 일본의 경우에도 이미 2차 대전 이후 공민관을 중심으로 평생교육체제가 확립되었다. 반면 우리나라에서 국가적인 차원에서 평생교육에 관심을 갖고 평생교육을 실시한 것은 평생교육진흥 조항이「헌법」에 처음 명문화되었고 이를 기반으로「사회교육법」이 만들어진 1980년대 이후라고 볼 수 있다. 그러나 1982년에 제정된「사회교육법」은 법적 권한이 미약하고 적용 범위가 지나치게 좁음에 따라 유명무실한 법이 되고 말았다.

우리나라에서 국가적인 차원에서 평생교육체제 구축에 본격적인 관심을 가지게 된 것은 1990년대 중반부터라고 볼 수 있다. 이후 우리나라에서는 빠른 속도로 국가적인 차원에서 평생교육체제가 구축되고 있다. 1995년 교육개혁위원회가 국민의 평생학습권 실현을 기본방향의 하나로 설정하고 그에 상응하는 여러 구체적 방안을 제시함으로써 한국의 평생교육은 새로운 기원을 맞이하게 되었다. 1997년 12월에는「초·중등교육법」,「고등교육법」,「평생교육법」등을 포괄하는「교육기본법」이 제정됨으로써 교육에 관한 법률 사이의 체계가 갖추어졌으며, 1999년에는「사회교육법」이 폐지되고「평생교육법」이 제정되어 평생교육분야 중 다른 법률에 의해 규제를 받지 않는 평생교육분야를 포괄하게 되었다. 평생교육법에 근거한 평생교육체제 구축과 관련하여 가장 의미 있는 것 중의 하나는 중앙의 국가평생교육진흥원, 시·도평생교육진흥원, 평생학습관 등과 같은 평생교육지원전담체제가 마련되었다는 점이다.「평생교육법」은 2007년도에 개정되어 보다 포괄적이고 적극적인 평생교육 진흥의 기초를 놓았다.

그 외에도 다양한 평생교육 관련 제도가 존재한다. 예를 들어, 독학에 의한 학위취득제가 도입되었으며, 많은 대학에서 대학부설 평생교육원을 개설함으로써 교육기회의 대중화에 기여하였다. 이후 정부는 누구나, 언제, 어디서나 원하는 교육을 받을 수 있는 교육복지국가를 만든다는 교육비전을 제시하고 그 일환으로 학점은행제의 도입, 평생교육추진기구의 설치 및 지정, 원격대학 및 사내대학 설립, 평생학습도시 사업 실시, 평생학습축제 개최, 문해교육 강화, 국가평생교육진흥원 설립, 평생학습계좌제 실시, 평생교육사 양성 및 배치 강화 등의 다양한 제도와 정책들을 추구하고 있다. 과거 전통적인 평생교육은 비정부적 성격이 강했던 것에 비해 최근에는 평생학습도시 사업과 같이 국가 및 지방자치단체에서 지원하는 공적인 성격의 평생교육이 크게 확산되고 있다. 해방이후의 한국 평생교육체제의 형성과정과 정책의 시행사례를 정리하면 다음 〈표 4-2〉와 같다.

2. 한국 평생교육의 역사적 사례와 성격

어떤 영역이든지 그 영역의 건전한 발전을 위해서는 끊임없는 성찰과 반성이 필요하다. 우리나라 평생교육의 경우도 마찬가지이다. 그동안 우리나라 평생교육이 걸어 온 길을 살펴보고 후대에 계승할 만한 교훈을 찾아 더욱 발전시키기 위한 노력을 기울여야 한다. 우리나라는 평생교육이 제도화되기 오래전부터 자생적인 성격의 평생교육활동이 활발하게 이루어져 왔다. 여기에서는 이러한 활동들의 역사적 사례를 돌아보고 현대의 평생교육이 계승해야 할 교훈을 찾아보고자 한다.

1) 일제강점하 이상촌 운동에 나타난 평생교육 활동

우리나라 평생교육의 역사적 사례를 여러 분야에서 찾아볼 수 있으나 과거 우리나라 사회가 대부분 농업을 기초로 한 촌락사회였다는 점을 고려할 때 가장 대표적인 영역은 역시 지역사회교육이었다고 할 수 있다. 지역사회교육과 관련하여 눈여겨봐야 할 역사적 사례로서 이상촌 운동을 들 수 있다. 여기서는 이상촌 운동과 평생교육과의 관계를 중심으로 우리나라 역사에 나타난 평생교육의 전형적인 사례를 살펴보고자 한다.

〈표 4-2〉 한국 평생교육체제의 발전과정

시기	1945년-1950년대	1960년대-1970년대	1980년대-1990년대	2000년대 이후
내용	• 교원 양성과 재교육 • 성인교육을 통한 문해교육과 한글 보급 • 공민학교설치(1946) • 고등공민학교 설치(1948) • 초등의무교육실시: 「교육법」 제정공포, 기술학교 및 고등기술학교 설립(1949) • 문맹퇴치 5개년 계획(1954~1958): 문교부, 내무부, 국방부 협동으로 실시	• 재건국민운동(1961): 문해교육, 향토건설지도자 양성, 학생봉사활동 지원, 마을문고 보급, 가족계획, 농촌개발사업 • 사설강습소에 관한 법률 제정(1961) • 도서관의 법제화와 정비·확충(1963): 군 단위 도서관 설치, 학교도서관과 대학도서관 의무설치 • 새마을 교육(1972) • 「산업교육진흥법」(1963) • 「직업훈련법」(1967) • 방송통신대학(1972) • 방송통신고등학교(1974) • 근로청소년을 위한 산업체부설학교 및 특별학급 설치, 「직업훈련기본법」(1977)	• 신헌법에 '평생교육진흥' 조항 삽입(1980) • 「사회교육법」 제정(1982) • 한국방송통신대학 학사과정대학으로 독립 승인(1981) • 개방대학 신설(1982) • 「독학에 의한 학위취득에 관한 법률」 제정 공포(1990) • 학점은행제 실시(1998) • 「평생교육법」 제정(1999) • 「평생교육법」에 원격대학, 사내대학, 문하생제도 등에 관한 내용 포함(1999)	• 원격대학 설립(2000) • 한국교육개발원 평생교육센터 및 16개 지역평생교육정보센터 지정(2000) • 시·군·구 지역평생학습관 지정(2001) • 평생학습도시 선정 사업 실시(2001) • 전국평생학습축제 실시(2001) • 「평생교육법」 전부개정법률안 대통령 공포(2007.12.14) • 국가평생교육진흥원 설립(2008.2.15) • 평생학습계좌제 시행(2010) • 광역 평생교육진흥원 설치(2011) • 평생학습단과대학 • 읍면동 평생학습센터 법제화(2014) • 장애인 평생교육 명시 • 평생교육바우처제도 실시(2018)

이상촌 운동은 주로 일제강점기에 이루어진 농촌운동으로서 현대적인 의미에서 농촌중심의 지역사회개발운동이라고 할 수 있다. 농촌 이상촌 건설운동은 일제치하였던 1920~1930년대에 걸쳐 사회지도자 개인뿐만 아니라 기독교를 비롯한 다양한 종교단체와 조직 등을 중심으로 매우 활발하게 전개되었다. 그러나 이상촌 운동은 그 성격상 오늘날의 농촌개발운동과는 구별되는 독특한 성격을 가지고 있다. 역사적 의미의 이상촌 운동은 단순히 경제적으로 잘사는 지역을 만들기 위한 운동이라기보다는 보편적인 공동체적 가치를 바탕으로 민족의 자주독립과 경제적 자립을 지향하는 일종의 지역공동체 운동의 성격을 띠었다.

앞과 같은 성격의 이상촌 운동은 1920~1930년대에 걸쳐 여러 지도자와 단체에 의해 활발하게 전개되었다. 여기서는 그 중에서도 민족의 독립운동 차원에서 뚜렷한 목적과 체계적인 계획 하에 이루어진 사례들을 살펴보고자 한다.

먼저, 이상촌 운동을 추구한 선구자의 대표적인 사례로 도산(島山) 안창호(安昌浩)를 들 수 있다. 도산은 독립운동의 전략으로 경제적 기반과 교육적 기반을 구축하는 데 주력하였다. 이를 위해 그가 궁극적으로 추진한 것이 곧 이상촌의 건설인 것이다. 도산 안창호가 구상한 이상촌 운동의 목적은 재외동포의 반항구적 생활근거지, 독립운동의 실력양성기지, 경제적으로 풍요로운 농촌 지역공동체의 형성이었다. 도산의 모든 사업이 이상촌의 계획이요, 그 실현이었다고 말할 수 있을 만큼 이상촌 운동은 그의 구국활동 초기에서부터 전 생애에 걸쳐 중시되었다.

남강(南崗) 이승훈(李昇薰)은 도산의 경우보다 이상촌 구현에서 더 구체적인 성과를 이루었다. 남강은 도산의 사상을 이어 받아 교육을 중심으로 한 이상촌 운동에 투신하였다. 1907년 남강이 평북 정주군 갈산면 익성동 오산(五山)에 설립한 오산학교는 초기에는 단순히 일제하 민족교육기관의 성격을 가졌다. 그러나 나중에는 민족교육기관 뿐만 아니라 지역사회와 긴밀한 관계를 갖는 이상촌 운동의 중심지로 발전하였다. 즉, 남강은 산업과 교육이 서로 연결되어 완전한 자치를 이루어야 한다는 생각으로 학교와 지역사회가 긴밀히 통합된 모범촌을 추구했던 것이다. 남강의 영향을 받아 오산 지역의 협동조합 간부회의나 총회는 단순히 회원들만을 위한 조직이 아니라 그 지역을 서로 협동하는 이상적인 향촌으로 이끌어 가는 협의회가 되었다. 이러한 노력을 통해 오산지역은 학교와 교회, 자면회와 협동조합 등이 통합된 완전한 하나의 큰 공동체가 되었다.

국외의 경우에는 소래(笑來) 김중건(金中建)이 중심이 된 북간도의 어복촌(魚腹村)과 백산(白山) 안희제(安熙濟)의 발해농장(渤海農場) 등을 그 예로 들 수 있다.

한편 무엇보다도 이상촌 운동이 가장 성공적으로 이루어진 예로 일가(一家) 김용기(金容基)의 봉안이상촌(奉安理想村)을 들 수 있다. 김용기는 1931년 일제 강점기에 고향인 경기도 남양주군 봉안마을에서 뜻을 같이하는 10가구와 함께 현대적 의미의 지역사회조직과 농업협동체제를 실현하였다. 이상촌을 건설하기 위해 그들이 전개한 사업에는 황무지 개척, 농사개량, 협동조합 운영, 소비조합 운영, 공제상호조합 운영 등을 위시하여 농촌청소년 교육과 주민교육 등이 포함된다. 김용기의 봉안이상촌은 당시 상당한 성과를 이룬 대표적인 이상촌으로 인정받고 있다.

앞에서 살펴본 일제강점하 이상촌 운동의 가장 핵심적인 수단은 바로 교육이었다. 특히 정규 학교교육이 아닌 평생교육이 주류를 이루었다고 볼 수 있다. 왜냐하면 당시 학교교육은 일제에 의한 식민교육이 주를 이루었으며, 민족 세력에 의한 사립학교는 그 수도 절대적으로 부족하였고 그 내용도 일제의 통제로부터 자유롭지 못하였기 때문이다. 따라서 야학이나 개량서당 등 일제의 통제를 피하기에 유리한 형태의 교육이 주류를 이루게 되었다. 일제하 이상촌에 나타난 교육기관도 이러한 성격의 교육기관들이 주류를 이루었다고 볼 수 있다.

도산은 일찍이 교육을 독립운동을 위한 근간이라고 생각하였다. 그는 항일투쟁에서 일시적인 격돌을 경계하고 해외민족의 독립운동과 생활의 근거지를 마련하여, 거기서 민족의 역량을 배양해 나가는 확고한 투쟁방법을 이상촌 운동에서 찾았다. 대성학교 설립, 흥사단 운영, 태극서관 운영 등 그의 모든 독립운동은 교육과 밀접한 관련이 있다. 이러한 교육적 독립운동의 경험과 전략이 집대성된 것이 곧 이상촌 운동이라고 할 수 있다. 즉, 도산이 이상촌 건설을 통해 가장 힘쓴 사업이 교육이며, 동시에 이상촌 건설을 위해 교육이 가장 중요한 수단으로 활용되었던 것이다. 도산이 추구하는 이상촌의 모습에는 마을 구성원의 민주적 · 도덕적 성장 및 경제적 자립을 이루며 사는 것과 아울러 모든 자녀가 교육에 참여하고 모든 성인이 독서를 하는 것이 포함된다. 이는 교육이 이상촌 설립을 위한 중요한 수단이 되며, 동시에 교육의 활성화 자체가 이상촌의 주요 목적이 되고 있음을 의미한다.

남강 이승훈의 경우도 이상촌 건설에서 교육이 가장 핵심적인 역할을 하고 있음을 단적으로 보여 준다. 특히 오산학교는 당시 일본이 세운 정규학교와 달리 제도권 밖의 민족인사들이 세운 비정규학교라는 점에서 오늘날의 평생교육과 맥을 같이 한다고 볼 수 있다. 남강과 오산지역의 지도자들은 오산 전체를 민족공동체로 만들 목적을 가지고 학교촌, 병원촌, 사택 마을, 농장촌, 교회촌을 규모 있게 만들고 공동체의 중심부에는 도서관을 설치할 계획을 세웠다. 이러한 계획은 실제로도 상당한 성과를 거두었다. 오산학교와 지역사회는 공동체의식으로 하나가 되었고 오산학교를 중심으로 지역사회를 이상촌으로 발전시켜 나갔다. 이런 의미에서 당시 오산지역은 학교, 교회, 협동조합과 각종 모임들이 하나로 통합되어 함께 연구하며 토론하는 학습 협력체제를 형성해 나갔다는 점에서 평생교육을 통한 지역학습공동체의 성격을 가졌다고 볼 수 있다.

한편, 여류 농민교육자이자 심훈의 소설 『상록수』의 모델인 최용신(崔容信, 1909~1935)은 1931년 10월 경기도 화성군 반월면 천곡리 샘골(현재 안산시 본오동)에 YWCA의 농촌교사로 파견되면서 지역주민을 위한 교육운동에 나섰다. 그녀는 강습소를 신축하여 110명의 아동들을 교육시키는 학교로 발전시켰으며, 천곡강습소의 교장 겸 교사, 마을주부들의 주부회 지도자, 마을 청년회의 후원자로 활동하였다. 최용신의 이러한 활동들도 평생교육을 통한 지역학습공동체 형성의 연장선상에서 이해할 수 있다.

김중건이 설립한 어복촌의 경우도 그 안에 다양한 조직이 구성되어 활발한 학습이 이루어졌다. 즉, 동대(動隊), 농우동맹(農友同盟), 진우회(震牛會), 소년단, 장년단, 부녀회 등에서 각종 교육과 훈련이 이루어졌다. 이를 통해 낮에는 일하고 밤에는 야학과 토론을 통해 학습하는 그의 이념을 실천하였다. 이러한 조직들은 학습을 기반으로 특정한 목적을 함께 추구해갔던 공동체라는 점에서 일종의 조직 차원의 학습공동체의 성격을 가졌다고 볼 수 있다. 이는 안희제의 경우도 마찬가지이다. 그가 동만주에서 발해농장을 통해 실시한 독립활동의 핵심은 교육과 민족정신의 고취를 위한 활동이었다. 그는 발해농장 안에도 이곳에 이주한 농민들의 2세 교육과 민족정신을 고취하기 위해 발해보통학교를 설립하였다. 또한 민족정신의 앙양을 위해 대종교를 신봉하고 그 보급에 힘썼다. 이는 모두 넓은 의미의 평생교육 활동이라고 볼 수 있다.

봉안이상촌의 발전과정에서도 평생교육이 핵심적인 역할을 하고 있다. 먼저, 김용기는 1936년에 봉안청년회를 조직하고 야학을 개설하였다. 처음에는 교회당에서 교육하다가 나중에는 마을회관을 세워서 이를 도서실로도 사용하고, 유년, 소년, 청년 및 성인으로 단계를 나누어 이들에게 교육 프로그램을 제공하였다. 그 결과 이미 1930년대에 완전한 문해상태를 구현하기도 하였다. 교육내용은 한글 외에도 일반교양과 농업기술, 민족정신 그리고 의식주 개선과 절약운동 및 보건과 오락도 포함되어 있었다. 또한 봉안이상촌에서는 한 달에 한 번씩 집집마다 돌아가며 회식을 겸한 토론회를 가지기도 하였다. 마을의 모든 문제는 이때 토의되었고, 여기서 결정된 사항을 그대로 실천하였다. 이것은 곧 실생활의 문제를 주체적 · 협동적으로 해결하기 위한 무형식적 주민자치학습이 활성화되었음을 나타내는 한 예가 된다. 이러한 학습활동 속에는 오늘날의 학습동아리와 학습조직의 다양한 형태가 포함되어 있었다고 볼 수 있다.

이와 같이 일제하 이상촌에서는 지역 전체 차원에서 평생교육이 매우 다양하면서도 조직적 · 체계적으로 수행되었다. 교육의 형식면에서 볼 때 이상촌 안에서는 무형식교육, 비형식교육, 형식교육 등의 다양한 교육이 모두 이루어졌다.

2) 우리나라 전통적인 평생교육의 성격

전통적으로 평생교육의 선구자들은 소외계층을 위한 교육기회의 확대, 자아실현, 지역공동체 구현 등을 위해 노력해 왔다. 예를 들어, 스위스 빈민어린이를 대상으로 대중교육에 힘썼던 페스탈로치(Johann Heinrich Pestalozzi)도 학교교육의 혜택을 받지 못한 소외계층을 대상으로 비형식적 교육을 실시했다는 점에서 평생교육의 선구자로 파악할 수 있을 것이다. 또한 시민대학(Volkshochschule)의 건립을 통해 덴마크 부흥에 앞장섰던 그룬트비히(N.F.S. Grundtvig), 안티고니쉬 운동(Antigonish Movement)을 통해 지역사회개발에 앞장섰던 캐나다의 코디(Moses Coady), 브라질 민중을 대상으로 문해교육에 힘썼던 프레이리(Paulo Freire)과 같은 평생교육 운동가들은 열악한 여건 속에서도 자발적인 평생교육사업을 실천해 왔다. 이들 외에도 수많은 무명의 평생교육 선구자가 이와 같은 이념을 가지고 평생교육을 위해 헌신해 왔다.

이러한 전통에 의해 평생교육은 국가별로 구체적인 양상은 달랐지만 비교적 동일한 이념에 의해 시행되었다. 평생교육의 이러한 전통은 국제적인 차원에서 UNESCO의 평생교육정책에 반영되어 각국의 문해교육, 성인기초교육, 지역사회개발, 민주시민교육 등 개인의 전인적인 성장과 공동체의 구현을 위한 평생교육 지원으로 이어지게 되었다. 우리나라도 이러한 평생교육의 이념을 반영하여 다양한 평생교육 활동을 전개하고 있다. 시대의 변화에 따라 다양한 이념이 평생교육의 이론과 현장에 가미되었지만 소외계층 지원, 생활중심, 학습자 주체성 등의 기본 원리는 우리나라 평생교육 현장에서 여전히 가장 핵심적인 원리로 인식되고 있다.

한국의 평생교육 선구자들은 역사적 시기, 지식수준, 사회경제적 배경, 교육대상 등에서 모두 차이가 나타났지만 교육의 혜택을 받지 못한 많은 사람에게 교육의 기회를 제공하고 스스로 자립할 수 있도록 도와주었다는 점에서 공통점을 찾을 수 있다. 또한 주로 그들의 삶의 터전인 지역사회를 중심으로 평생교육 활동을 실시해 왔다. 즉, 학습자들이 자신들의 구체적인 삶 속에서 문제를 스스로 인식하고 해결해 나가며, 공동체의 구현을 통해 정신적·경제적으로 보다 질 높은 삶을 살 수 있도록 이바지했던 것이다. 이와 같이 우리나라 평생교육 선구자들이 공동체적 가치를 추구했다는 점에서 평생교육의 원형은 곧 소외계층을 배려하고 삶의 터전 속에서 문제 해결과 협력을 추구하는 공동체지향적 평생교육이라고 말할 수 있다.

한편, 이와 관련하여 우리나라 평생교육 선구자들의 성격을 정리하면 다음과 같다. 그들은 뜨거운 가슴, 차가운 머리, 빠른 손발을 가진 평생교육지도자로서

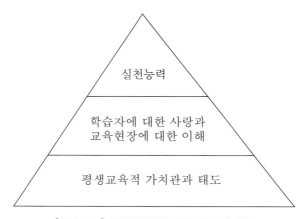

[그림 4-1] 이상적인 평생교육지도자의 요건

평생교육적 가치관과 태도, 인간에 대한 사랑과 교육현장에 대한 이해, 전문성을 두루 갖춘 인물로 볼 수 있다. 이는 곧 이상적인 평생교육지도자가 갖추어야 할 요건으로 볼 수 있다.

3. 한국 평생교육의 굴절

앞에서 살펴보았듯이 현대적인 의미에서 우리나라 평생교육의 뿌리는 일제시기를 전후하여 민족의 자립과 독립을 추구하며 소외계층을 위한 교육의 기회를 제공하기 위한 노력을 기울여 왔다. 따라서 일반적으로 정부의 지원 없이 열악한 환경 속에서 이루어진 것이 사실이다.

그러나 1990년대에 들어 우리나라에서도 평생교육 선진국과 맥을 같이 하여 빠른 속도로 국가적인 차원에서 평생교육체제가 구축되고 있다. 또한 정보화사회 및 지식기반사회의 도래, 수명의 연장, 여가의 증대 등으로 인해 평생학습에 대한 수요가 폭발적으로 증가하게 되자 이에 부응하는 다양한 형태의 평생교육기관들이 급증하게 되었다. 과거 전통적인 평생교육은 비정부적 성격이 강했던 것에 비해 최근에는 국가 및 지자체에서 지원하는 공적인 성격의 평생교육과 영리를 추구하는 기업적 평생교육의 비중도 높아지고 있다. 이와 같이 최근에는 전통적인 평생교육과 추구하는 목적이나 접근 방식이 다른 다양한 성격의 평생교육기관들이 급증하게 되었다.

이러한 공적 평생교육체제의 구축과 평생교육영역의 확대는 보다 많은 국민에게 평생교육의 기회를 제공한다는 측면에서 바람직하다고 볼 수 있다. 그러나 현재의 평생교육체제는 동시에 여러 가지 문제점도 노출되고 있다. 여기서는 그 문제점을 구체적으로 살펴보고자 한다.

1) 국가 인적자원개발 중심의 평생교육 추진

먼저, 최근 우리나라의 평생교육정책은 주로 인적자원개발 중심의 지원으로 편중되는 경향이 있다. 이를 앞에서 살펴본 평생교육의 국제적 동향과 관련시켜 본다면 UNESCO적인 관점보다는 OECD의 관점이 더욱 부각되고 있다고 말할 수 있다. 즉, 인간의 전인적인 발달 및 공동체 사회를 구축하려는 본래의 취지보 다는 국가의 경쟁력 향상과 개인의 경제적 지위를 향상시키기 위한 목적이 더 강조되고 있는 실정이다.

예를 들어, 국가적인 차원에서의 인적자원개발을 본격적으로 추진하기 위해 정부의 지원체계가 고도화되고 있다. 그리고 이에 학교교육 및 평생교육 전반에 서 인적자원개발을 위한 정책들이 연구·시행되고 있다. 이른바 '국가 차원에서 의 인적자원개발(N-HRD)' '지역사회 차원에서의 인적자원개발(R-HRD)' '인적자 원개발의 효율화를 위한 교육체제의 재구조화' 등의 말들이 평생교육과 관련하 여 범람하고 있는 것이다. 또한 전반적으로 학습자주도, 생활중심, 공동체중심 의 평생교육보다는 경제위주의 인적자원개발에 대한 지원이 보다 적극적으로 이루어지고 있다. 국가의 경제발전을 추구하는 고용노동부, 기획재정부 등과 같 은 경제부처들이 평생교육차원에서 국민의 직업능력개발교육에 전적으로 지원 하는 것은 일견 자연스럽게 받아들여질 수 있으나 전적으로 국민의 기초능력향 상과 자기개발, 인성함양, 학력인증 등을 맡아 왔던 교육부마저도 국민을 위한 자기개발교육, 시민교육, 학력인증교육, 기초능력교육보다 직업능력개발교육에 보다 많은 예산을 투입하고 있는 것은 교육부의 정체성과 관련하여 심각하게 검 토해 볼 문제라고 할 수 있다.

이런 과정에서 우려되는 것은 국민 개개인의 전인적 발달과 학습의 평등한 기 회를 제공하기 위한 평생교육은 상대적으로 소홀히 되고 국민의 직업능력개발 과 국가 차원의 경쟁력 향상에 도움이 되는 평생교육, 즉 인적자원개발을 위한 평생교육만이 정부 조직의 주요 지원대상이 될 수 있다는 것이다. 과거 정부에 서 교육부가 교육인적자원부가 되고 교육부의 수장이 장관에서 부총리가 되었 다는 사실이 평생교육의 발전을 의미하는 것인가에는 의심의 여지가 있었다. 이 후 '교육'은 소홀히 취급되고 경제적 부가가치가 높은 지식과 기술중심의 '인적 자원개발'만 중시되는 것은 아닌가라는 우려를 낳기도 하였다.

물론 직업능력향상이 교육적으로 불필요하거나 무의미하다는 것은 아니다.

초기의 전통적인 평생교육자들도 직업의 중요성을 이야기했고 직업교육은 평생교육의 중요한 전통 중의 하나였다. 그러나 그때의 직업교육은 삶의 교육, 생활교육의 일환으로 이루어진 것이다. 그리고 실직자들을 위한 직업교육과 노동자들을 대상으로 하는 노동교육이 중시된 것은 그들이 가장 사회적으로 소외되었던 사람들이었기 때문이다. 그리고 그때의 직업교육은 단지 생계수단 확보나 국가의 경쟁력 향상을 위한 수단으로서만이 아니라 커다란 인간교육의 맥락 속에서 강조되었다. 즉, 노동을 통해 삶의 의미를 깨닫게 하는 것이 궁극적인 교육 목적 중의 하나였다. 그 한 예로 가나안 농군학교의 일가 김용기를 들 수 있다. 그는 '일하기 싫거든 먹지도 말라'는 구호에 나타난 바와 같이 근로를 강조하며, 실제 농촌이 경제적으로도 잘 살 수 있는 실제적인 방법을 개발하여 보급하였다. 그렇지만 그 밑바탕에는 '하나님 사랑, 인간사랑, 자연사랑' 또는 '근로, 봉사, 희생' 등과 같은 전인격적인 교육의 이념이 자리 잡고 있었다. 이러한 전 인격적인 교육의 이념은 대부분의 초창기 평생교육 실천가와 그룬트비히, 린드만, 프레이리, 황종건 등의 평생교육 이론가들에게서 공통적으로 찾아볼 수 있다. 문해교육, 성인기초교육과 같이 기능을 습득하는 교육도 그것을 통해 한 인간이 더욱 인간답게 살 수 있는 안목을 갖게 되었을 때 의미 있는 것이었다. 그런 면에서 최근 우리나라에서 이루어지고 있는 인적자원개발이 과거 직업교육이나 노동교육에 비해 교육의 원리보다는 경제의 원리에 의해 주도되고 있지 않은지 되돌아볼 필요가 있다.

과거 비정부차원에서 자발적으로 실시되었던 평생교육은 비록 재정적으로 열악했을지라도 생동감이 있는 것이었다. 이것이 국가제도 속으로 편입됨에 따라 교육이 보다 체계화되고 교육의 기회가 확대되는 면도 있지만, 다른 한편으로는 관료화·형식화되는 경향을 나타내기도 하였다. 또한 학습자 각각의 자아실현과 공동체 형성이라는 본래의 목적보다는 국가의 통합과 국가경쟁력의 향상을 위한 수단으로 활용되는 경향이 강하다. 비록 국가적인 차원에서 인적자원개발이 필요할지라도 그것은 한 인간이 인간답게 살기 위한 수단으로서의 직업능력향상이어야 한다. 한 인간이 인간답게 살기 위해서는 단지 경제적인 능력만이 아니라 인간에 대한 자기성찰, 사회에 대한 인식, 이웃과 더불어 살아갈 수 있는 사회성 등이 요구된다. 인적자원개발은 이러한 교육의 전체적인 맥락 속에서 경제적인 능력의 향상이라는 목표에 국한되어 활용되어야 할 것이다.

또 한 가지 간과하지 말아야 할 것은 현재 OECD의 주요 국가들은 이미 UNESCO 관점의 평생교육체제를 완비하고 있다는 것이다. 예를 들어, 덴마크, 독일 등의 북유럽국가들은 시민대학(Volkshochschule)을 비롯한 공공 평생교육 기본 인프라를 갖추고 있으며 일본의 경우도 공민관(公民館)을 통해 교육복지적인 차원에서 국민들의 기본적인 평생교육 욕구를 충족시켜주고 있다. 이러한 기본적인 평생교육 인프라의 토대 위에 경제적 효율성을 추구하기 위한 OECD 평생교육정책이 병행되고 있는 것이다. 반면에 우리나라의 경우는 아직 기본적인 교육복지적 차원의 평생교육 토대가 충분히 갖추어지지도 못한 상황에서 경제개발 위주의 평생교육정책이 우선적으로 추구되는 실정이다. 따라서 국민들을 위한 교육복지적 차원의 평생교육체제의 정립은 그만큼 요원한 실정이다. 따라서 우리나라에서도 균형 잡힌 평생교육체제를 구축하기 위해서는 다른 OECD 국가들과 동일선상에서 인적자원개발체제를 수립할 것이 아니라 우리나라의 열악한 평생교육인프라를 우선적으로 개선할 수 있는 제도와 정책을 실시해야 할 것이다.

2) 신자유주의 관점에 의한 교육기회의 제한 및 불평등

1990년대부터 본격화된 세계화의 소용돌이 속에서 많은 나라가 정도의 차이는 있으나 신자유주의 교육정책 노선을 따르고 있다. 신자유주의 교육정책에 대한 비판이 적지 않고, 새로운 정책노선을 추구하는 노력이 없는 것은 아니지만 대다수 유럽과 북미국가들의 교육제도와 정책은 신자유주의의 성격을 점차 강하게 띠고 있다. 우리나라의 경우도 이러한 신자유주의적 원리가 교육에 점차 큰 영향을 미치고 있다.

유럽 및 미국 등에서 전개되고 있는 평생학습사회의 기본 논리는 직업적으로 필요한 지식과 기술을 개인들이 알아서 학습하되 비용도 될 수 있으면 자신이 부담하도록 만들자는 것이다. 자비부담의 자유학습은 이제까지의 유럽 교육제도와는 방향이 다른 정책이다. 전통적으로 유럽 교육제도의 기본은 계몽주의적 공교육이었으므로 경비는 공공부담을 원칙으로 삼아 왔다. 의무교육은 말할 필요도 없고 대학교육과 성인교육도 공공부담이 근간을 이루었다. 직업기술교육은 공공재정의 투자와 아울러 기업 자체의 부담도 큰 부분을 차지하였다. 요컨대, 정부와 기업이 교육을 제공하고 비용도 부담하는 공교육제도가 기초를 이루었다. 그런데 최근 교육비용을 학습자에게 부담시키는 쪽으로 정책전환이 이루어지고 있다. 대학교육비에 학습자부담 비율이 늘기 시작하였으며, 특히 성인들의 직업기술교육에서 자비부담률이 높아지고 있다. 이러한 신자유주의적 경향은 교육복지적 차원에서 평생교육 인프라를 구축하고 있는 우리나라에 커다란 도전이 되고 있다. 이를 중심으로 신자유주의적 관점이 평생교육체제에 미치고 있는 문제점들을 살펴보면 다음과 같다.

첫째, 자본의 교육지배 강화이다. 경제의 세계화추세에 대응하여 모든 나라가 경제의 국제 경쟁력 강화를 최우선 정책으로 내세우고 있다. 그에 따라 교육에 대한 자본의 지배가 강화되고, 평생학습에 경제 원리의 적용이 심화되고 있다. 즉, 국가경제의 경쟁력에 직결되는 교육이 우선시되고 개인의 자아실현을 위한 교육은 가급적 제한되거나 수혜자 부담의 원칙을 따라야 한다는 인식이 급속히 퍼지고 있다.

둘째, 평생교육의 상업화 확대이다. 최근 들어 점차 평생교육에 대한 관심과 수요가 높아지는 반면 정부의 지원은 여전히 미흡함으로 인해 비교적 풍부한 자본과 전문인력을 갖춘 상업적 평생교육기관, 즉 전문지식이나 기술을 가르치는 각종 사설학원이나 각종 문화센터와 같은 기관들이 급격히 늘어나고 있다. 일부 대학부설 평생교육원의 경우도 이에 해당하는 것으로 지적된다. 이러한 영리적 성격이 강한 평생교육기관들은 경쟁사회에서 학습자들이 필요로 하는 요구를 즉각적으로 충족시키는 것을 가장 큰 장점으로 내세우되, 대신 철저히 전 비용의 수혜자 부담 원칙에 입각하여 운영되고 있는 것이 특징이다. 또한 일반적으로 학습자의 수요가 많고 공급이 부족할수록 수강료가 비싸다는 시장의 논리를 따르고 있는 것이 특징이다. 이들 기관이 비록 다른 사회적 가치를 같이 추구한다 하더라도 그것은 부차적인 의미만 가질 뿐 엄격한 의미에서 이윤의 추구를 최우선의 목적으로 할 수밖에 없다는 점에서 한계가 있다.

셋째, 평생학습기회의 불평등 심화이다. 자유경쟁원리의 강조로 인해 교육의 혜택이 중산층에 치우침에 따라 저소득층, 장애자, 학교실패자 등 사회적 약자 집단이 평생교육에서 밀려난다. 엄연히 존재하는 비문해자와 기초교육실패자에 대한 무관심, 저소득층의 교육소외, 여성과 노인 · 다문화 주민의 교육소외, 노동자들의 교육 문제에 대한 정부의 지원정책이 강화되어야 함에도 실제로는 더 심화되는 경향을 보인다. 평생학습기회의 불평등이 이들이 점점 더 소외당하는 경향으로 이어진다.

일반적으로 신자유주의적 교육원리에는 그 자체로 교육철학이나 미래에 대한 인간적 전망을 찾기 어렵다. 단지 공교육의 민영화나 시장화를 통해 경제적 효율성을 강화하기 위한 목적으로 시행되는 것이다. 특히 이러한 신자유주의적 교육정책은 우리나라처럼 공교육차원의 교육복지체제가 매우 취약한 나라에서는 더욱 큰 문제를 일으킬 수 있다. 이미 상당한 정도 공교육 평생교육체제가 확립되어 있는 국가와 아직 그 기반조차 제대로 마련되어 있지 않는 국가를 동등한 선에서 비교할 수는 없다. 이미 학교교육에 상응할 정도로 평생교육분야에 대한 행정적 · 재정적 지원이 확고한 나라에서는 국가재정의 효율성을 높이기 위해 부분적으로 복지부분에 대한 지원을 줄이는 것이 수용될 수도 있다. 이는 전 세계가 무한 경쟁체제로 접어듦에 따라 일부 선진국에서 복지정책을 어느 정도 후퇴시키는 것과 맥을 같이한다. 그러나 우리나라는 교육복지적 평생교육체제 구축에 관한 한 아직 상당히 미흡한 단계에 머물러 있다고 할 수 있다. 일반 국민은 그들의 평생학습 요구를 일부 민간사회단체에서 충족시키기도 하지만 많은 경우 학원이나 민간연수원 등과 같은 상업성 민간 평생교육기관을 통해 충족시키고 있다. 이는 학교교육에 엄청난 사교육비가 드는 것과 맥을 같이한다. 이에 따라 교육비를 충당할 수 없는 국민들은 원천적으로 교육의 기회를 갖지 못하는 결과를 가져온다. 따라서 학교교육에 의한 불평등을 해소하고자 했던 평생교육이 오히려 교육 불평등을 더욱 심화시키는 결과를 가져올 수 있는 것이다.

이러한 현상은 곧 국민의 기본권으로서의 평생학습권을 제한하는 것이다. 모든 국민에게 학습의 기회를 골고루 최대한 보장하는 것은 평생학습시대에 국가의 새로운 의무라고 볼 수 있다. 그러므로 모든 국민이 기본적인 평생교육의 혜택을 누릴 수 있을 때까지는 평생교육분야에 대한 교육복지적 차원의 계속적인 지원의 확대가 요구된다.

4. 한국 평생교육의 발전과제

한국은 시대를 거치면서 각 시대의 사회문제를 해결하기 위한 사회교육의 전통을 계승해 왔다. 한편, 한국의 평생교육은 현대 신자유주의 시대에 국가적으로 요구되는 평생학습체제를 구축하는 과정에서 발생하는 어려움을 극복해야 할 과제를 안고 있다. 여기서는 한국 평생교육이 추구해야 할 발전과제를 한국 사회교육 전통의 발전적 계승과 평생교육의 건전한 제도화 차원에서 살펴보고자 한다.

1) 평생교육의 정체성 회복을 위한 사회교육 전통의 계승

오늘날 우리 사회의 여러 분야에서 평생교육의 이름으로 다양한 분야에서 교육활동이 활발하게 이루어지고 있다. 그러나 앞에서 살펴보았듯이 현실 속에서 평생교육의 여러 분야에서 학습자의 주체성이 상실되고 교육의 불평등이 심화되고 있음을 지적하는 소리도 있음을 부인할 수 없다. 제도화가 강화되고 경제적 가치가 중시됨에 따라 점차 '평생학습의 향유'보다는 '평생학습의 강요'가 두드러지고 있다. 즉, 평생학습의 기회를 확보하고 평생학습의 가치를 자유롭게 누리는 것보다는 국가 제도의 틀과 경제환경의 변화에 적응하기 위해 평생학습을 강요당하는 경향이 강해지고 있는 것이다. 외부적으로는 평생교육이 활성화되고 있음에도 불구하고 전통적인 평생교육의 가치가 상실되고 있음을 의미한다. 이러한 현상들은 평생교육의 정체성과 관련하여 혼돈을 주고 있으며 새삼 평생교육의 본질이 무엇인지에 대한 깊은 성찰을 요구한다.

평생교육에 대한 성찰은 역사 되찾기로부터 시작할 필요가 있다. 우리나라에서 전통적으로 사용해 왔던 '사회교육'이라는 용어는 최근 '평생교육' 용어의 일반화와 더불어 그 사용빈도가 급격하게 줄어들고 있다. 그러나 '사회교육' 개념의 쇠퇴는 단순히 용어의 변화보다 더 심각한 교육이념상의 변화를 수반하고 있다. 본래 사회변화, 소외계층에 대한 배려, 공동체 지향성 등의 이념을 전제했던 사회교육 용어가 '교육의 수직적·수평적 통합'을 반영하는 '평생교육'이라는 용어로 대체됨으로써 평생교육 분야에서 전통적인 가치가 상당히 희석되었다. 즉, '평생교육'이라는 용어의 일반화로 인해 교육이 추구해야 할 궁극적인 이념이 아니라 교육시간과 공간의 확대 자체가 핵심적인 관심거리로 부각된 것이다. 이에 따라 전통적인 교육이념과 상이한 이념들이 평생교육의 장으로 유입되어 가치관의 혼란이 벌어지고 있는 것이다. 또한 '평생교육' 개념 자체의 포괄성으로 인해 '평생교육'이 기존의 '교육'이나 '학교교육'과 어떻게 구분될 수 있는가가 모호해짐에 따라 평생교육 정체성의 혼란이 더욱 가중되고 있는 실정이다. 또한 '평생교육' 용어가 '사회교육'을 대체함에 따라 전통적으로 교육의 수직적·수평적 통합을 의미하는 '넓은 의미의 평생교육'과 학교교육을 제외한 조직적인 교육활동을 의미하는 '좁은 의미의 평생교육' 사이의 불필요한 혼돈까지 발생하고 있는 실정이다.

이러한 문제를 해결하기 위해 우리나라의 역사 속에서 '사회교육'의 가치를 재조명하는 노력을 기울여야 한다. 이때 되살려야 할 사회교육은 단순히 '학교교육 이외의 교육'을 의미하는 것이 아니라 '사회문제를 해결하기 위한 교육'을 말한다. 사회교육의 진정한 의미는 국제적으로 사회문제를 해결하기 위한 교육이다. 과거 초창기 우리나라에서 실천되었던 사회교육은 곧 사회문제를 해결하기 교육이었다. 물론 과거 우리나라의 사회교육이 모두 바람직한 모습으로 이루어졌다고 볼 수는 없다. 때로는 사회문제를 해결하는 과정에서 비교육적인 양상이 드러난 적도 있었다. 그러나 그러한 불완전함 속에서도 기본적으로 추구하고자 했던 가치들은 분명했다고 볼 수 있다. 한국의 사회교육은 해방된 이후 1950년대, 1960~1970년대를 거치면서 나름대로의 비판적·진취적 자리매김을 충실히 해 왔다. 그 과정에서 한국의 사회교육은 비록 상황에 따라 강조의 차이점은 있었지만 비교적 공통적인 원리를 추구했던 것이다. 여기서 당시의 사회교육이 추구했고 오늘날에도 평생교육을 통해 여전히 발전시켜야 할 원리들을 제시하면 다음과 같다.

(1) 교양적 가치와 실용적 가치의 조화

우리나라의 평생교육은 교양중심의 교육과 경제발전 중심의 교육이 조화를 이루어야 한다. 오늘날의 평생교육이 이 두 측면을 조화롭게 발전시키지 못함에 따라 평생교육에 대한 접근 방식에 큰 간극이 벌어지고 있다. 즉, 평생교육을 통해 교양중심의 학습유토피아 자체에만 관심을 기울이는 측면과, 다른 한편으로 경제적 실용성만 강조하여 이를 위한 수단으로 평생교육을 활용하는 측면으로 대별되고 있다. 그러나 세계를 이해하고 인격을 형성하는 것과 다른 한편으로 실질적인 경제발전을 추구하는 것은 공동체의 발전이라는 대원칙하에서 모두 중요한 의미를 갖는다. 개인의 성숙이나 경제발전도 모두 공동체의 성숙이라는 틀 안에서 조화롭게 이루어져야 하는 것이다. 그러므로 평생교육은 이 두 가지의 가치 중 어느 것 하나를 소홀하게 여길 것이 아니라 공동체 추구라는 궁극적인 원리하에서 균형있게 다루어야 한다.

(2) 학습자의 주체적 참여 강조

현대의 평생교육은 사회적 변화를 추구하는 과정에서 학습자의 주체적인 참여를 존중하는 사회교육의 전통을 발전적으로 계승해야 한다. 학습자의 주체적 참여는 과거에도 중요했지만 참여민주주의가 중시되는 현대사회에서는 더 큰 의미를 갖는다. 사회교육이 사회운동과 다른 점은 사회적 가치를 추구하는 과정에서도 각 학습자의 주체적인 교육적 체험을 중요시한다는 것으로 볼 수 있다. 따라서 현대 평생교육은 어떠한 경우에도 학습자의 주체적 참여를 존중하고 돕기 위한 구체적인 방법을 모색해야 할 것이다.

(3) 평민의 가치와 문화 중시

사회교육은 평민의 존중과 배려를 매우 중요하게 다룬다. 이것은 곧 평민의 가치와 문화를 존중하는 것을 의미한다. 이러한 접근방식은 현대 평생교육의 실천과 관련하여 보다 중요한 과제를 제시한다. 그것은 평생교육이 평민에게 고급

문화를 나눠주는 교육기회의 평등만이 아니라 평민의 문화 자체를 존중하는 교육내용의 평등을 지향해야 한다는 것이다. 학교교육의 불평등을 평생교육이 확대 재생산하는 경향이 강해지고 있는 현실 속에서 상류계층 중심의 고급문화만을 중시한다면 불평등을 원천적으로 극복하기 어렵다. 따라서 현대의 평생교육기관들은 평민을 위한 교육기회의 평등과 더불어 평민의 문화를 존중하고 발전시키기 위한 노력을 적극적으로 기울여야 한다.

(4) 지역공동체와의 연계 강화

현대사회에서 평생교육은 지역사회와의 직접적인 관계 속에서 이루어져야 한다. 전통적으로 사회교육은 지역사회를 기반으로 이루어졌다. 지역사회 속에서 이루어지는 사회교육은 자연스럽게 지역공동체의 형성과 발전에 이바지하였다. 산업사회에서는 상대적으로 지역사회의 중요성이 약화되었으나 최근 탈산업사회의 도래와 더불어 지역사회의 중요성이 다시 높아지고 있다. 이런 상황에서 지역사회의 발전을 도모하며 이웃들과 더불어 사는 법을 배우는 지역공동체 지향적 평생교육이 크게 요구되고 있는 것이다.

(5) 평생교육기관의 다양화와 연대 강화

현대사회에서 평생교육이 더욱 발전하기 위해서는 보다 다양한 형태를 가지며 다양한 내용을 다루는 평생교육기관들이 설립되어야 한다. 교육내용의 측면에서 보면 정신적인 면을 강조하는 평생교육기관은 물론 실용성을 강조하는 평생교육기관도 다양하게 필요하다. 교육대상의 경우에도 청소년을 대상으로 하는 평생교육조직은 물론 일반 성인을 대상으로 하는 조직도 필요하다. 한편, 이러한 다양성과 더불어 평생교육기관들 사이의 연대와 협력이 강화되어야 한다. 서로의 다양성을 존중하면서도 서로 협력함으로써 새로운 가치를 창조할 수 있는 협력이 필요한 것이다.

2) 평생교육의 건전한 제도화

평생교육 차원에서 교육평등의 제도적 구현, 교육의 질적 제고, 교육예산의 지원을 위해서는 국가의 개입이 있어야 한다. 이에 따라 평생교육에 대한 국가의 개입은 더욱 커져가고 있는 추세다. 이와 관련하여 과거 사회교육사상가들은 대체적으로 교육의 제도화에 대해 비판적 수용의 입장을 취했다고 볼 수 있다. 이러한 입장이 현대 평생교육의 법제화에 주는 시사점이 무엇인가를 구체적으로 살펴보면 다음과 같다.

첫째, 평생교육 제도화를 위한 국가의 역할이 강화되어야 한다. 일제강점기에 조선총독부는 우리 국민을 착취하였고, 해방 후 상당히 오랜 기간 국가는 사실 독재적·권위적 정부가 지배하였다. 따라서 과거에는 사회교육 또는 평생교육 선구자들이 대체로 당시 국가정권에 대해 비판적인 입장을 취해 왔던 것이 사실이다. 그러나 그들의 입장이 본질적으로 국가 자체를 거부하는 것은 아니었다. 그들이 꿈꾸었던 국가는 독립국가, 민주국가였던 것이다. 그러므로 그들은 평생교육의 발전을 위해 독립국가, 민주국가의 건전한 기능과 역할을 기대했다고 볼 수 있다. 특히 국민들에게 평생교육의 기회를 평등하게 제공하며 학습권을 보장하는 것은 교육복지의 차원에서 국가가 수행해야 할 가장 주요한 의무라고 할 수 있다.

둘째, 제도화 과정에서의 국가권력과 자본의 위협에 대해 경계해야 한다. 때로는 국가의 논리가 교육의 논리를 침해할 수 있기 때문이다. 현대 국가는 이전에 비해 정치적으로 민주화가 진전되고 시민사회가 성장하면서 교육의 법제화에 대한 시민의 참여가 보다 강화되고 있는 경향이다. 그러나 현대사회는 이전보다 자본의 지배력이 커짐에 따라 교육의 상품화, 교육의 경제적 도구화가 교육의 제도화를 통해 강화될 우려가 크다. 과거 평생교육선구자들이 부당한 교육제도에 비판적인 입장을 취했듯이 현대에도 교육제도가 부당한 정치권력이나 자본의 힘에 의해 왜곡되지 않도록 경계할 필요가 있다.

셋째, 공익성과 형평성에 입각한 평생교육 법제화 구현이다. 교육의 제도화는 공익성과 형평성에 근거해야 한다. 이는 교육의 결과가 모두에게 유익해야 하고 교육의 기회가 평등하게 제공되어야 한다는 것이다. 과거 평생교육사상가들은 교육기회에 차별이 없어야 하지만 공익성과 형평성 차원에서 소외계층을 우선시하였다. 초창기 학교교육의 기회가 심한 차별을 받는 단계에서 평생교육의 평등이란 교육의 기회 자체를 최대한 교육소외계층에게 확대하는 것이었다. 따라서 평생교육사상가들의 교육대상은 일차적으로 빈민, 노동자, 농민, 여성, 비문해자, 이주민 등이었다. 이러한 가치는 교육의 제도화를 통해서 더욱 강화되어야 한다. 교육의 제도화를 통해 국가가 특별히 지원하지 않는다면 교육은 특정한 집단에게만 유리하게 작용하고 교육의 불평등은 더욱 심해질 수 있기 때문이다.

🗒 요약

1. 우리나라에서는 고대국가 이후로 향약, 두레, 계, 서당, 야학 등의 형태로 공동체를 지향하는 평생교육의 전통이 '사회교육' 용어와 더불어 맥을 이어 왔으나 해방 이후 상당한 시간이 흐르기까지 국가적인 차원의 체계적인 지원이 이루어지지 못했다. 그러나 1982년 처음으로 헌법에 평생교육 진흥 조항이 포함되고 「사회교육법」이 제정되었으며, 1999년에 평생교육법이 전면 개정되는 등 평생교육에 대한 관심이 더욱 높아짐에 따라 우리나라에서도 평생교육에 대한 법적·제도적 지원이 체계화되고 있다.

2. 근대적인 의미에서 우리나라를 대표하는 평생교육의 역사적 사례로 이상촌운동을 통한 평생교육을 들 수 있다. 역사적 의미의 이상촌 운동은 단순히 경제적으로 잘 사는 지역을 만들기 위한 운동이라기보다는 보편적인 공동체적 가치를 바탕으로 민족의 자주독립과 경제적 자립을 지향하는 일종의 지역공동체 운동의 성격을 띠었다. 일제강점기 시대에 안창호, 이승훈, 최용신, 김중건, 안희제, 김용기 등의 선각자들은 국내외에서 지역공동체를 중심으로 각종 학교의 설립, 야학 운영, 학습모임 구성 등과 같은 평생교육을 통해 한 이상촌 운동을 추구하였다. 이러한 평생교육자들의 활동을 통해 소외계층을 위한 교육기회의 확대, 개인의 전인적인 성장과 자아실현, 지역공동체의 성장이 꾸준하게 이루어져 왔다.

3. 최근에 평생교육 분야가 활성화되고 다양한 성격을 가진 평생교육기관들이 설립됨에 따라 평생교육의 개념과 정체성에 대한 혼란이 증폭되고 있다. 특히 국가 인적자원개발 중

심의 평생교육, 신자유주의적 평생교육의 팽배로 인해 평생교육의 경제적 도구화 평생교육의 상업화 등과 같은 부정적인 결과도 확산되고 있다. 그 결과 평생교육 분야의 균형 잡힌 발전이 어려워지고 교육기회의 불평등도 심화되고 있다. 이러한 부정적인 상황을 극복하는 것이 오늘날 평생교육의 과제가 되고 있다.

4. 오늘날 평생교육의 정체성에 대한 혼란을 극복하기 위해 과거 우리나라의 건전한 사회교육의 전통을 되살려야 할 필요성이 커지고 있다. 과거 사회교육을 통해 추구했던 소외계층지원, 생활중심, 공동체 지향성 등의 원리는 오늘날에도 평생교육의 가장 중요한 원리로 재평가되어야 한다. 또한 교양적 가치와 실용적 가치의 조화, 학습자의 주체적 참여 강조, 평민의 문화에 기초한 교육내용 강화, 지역공동체와의 연계 강화 등의 발전적인 실천을 통해 오늘날 평생교육이 처한 정체성의 혼란을 극복할 수 있을 것으로 기대된다.

연구문제

1. 우리나라의 역사에서 전통적인 공동체적 평생교육의 가치를 추구했던 위대한 평생교육자를 발굴하여 그 업적과 사상을 살펴보시오.

2. 일제강점기에 사회교육이 황국식민화 정책의 수단으로 사용된 사례와 반대로 민족의 자립과 발전을 위해 사회교육이 활용된 사례를 비교해 그 특징을 비교해 보시오.

3. 오늘날 평생교육이 교육 불평등을 해소하고 있는 사례와 오히려 교육 불평등을 심화시키고 있는 사례를 찾아 비교해 보시오.

4. 현대사회에서 전통적인 사회교육의 원리가 잘 구현되고 있는 사례를 찾아보시오.

5. 전통적인 평생교육이 상업화·시장화되어 가는 과정에서 부딪치는 평생교육자의 갈등과 처신 등의 사례를 제시하시오.

🎓 참고문헌

김용일(2002). 교육의 미래: 시장화에서 민주화로. 문음사.

오혁진(2006). 지역공동체와 평생교육. 집문당.

오혁진(2007). 일제하 이상촌 운동을 통해 본 평생학습도시 사업의 실천 원리. 평생교육학연구, 13(2), 33-56.

오혁진(2008a). 일가 김용기의 지역공동체 평생교육 사상에 관한 연구. 평생교육학연구, 14(1), 33-56.

오혁진(2008b). 그룬트비히 교육사상에 기초한 한국사회교육의 전개과정과 의의. 평생교육학연구, 14(4), 1-28.

오혁진(2016). 한국사회교육사상사. 학지사.

오혁진(2022). 사회교육학탐구. 학지사.

이정연(2010). 한국 사회교육의 기원과 전개. 학이시습.

Jarvis. (1987). *Twentieth Century Thinkers in Adult Education*. Croomhelm.

Long, H. B. (1991). *Early Innovators in Adult Education*. Routledge.

제5장

주요 국가의 평생교육 발전과정

고대시대 이후 각 국가의 교육제도는 주로 왕족이나 특권층을 대상으로 관료를 양성하는 엘리트중심의 학교교육을 중심으로 이루어졌다. 그 후 산업혁명과 민족국가, 민주주의의 영향으로 국가적인 차원에서 아동 및 청소년들을 대상으로 무상교육을 실시하는 국민교육제도가 형성되기 시작했다. 국민교육제도가 본격적으로 형성되기 이전부터 각국의 평생교육자들은 교육의 혜택을 받지 못한 소외계층을 대상으로 교육기회의 확대, 자아실현, 지역공동체 구현 등 삶의 질 향상을 위해 노력해 왔다. 학교교육이 보편화되어 가는 과정에서도 평생교육자들은 학교교육과는 다른 차원에서 일상의 시민사회 속에서 자기발전과 공동체 사회 구현을 위한 노력을 끊임없이 실시해 왔다. 또한 전 세계적으로 학교교육의 차원을 넘는 평생학습지원체제가 형성되고 있다. 그럼에도 불구하고 각국의 평생교육은 그 나라만의 독특한 역사와 문화를 반영하고 있기도 하다.

이 장에서는 주요 국가의 평생교육 발전과정을 평생교육의 일반적인 발단단계에 따라 살펴보고 의의와 특징 그리고 우리나라 평생교육 발전에 주는 시사점이 무엇인가를 검토하고자 한다.

▌학습목표

1. 주요 국가의 평생교육 발달단계상의 변천과정을 설명할 수 있다.
2. 국가별 평생교육 발전과정상의 공통점과 차이점을 분석할 수 있다.
3. 주요 국가의 평생교육 발달과정이 우리나라 평생교육 발전에 주는 시사점이 무엇인지를 제시할 수 있다.

1. 영국의 평생교육

영국은 평생교육의 실천 부분에 있어 가장 진보적인 나라 중 하나이다. 영국의 평생교육은 시대의 진전에 맞추어 나가며 항상 새로운 지평을 열어왔다. 이절에서는 17세기 근대교회에서 시작되었으며, 인문주의적 교육전통을 평생교육 차원에서도 지속적으로 강조한 영국의 평생교육 발전과정과 주요 특징을 알아보고자 한다.

1) 역사적 배경

영국은 어느 나라보다도 앞서서 근대화를 성립시키고 그 기본적인 원리를 세계에 제공한 국가이다. 그 때문에 영국의 역사는 단지 한 나라만이 아니라 모든 나라에 영향을 미친 역사라고 할 수 있다. 이것은 평생교육의 영역에도 적용된다. T. Kelly(1969)의 평가에 의하면 영국은 평생교육의 실천에서 세계적으로 가장 진보적인 나라 중 하나이며 영국의 평생교육은 시대의 진전에 맞추어 항상 새로운 지평을 열어 왔다. 이 점에서 영국 평생교육의 성립과 발전과정을 살펴보는 것은 매우 큰 의미를 갖는다.

영국은 과거 여러 세기에 걸쳐 경제적으로 기계의 발명, 산업혁명의 주도 등으로 가장 진보적인 공업국가의 지위를 누려 왔다. 정치적으로는 민주주의의 발달로 일찍부터 평민들에게도 정치참여의 기회가 확대되었으며 지방분권화의 전통도 확립되었다. 1820년에 노동조합이 합법화되었으며, 차티스트 운동이 실패한 이후 현대의 노조와 노동당은 사회주의적 사회를 이루는 데 있어 혁명적 접근을 포기하고 현존의 법 테두리 안에서 점진적인 접근을 하게 되었다. 영국에서는 고전을 중시하고 직업적 · 기술적인 교육은 열등한 것으로 여기는 관습이 있었지만 점차 노동자를 대상으로 하는 교육이 활성화되었다. 노동자를 대상으로 하는 교육은 체제유지를 위해 상류층에 의해 제공되기도 하였고 경제적 · 사회적 · 정치적 해방을 얻기 위해 노동자 자신에 의해 실시되기도 하였다. 특히 1830년대부터 확산된 차티스트 운동을 통해 인권사상이 고양됨에 따라 이전에는 노동계급의 교육을 상류진보계급의 시혜라고 생각하였으나 점차 노동계급에게 주어진 자연의 권리로서 인식하기 시작하였다.

2) 발전과정

영국 평생교육의 시작은 중세기 교회에서 비롯되었다. 17세기부터 가난하고 무지한 사람들을 위한 교육시설이 설립되었으며, 민간차원에서 '커피집 강의'라고 하여 사회과학을 토론하는 모임 장소가 전국적으로 확산되었다. 또한 17세기에 중류층 수공업자들의 협의회가 구성되어 평생교육에 참여하였다. 18세기 초에는 존 웨슬리(John Wesley)의 감리교 운동이 크게 일어나면서 교회가 평생교육 발전에 크게 기여하였다. 특히 SPCK(Society for the Propagation of Christian Knowledge)라는 단체가 설립되어 일반 평민을 대상으로 성경을 공통으로 읽고 연구하는 소모임을 확산시켰다. 1731년에는 그리피스 존스(Griffith Jones)에 의하여 이동식 학교인 웨일즈 순회학교(Welsh Circulation School)가 설립되기도 하였다. 이는 다양한 기초교육과 성경공부를 주목적으로 하였다. 이와 더불어 아동뿐만 아니라 성인을 대상으로 기초교육을 실시하는 일요학교(Sunday School)가 널리 확산되었다(Kelly, 1992).

영국에서는 18세기 중엽부터 19세기에 걸쳐 일어난 산업혁명을 계기로 평생교육이 더욱 크게 발전하였다. 1799년 글래스고우에서 시작된 기술학원(Mechanics Institutes)은 학교교육의 경험이 거의 없는 사람들을 대상으로 과학·기술교육을 실시하였으며, 19세기 중엽까지 잉글랜드에서만 600개가 넘는 기술학원에서 10만 명이 넘는 사람이 학습하였다. 그러나 수강생은 점차 중간계급을 대상으로 대중적인 대화와 유희로 대체되었다.

노동자대학(Working Men's Colleges)은 기술학원의 실패를 극복하고 상당한 수의 노동자를 순수한 교육과정에 유입하기 위해 시작되었다. 첫 번째 대학은 1842년 셰필드에서 설립되었으며 몇 년 후 런던 대학교(London College)가 설립되었다. 노동자대학은 매우 기초적이고 실제적인 교육을 실시하였으나 학습자들에게 더 많은 사회적·경제적·정치적 책임감을 부여하는 목적도 가지고 있었다. 1840년대 이후에는 몇 개의 노동조합에서 조합원들을 위한 학교와 강좌를 개설하기도 하였다. 또한 1844년 랭카셔 로치데일에서 협동조합이 설립된 이후 협동조합협회에서도 평생교육을 적극적으로 실시하였다.

1870년에 초등교육법이 제정되어 노동계급의 아동들에게 기초교육을 제공하게 됨에 따라 성인 노동자들을 위한 평생교육운동이 급속히 발달하게 되었다. 1873년 캠브리지 대학교에서 노동자 및 중산계급의 고등교육 욕구를 충족시키기 위하여 대학확장(University Extension) 운동이 시작되었다. 이 운동은 모든 성인에게 고등교육의 기회를 제공하려는 대중교육운동의 형태를 취하였다. 대학확장 운동은 그 후 런던 대학교, 옥스퍼드 대학교, 빅토리아 대학교 등이 참여하면서 전국에 확산되었다(양병찬, 1997: 85-86).

이러한 운동은 1903년에 창설된 노동자교육협회(WEA: Worker's Educational Association)의 교육에 대학이 함께 참여하면서 더욱 본격화되었다. 노동자교육협회는 맨스브리지(A. Mansbridge)에 의해 설립되었다. 맨스브리지는 협동운동과 노동조합운동을 민주주의의 중심적인 운동으로 보고, 교육은 이런 운동의 근원적 발전을 가능하게 하는 중요한 기초라고 생각했다. 그는 이런 생각을 발전시켜 대학과 노동계급조직의 연계를 제안했다. 당시에 상당한 정도로 형성되어 있던 노동자들의 모임과 대학의 교육을 연결시킨다면 더욱 적절한 교육을 할 수 있을 것이라는 생각이었다. 이런 그의 생각은 여러 대학과 노동계급조직의 광범한 동의 속에 현실화되어 1903년 노동자교육협회가 설립되었다. 노동자교육협회의 기본단위는 개인이나 노동자들의 모임단체로 1914년 당시 노동자교육협회 산하에는 2,555개의 관련단체가 있었다.

1944년에는 교육법이 제정되어 의무교육 이후(만 16세)의 모든 청소년 및 성인의 교육을 계속교육으로 규정하였다. 1960년대에 신 대학(New University)들이 설립되었고 1969년에는 원격대학(Open University)이 설립되었다. 폴리테크닉은 주로 산업 기술 인력을 양성하는 기관이었는데 1992년 계속고등교육법에 의하여 모두 대학교로 승격되었다. 이러한 과정을 거쳐 고등교육이 양적으로 크게 성장하였다.

1988년에 교육개혁법에 의하여 교육과학부의 중앙통제가 강화됨에 따라 비직업적인 평생교육 활동에 투자하던 재원을 축소하고 대학의 개방화를 통한 계속적인 전문 직업교육이 강화되었다. 그러는 동안에도 지역사회교육을 통한 지역공동체 형성운동이 이루어지기도 하였다. 이후 교육부는 1995년 교육고용부(DfEE), 2001년 교육기술부(DfES)로 변화되면서 점차 평생학습의 차원에서 학교교육과 직업교육을 통합하는 방향으로 정책을 운영하고 있는 실정이다. 또한 영국은 공공재정에 의해 제공되는 계속교육을 중앙의 관계기관과 지역교육청이 분담하여 왔으나 2001년에 학습기술협의회(Learning and Skills Council: LSC)를 설치하여 계속교육에 관한 모든 사항을 총괄하게 하였다.

한편 1999년에 제정된 학습기술법에 근거하여 2000년에 새로운 형태의 학습기관으로 산업대학(University of Industry)이 설립되었다. 산업대학은 언제 어디서나 학습할 수 있는 기회를 제공함으로써 개인의 고용 가능성을 높이고 기업의 생산성과 경쟁력을 높이는 것을 목표로 하고 있다.

3) 특징 및 시사점

영국은 다른 나라에 앞서서 평생교육이 활성화된 역사를 갖고 있다. 초창기 평생교육에 주도적으로 참여한 주체는 교회와 민간단체였다. 영국은 다른 나라보다 산업혁명이 앞선 만큼 노동자의 권익을 향상하기 위한 평생교육도 일찍부터 활성화되었다. 대학확장 운동을 실시한 것이나 노동자들을 위한 교육기관을 설립한 것도 선도적이라고 할 수 있다. 특히 강한 인문주의적 교육전통의 영향으로 노동자들에도 인문교양교육을 강조한 것도 특징적이다. 영국의 평생교육 관련 용어인 'Adult Education'이 단순히 연령상의 성인을 대상으로 하는 교육이 아니라 '인문주의적 소양을 갖춘 성인다운 사람을 지향하는 교육'을 의미하는 것도 교육적으로 주목할 만한 일이다. 이러한 성향은 다른 나라의 전통과도 일맥상통하고 있다. 영국의 'Adult Education'이 우리나라의 '평생교육'과 거의 같은 의미로 사용할 수 있는 것도 이러한 전통과 밀접한 관계가 있다.

교육복지적 성격이 강했던 영국의 평생교육이 1980년대 이후 신자유주의적 경향을 강하게 띠게 된 것도 시사하는 바가 크다. 그동안 지역교육청 중심으로 이루어졌던 평생교육이 중앙정부 차원으로 전환되면서 교육비지원 등이 감소한 결과를 가져왔다. 반면 국가경쟁력 향상과 연계된 직업훈련교육은 크게 강화되었다. 이러한 상황에서 교육복지와 경제성을 어떻게 조화시킬 것인가 하는 것이 영국 평생교육의 과제라고 할 수 있다. 이러한 점은 우리나라도 주의 깊게 살펴보고 참고해야 할 것이다.

2. 미국의 평생교육

미국은 식민지 시대, 독립국가 수립, 남북전쟁을 거치는 과정을 통해 일찍부터 민주주의가 발전한 나라이다. 미국의 평생교육은 이러한 역사적 배경을 바탕으로 민간주도의 학습동아리와 자원봉사 활동이 활발하게 이루어졌다. 이 절에서는 미국 평생교육의 발전과정과 주요 특징을 살펴보고자 한다.

1) 역사적 배경

미국의 평생교육은 영국의 식민지 시절부터 시작하였으며 독립국가를 수립한 이후에도 인문교양과 미국적 시민의식 형성 그리고 외국 이민자의 적응과 '미국화'를 중심으로 발전하였다. 특히 광활한 영토와 다인종국가의 성립으로 인해 자치적인 학습모임과 이민자를 위한 교육이 지속적으로 발전하였다.

초창기 미국의 평생교육은 지역주민 주도로 생활 중심적·지역사회 문제해결 중심적으로 이루어져 왔으나, 평생학습을 진흥하기 위한 평생교육은 연방정부 주도적으로 발전하였다.

2) 발전과정

식민지 시대인 1683년에 미국 최초의 도서관이 만들어졌다. 1727년에는 벤자민 프랭클린(Benjamin Franklin)과 그의 친구들에 의해서 일종의 토론클럽인 준토

(Junto)가 만들어졌다. 회원들은 준토를 통해서 자연철학, 정치, 도덕과 같은 지적인 문제들을 탐구하였다.

독립 이후 1826년에는 코네티컷주 더비(Duby) 출신인 홀부르크(Josiah Hollbrook)에 의해 리세움(Lyceum)이 창시되었다. 리세움 운동은 인문교육 중심으로 토론, 전시, 조사, 상호학습 등의 활동을 전개하였다. 리세움의 주요 목적은 미국의 위대한 사상을 학습함으로써 지성적인 긍지를 갖고 미국의 시민의식을 갖도록 하는 것이었다. 리세움 운동은 이후에 전국적으로 파급되어 1835년에는 약 3,000개의 읍 리세움(Town Lyceum)과 군 리세움(County Lyceum) 그리고 15~16개의 주 리세움(State Lyceum)이 나타나게 되었다. 리세움 운동은 남북전쟁이 일어날 때까지 번창하였으나 남북전쟁 후 중지되었으며 이후 셔토쿼 운동으로 이어졌다. 한편, 남북전쟁 이전 1834년에는 무상학교법이 제정되어 본격적인 학교 의무교육이 시작되었다. 또한 1841년에는 조지 리플리(George Ripley)에 의해 사회주의 공동체 협동조합이라고 할 수 있는 브룩 팜(Brook Farm)이 형성되어 공동체생활을 통한 평생교육이 이루어졌다.

남북전쟁 이후에는 19세기 후반 미국의 대표적인 평생교육 활동인 셔토쿼(Chautauqua) 운동이 전개되었다. 이 운동은 기독교 감리교 주일학교 책임자였던 빈센트(John Heyl Vincent)와 기독교 사업가였던 밀러(Lewis Miller)에 의해 1874년 뉴욕 서부 셔토쿼 호숫가 마을에서 주일학교 교사와 교회 봉사자를 훈련시키기 위한 모임으로 시작되었다. 이는 일요학교와 공립학교 교사를 위한 하계강습, 각종 비형식적인 강연회, 통신교육을 통해 문예, 과학 등을 가르치는 다양한 평생교육 활동으로 구성되었다. 한편 이 시기에는 위스콘신 대학교와 시카고 대학교 등에서 대학확장 교육이나 성인교육센터가 운영되었다. 또한 1853년에는 메사츄세츠를 시작으로 농민학원(Farmer's Institute)이 설립되었다.

그 후 제1차 세계대전기간 중에 스미스-레버법(Smith-Lever Act, 1914)이 제정되어 성인문해 및 기초교육 프로그램이 강화되었고 스미스-휴즈법(Smith-Hughes Act, 1917)이 제정되어 직업훈련 및 직업훈련가 양성이 촉진되었다. 한편 1918년에는 이민 및 국적법이 제정되어 미국 국적을 취득하고자 하는 사람들에게 영어, 역사, 시민성 등에 관한 교육을 실시하였다.

1926년에는 미국성인교육협회(AAAE)가 설립되었으며, 1930년대 미국이 경제 공황으로 사회경제적으로 매우 어려운 상황에 직면했을 당시 미쉬간 주 프린트 시에서 체육교사인 맨리(Frank J. Manley)와 시장이자 사업가였던 모트(Charles S. Mott)를 중심으로 지역사회학교 운동이 시작되었다. 지역사회학교는 학교를 청소년에게 개방하여 레크리에이션 프로그램을 제공하였으며, 지역 주민전체를 대상으로 가정생활, 직업, 문화, 건강 등에 대한 다양한 프로그램을 마련하였다. 그 결과 개인의 성장은 물론 지역공동체 형성과 지역사회발전에도 크게 기여하였다. 이러한 활동의 결과로 1974년 연방령으로 지역사회교육령을 선포하여 모든 공립학교가 지역사회학교로서 활동해야 할 것을 법으로 정하게 되었다.

제2차 세계대전 후 1947년에는 그레이트 북스(Great Books) 운동이 시작되었고 1951년에는 인문주의 성인교육연구센터가 설립되어 인문주의적 평생교육 활동이 활발하게 이루어졌다. 한편, 1960년대에는 「인력개발훈련법」(1962년), 「직업훈련법」(1963년), 「경제고용 및 고용훈련에 관한 법」(1966년) 등이 제정되어 실업상태에 있는 청소년 및 성인에 대해 직업능력을 향상하기 위한 활동을 추진하였다. 또한 시민운동의 활성화로 1964년 미국시민교육센터(CCE)가 설립되었고 1966년에는 「성인교육법」이 제정되었다. 이 시기에는 저소득층에 대한 교육기회 확대와 시민의식함양 및 문해교육이 강화되었다.

1970년대에는 「평생학습법」 제정(1976년), 「고등교육법」 개정 및 「평생학습법」 폐지(1980년)를 통해 고등교육 수준의 평생교육을 활성화하기 위한 조치가 취해졌고 지역사회대학(community college), 주말대학, 개방대학, 벽 없는 대학 등의 고등교육지향적 평생교육 활동이 이루어졌다. 1980년대 미국 경제가 악화됨에 따라 직업교육훈련을 활성화하기 위해 「직업훈련연계협력법」(1982년), 「미국경제경쟁력강화교육·훈련법」(1988년), 「퍼킨스직업교육 및 응용기술법」(1990년) 등이 제정되었다. 그리고 1991년에는 문해교육의 강화를 위해 「문해교육법」이 제정되었다.

3) 특징 및 시사점

미국은 일찍부터 민주주의가 발전하고 주민자치적 성격이 강한 역사적 배경에 따라 민간주도차원의 학습동아리 활동과 자원봉사차원의 평생교육이 활성화되었다. 토론과 참여를 중시하는 준토나 리세움, 서토쿼 운동은 이후 스웨덴의 스터디 서클(study circle)처럼 민주주의 의식의 함양과 사회문제 해결을 위한 평생교육 활동에 큰 영향을 미쳤다. 그리고 사업가나 사회지도자들이 기부나 자원봉사 활동을 통해 민간차원의 평생교육 활동에 크게 기여한 것도 특징이라고 할 수 있다.

한편, 미국은 일찍부터 인문교양 성격이 강한 평생교육 활동이 활성화되었다. 그레이트 북스 운동 같은 경우는 교양위주의 학습동아리 모임이 지속적으로 발전하는 모습을 보여 준다. 또한, 건국초기부터 다양한 유입 이민자들을 국민으로 통합하고 영어를 가르치기 위한 성인기초교육이 일찍부터 활성화된 것도 특징이다. 그러나 지나치게 '미국화'를 지향하는 평생교육은 이민자 본래의 민족성을 제한한다는 점에서 비판받기도 하였다. 또한 1950년대 이후 흑인을 위한 인권운동의 영향으로 시민주도의 민주시민교육 활동과 조직이 발달한 것도 미국 평생교육의 특징이라고 할 수 있다.

자유주의를 추구하는 미국의 오래된 전통으로 인해 평생교육의 경우도 국가의 개입보다는 최대한 민간부문에 위임하여 학습자 수요의 원칙에 따르는 경우가 많은 실정이다. 덴마크, 독일, 일본 등과 같이 복지적 성격이 강한 공립 지역사회교육기관이 제도적으로 운영되기보다는 지역사회학교와 같은 민간조직이나 대학이 운영하는 평생교육기관이 주를 이루고 있다. 반면 인적자원개발과 자격취득을 위한 교육 프로그램에 대한 공적인 지원은 활발하게 이루어지고 있다.

이러한 미국의 평생교육 역사를 통해 평생교육의 발전을 위해서 민간차원의 자발적인 참여, 특히 사회지도층의 관심과 지원이 절실히 필요하다는 점을 확인할 수 있다. 반면, 평생교육을 시장의 논리에 맡기게 되면 교육의 양극화 현상이 심화될 수 있다는 점도 시사하는 바가 크다.

3. 덴마크의 평생교육

덴마크는 외래문화를 탈피하고 덴마크 고유의 문화, 교육방법을 찾기 위하여

'평민대학(Volkshochschule)'을 중심으로 평생교육이 범국민운동으로 확장되어 활발히 이루어졌다. 이 절에서는 덴마크 평생교육의 발전과정과 주요한 특징을 살펴보고자 한다.

1) 역사적 배경

17세기까지만 하여도 덴마크는 오늘날의 노르웨이, 남스웨덴의 3개 주와 북부 독일의 쉴레스비히(Schleswig), 홀스타인(Holstein)과 헬골란드(Helgoland)까지 포함하고 있었던 강대국이었다. 그러나 이후 국력이 쇠퇴하기 시작하였으며 특히 1807년부터 1814년까지의 나폴레옹 전쟁과 1864년 프로이센 전쟁에서 패배함으로써 대부분의 영토를 잃고 사실상 국가적 파탄상태에 놓이게 되었다. 그런 과정에서 덴마크는 사회전반에 걸쳐 큰 개혁을 이루게 되었다.

먼저, 1750년대 계몽주의 시대를 거치면서 지주와 고용자간의 관계를 타파하는 농민의 자율권 보장운동이 시작되고 교육의 기회가 농민들에게도 주어졌다. 그리고 1780년대에는 토지개혁을 통해 봉건제도를 폐지하기에 이르렀다. 이에 따라 지주의 수가 크게 증가하였으며 제1차 세계대전 후에는 덴마크 농가의 약 90% 이상이 개인 농지를 소유하게 되었다.

교육적인 측면에서는 1809년에 대학이 교회의 감독으로부터 해방되었고 1814년에는 일반 의무교육제도가 실시되어 7~14세 모든 아동들의 학교 입학을 의무화하였다. 이러한 과정을 통하여 외래문화와 외래교육에서 탈피하여 덴마크 고유의 문화와 교육 방법을 찾게 되었다. 이러한 운동에 따라 덴마크의 사상가나 애국자들 사이에서는 외래문화, 특히 독일 문화에 대한 강력한 거부운동이 일어났다.

2) 발전과정

이러한 배경 속에서 근대 덴마크의 정신적 지도자인 그룬트비히(N.F.S. Grundtvig: 1783~1872)는 덴마크 국민의 정신적 계몽을 위해서 기숙제 평민대학

(Folk High School)의 설립을 주장하였다. 그 영향을 받아 1844년에 크리스티안 플로어(Christian Flor)에 의하여 뢰딩(Rödding) 평민대학이 설립되었다. 한편, 크리스티안 콜드(Christian Kold: 1816~1870)는 덴마크의 평민대학 운동가로 농민교육에 공헌한 주요 인물 중의 한 사람이었다. 1851년에 콜드에 의하여 리스링게(Ryslinge)에 두 번째 평민대학이 설립되었다. 그는 학교교육에서 소외당한 계층을 우선적으로 계몽하는 것이 바람직한 일임을 강조하며 공동체 생활을 함께 하는 교육을 실시하였다.

그룬트비히(N.F.S. Grundtvig : 1783~1872)
목사, 신학자, 시인, 역사가, 철학가
덴마크 국민평생교육체제의 구축자
평민대학(Volkshochschule)의 설립에 기여
위기에 처한 덴마크를 국민교육을 통해 부흥시킴

평민대학의 교육목적은, ① 민족의 역사, 문화, 예술을 사랑하고 이해하기, ② 영적인 생활의 풍부함을 깨닫기, ③ 평범한 시민의 민주적 책임감 키우기 등이었다. 평민대학의 교육대상자는 18세에서 25세까지의 청소년이고 교육기간은 1주부터 10개월까지 다양하였다. 교육내용으로는 모국어, 민요, 역사, 문학, 미술, 체조 등을 중요하게 다루었으며 실용성을 추구하는 과목은 상대적으로 비중있게 다루지 않았다. 교육방법의 측면에서 강의를 통해 수동적으로 지식을 받아들이는 것보다는 구어를 통해 서로의 생각과 정보를 교환하게 하였으며, 평가 없이 자발적 학습을 하도록 하여 학습자의 주체성을 강조하였다. 또한 공동체적 가치를 추구하가 위해 반드시 기숙학교의 형태로 운영하였다(Toiviainen, 1995: 9).

초기의 평민대학은 정부의 재정적 지원 없이 교장의 사비와 후원자들의 도움으로 운영되었으나 1892년 이후 국가가 교원들의 급료부터 부분적으로 지원하기 시작하였다. 1864년 이후 평민대학은 크게 성장하여 1870년까지 약 51개의 평민대학이 설립되었다. 1894~1895년에는 65개의 평민대학에 5,100명의 학생들이, 1919~1920년에는 57개의 학교에 8,000명의 학생들이 다니게 되었다. 학생의 75%가 자영농의 자녀들이었다. 1951년 이래로 숫자상 평민대학 학교 수의 53% 증가와 학생수의 68% 증가가 있었다. 이때는 대개 여학생이 우세하게 나타났으나 1970년대 남녀 학생의 균형이 이루어지게 되었다. 교육기간은 장·단기 과정 모두가 운영되고 있다. 장기과정은 3~5개월 또는 그 이상의 과정이며, 단기과정은 1~4주 정도의 과정으로서 직장인들과 가정이 있는 사람들, 정년퇴직한 노인들이 새로운 학생집단을 형성하게 되었다.

평민대학은 교육 내용 면에서 초창기부터 정부와 학교 간에 갈등이 있었다. 정부 측에서는 가능한 한 농민들만을 교육대상으로 하여 농산물 생산 증가에 역점을 두려고 하는 반면, 평민대학의 설립자나 운영자 측에서는 그룬트비히의 교육사상을 중심으로 국민정신교육과 인간교육에 중점을 두려고 하였다. 이러한 갈등은 양자가 서로 취지에 맞는 평민대학을 별도로 설립하고 운영하는 것으로 정리되었다(권이종, 1995: 133). 이에 따라 다양한 성격을 가진 평민대학들이 나타나게 되었다. 평민대학이 주로 인문교양수준에서 교육사업을 실시한 것과 병행하여 1849년에는 주로 농민만을 대상으로 하는 교육기관이 농민운동가인 쇠렌센(Rosmus Sörensen)에 의하여 설립되었다. 1886년에는 초등교육 과정의 평민대학인 프리스쿨협회가 결성되어 가장 큰 네트워크를 형성하였으며 1895년에는 라우이드센에 의하여 일반교양과 직업과목을 병행하고 체조, 외국어, 문학교육을 실시하는 가정학교가 최초로 설립되었다. 그리고 1908년에는 중등교육과정의 평민대학인 애프터스쿨협회가 결성되었다. 애프터스쿨은 초·중등과정 이후 1년 동안 자유롭게 선택할 수 있는 과정이었다. 1922년에는 수공업학교가 최초로 설립되었고 1928년에는 최초로 정년퇴직한 사람들을 위한 평민대학이 운영되었다.

덴마크의 평민대학 운동은 범국민운동으로 발전하여 농촌 생활을 크게 향상시켰다. 평민대학 출신자들에 의해 농촌지역 주민을 위한 '마을 공동의 집'이 설립되어 현재까지 농촌 주민들의 평생교육센터로서 잔치나 행사, 독서, 그룹, 강의 등의 마을 행사는 물론 각종 오락 프로그램, 노래, 무용, 체조, 연극 등의 활동을 해오고 있다. 특히 평민대학이 덴마크 농촌부흥을 위해 기여한 중요한 역할은 오늘날 세계무대에서도 잘 알려져 있는 조합(Genossenschaft) 제도의 발달에 기초가 되었다는 점이다. 덴마크 조합의 발달은 우유조합에서부터 비롯되어 도축조합, 은행조합 등이 생겨나서 덴마크 경제발전의 주축이 되었다. 이러한 덴마크 조합제도 및 소비자 협회의 성공과 발전은 평민대학의 이념과 사상에 기초를 둔 것으로 이것이 없었다면 오늘날의 부강한 낙농업국은 이루어지지 못했을 것이라는 것이 일반적인 평가이다.

20세기에 들어 덴마크의 평민대학은 농민들의 대다수가 도시로 이동함에 따라 어려운 시기를 겪게 되었으나 점차 도시를 중심으로 확장되었다. 1919년에 최초의 도시 평민대학이 설립된 이후 점차 상인과 근로자, 도시 청소년 등을 대상으로 하는 다양한 평민대학이 설립되었다. 1949년에는 평민대학 연합회가 결성되었으며 1970년에는 평민대학과 농업, 가정 및 계속교육기관을 지원하기 위한 학교법이 제정되었고, 1971년에는 정년퇴직자들을 위한 평민대학설립법이 제정되었다. 또한 1974년부터 실업자 수가 늘어나기 시작하면서 실업청소년과 성인들을 위한 평민대학이 활성화되었다.

최근 들어 덴마크에도 국가경쟁력 향상 차원에서 직업능력계발과 개인역량계발을 위한 교육이 강조되고 있다. 1995년에는 순환교육을 위한 10대 과제가 제시되었고 2001년 청년직업훈련의 개혁으로 직업교육이 자격인증중심에서 능력중심으로 이동하고 있다.

3) 특징 및 시사점

덴마크는 시민교육으로서의 평생교육과 직업교육으로서의 평생교육을 시작으로 발전하였으며, 최근에는 정보화교육으로서의 평생교육으로 연속성을 유지하면서 발전해 오고 있다. 덴마크의 평민대학은 일반교양교육과 국민정신교육을 철저히 시행하였다. 그 결과 국민들의 공동체 의식형성과 민주시민의식 형성에 크게 이바지하였다. 또한 덴마크의 평민대학은 이후 다른 나라에도 전파되어 각국의 지역공동체지향적 평생교육의 활성화에 크게 기여하였다.

이러한 점에서 덴마크의 평민대학은 공동체성과 지역성을 강조하는 지역공동체 평생교육의 원형이라고 볼 수 있다. 또한 평민대학은 덴마크가 부강한 농촌을 이루는 데 밑바탕이 되었다는 점에서도 지역사회 개발지향적 평생교육의 원형으로서 큰 의의가 있다. 즉, 평민대학은 교육적 가치와 사회적 가치, 경제적 가치를 통합하는 평생교육의 전통을 보여 주는 전형적인 사례라고 할 수 있다.

4. 독일의 평생교육

독일은 18세기경부터 근대적 의미의 평생교육이 발전한 나라이다. 독일은 모든 국민들을 위한 '국민교육'과 덴마크에 영향을 받은 '평민대학'을 독일의 환경에 맞추어 발전시켜가며 모든 사람의 평생학습기회를 확충하기 위한 노력을 해 왔다. 이 절에서는 독일 평생교육의 발전과정과 주요 특징을 살펴보고자 한다.

1) 역사적 배경

독일은 1871년까지 통일된 국가가 없었고 정치적으로도 혼란하여 평생교육체제에 일관성이 없었다. 18세기와 19세기에 프랑스 혁명과 나폴레옹 시대를 거치면서 독일지역의 여러 나라에 자유주의와 국가주의 정신이 나타났으며, 1860년대 비스마르크 시대 이후부터 오늘의 독일이 형성되었다고 볼 수 있다. 이 시기에 토마시우스, 볼프, 헤르더, 야코비 등에 의해서 계몽주의 사상이 도입되었고, 페스탈로치의 교육사상도 도입되어 '국민교육(Volksbildung)'의 개념이 부각되었다.

초창기의 국민교육은 국민의 일부계층만을 위한 교육이었으나 점차 그 범위가 확대되었다. 산업혁명을 거치면서 평생교육이 더욱 활성화되었으며 20세기 초에는 '성인교육(Erwachenbildung)'의 개념이 바이마르 헌법을 통하여 공식화되기 시작하였다. '성인교육'은 독일 민주교육 제도의 바탕이 되었다. 1970년대부터는 주로 직업을 위한 교육을 의미하는 '계속교육(Weiterbildung)'의 개념이 교육제도상의 프로그램으로 그 위치를 차지하게 되었다.

2) 발전과정

독일에서 평생교육은 하층국민들, 즉 교육을 받지 못한 청소년, 여성, 노동자를 위해 주로 종교기관에서 시작되었다. 이와 같이 교회가 평생교육의 발달에 크게 기여할 수 있도록 영향을 미친 인물로 루터(M. Luther: 1483~1546)를 들 수 있다. 그는 인문주의적 교양교육과 기독교적 평등교육 사상을 통합하여 모든 국민을 위한 국민교육과 초등교육의 중요성을 강조하였다. 산업혁명의 영향으로 인해 1842년에는 슈타인(Lorenz von Stein)에 의해 수공업노동자협회가 조직되어 독일 평생교육의 발전에 큰 역할을 하였다. 1846년에는 가톨릭 사단법인 협회, 1848년에는 수공업을 위한 교육협회 등이 설립되어 기본적인 읽기, 쓰기, 셈하기, 지리, 세계사, 자연과학사 등의 교육을 실시하였다. 이러한 역사적 배경으로 1850년경부터 본격적인 국민교육이 실시되었다.

19세기말 독일의 평민대학(Volkshochschule)은 덴마크로부터 도입된 공동체적 평민대학과 영국의 대학확장 모델을 모방한 야간 평민대학의 두 가지 형태로 발전하였다. 야간 평민대학은 개별적이고 지역자치적으로 통제를 했으며 지방정부의 지원에 의존하였다. 1896년에는 최초로 예나(Jena), 라이프치히(Leipzig), 뮌헨(Munchen) 대학에서 대학성인교육강좌를 개설하기 시작하였다.

1차 세계대전 패배 후 독일민족의 국민윤리회복과 민주주의 교육을 위해 평민대학, 교회와 독일노조연합(GTUF)이 건설적인 역할을 하였다. 1918년 바이마르 헌법의 개정을 통하여 평생교육을 헌법조항에 추가하였고 이를 계기로 평생교육은 독일 민주시민교육제도의 기초가 되었다.

나치정권의 억압하에서 평생교육은 억압과 제약을 받았으며 민주시민교육은 거의 이루어질 수 없었다. 그러나 2차 세계대전이후에는 국가의 경제적·사회적 재건과 민주시민교육을 위해 평생교육이 법적·제도적 기반 위에서 활성화되었다. 전후 초기 독일의 평생교육은 주로 젊은 층에게 집중되었으며, 특정한 교과만이 아니라 모든 평생교육이 시민교육이어야 한다는 신념을 가지고 시행되었다. 전쟁 직후에는 공동체적 평민대학이 주종이었으나 점차 다양한 단체들이 교육을 담당하였다. 1945년 이후부터 각 주정부마다 독자적인 평생교육법을 제정하였으며, 1947년에는 연합군이 독일 평생교육 규정을 마련하였다.

1946년에서 1947년 사이에 독일 평민대학연합(DVV)이 결성되었으며 1953년에는 노드라인 베스트팔렌(Nordrhein-Westfalen) 주에서 최초로 「평민대학법」이 제정된 것을 시작으로 많은 주에서 「평민대학법」이 제정되었다. 이를 통해 평민대학이 독일을 대표하는 가장 지배적인 평생교육형태가 되었다. 평민대학은 이와 같이 공적인 기관으로 편입되는 과정에서도 국가의 교육간섭을 배제하는 법과 지방분권화로 인해 독자성을 유지할 수 있었다.

1963년 이후부터는 많은 주에서 평생교육을 위한 「교육휴가제법」이 제정되기 시작하였다. 1969년 노동촉진법이 생긴 이후 직업능력향상교육과 직업재교육은 독일 노동시장정책에서 매우 중요한 위치를 차지하였다. 1970년대에는 계속교육(Weiterbildung)의 개념이 평생교육의 개념과 같이 교육제도상의 프로그램으로 그 위치를 차지하게 되었다. 또한 주별로 지방정부내의 평생교육기관과 단체를 운영하고 지원하기 위한 「성인교육법」 혹은 「계속교육법」을 시행하였다.

1996년에는 「직업계속교육조성법」이 제정되어 직업자격을 취득하는 자에게도 장학금을 지급하기 시작하였다. 2001년에는 '모든 사람을 위한 평생학습추진계획'을 발표하고 이에 따라 평생학습기회를 확충하고 있다. 또한 2005년부터 시행된 「직업훈련법」은 직업계속훈련과 재훈련의 실행 및 적절한 조직지원 및 그와 관련된 책임을 다루고 있다. 2006년에는 교육부 장관이 계속교육혁신위원회를 결성하고 계속교육과 평생학습을 위한 제안을 모색하였다.

3) 특징 및 시사점

독일에서는 18세기경부터 근대적 의미의 평생교육이 발달하기 시작하였다. 독일의 평생교육은 초기부터 인간형성 및 전인교육의 성격이 강했다고 볼 수 있다. 초기에는 민간차원에서 여러 사회부문의 자발적인 참여에 의해 평생교육이 교육운동차원에서 실시되었으나 바이마르 공화국 시절부터 국가적인 차원에서 제도화되기 시작했다.

군국주의 정부에 의해 평생교육이 위기를 맞기도 하였으나 이후 다시 민주시민교육, 전인교육의 전통을 이어간 것은 매우 의미있다. 또한 평민대학연합회가 결성되어 체계적인 평생교육 네트워크를 형성한 것도 의미있는 점이다. 특히 평생교육이 공교육화되는 과정에서 본연의 주체성과 독립성을 지키기 위한 법적 뒷받침이 함께 이루어진 것은 평생교육의 제도화와 관련하여 매우 중요한 시사점이라고 할 수 있다.

5. 일본의 평생교육

일본은 우리나라 평생교육에 영향을 크게 미친 나라이다. 일본의 평생교육은 시민사회의 주체를 형성하고, 학교교육을 보완하기 위하여 '사회교육'이 활발하게 시행되었다. 이 절에서는 일본 평생교육의 발전과정과 주요 특징을 살펴보고자 한다.

1) 역사적 배경

일본의 평생교육은 과거 우리나라와 유사하게 '사회교육'이라는 용어를 통해 실천되었다. 한국에서 '학교 밖 교육'의 의미를 가진 '사회교육' 용어가 '평생교육(좁은 의미)'으로 대체되고 있는 것에 반해, 일본에서는 여전히 '사회교육' 용어가 사용되고 있다. 따라서 한국의 '평생교육'은 일본의 '사회교육'과 같은 개념으로 인식될 수도 있다. 여기서는 일본의 '사회교육'을 한국의 '평생교육'과 유사한 개념으로 다루고자 한다.

일본에서 '사회교육'이라는 단어가 처음으로 사용되기 시작한 것은 1870년대 말에서 1890년 초의 시기였다. 이 단어를 처음으로 사용한 후쿠자와 유키치(福澤諭吉)와 그의 제자인 야마네 지로오는 사회교육이라는 용어에 당시의 학교에 대한 이중의 비판의미를 포함시키고 있다. 그것은 첫째, 학교가 일부 사람에게만 배울 기회를 제공하고 있을 뿐만 아니라 둘째, 그 교육내용이 민중의 생활현실과 괴리되어 있으며, 교육체제를 기본으로 한 국가주의적 경향을 강하게 띄고 있다는 것이었다. 사회교육이라는 용어에 담겨있는 이와 같은 이중의 학교 비판 의식은 그 후 직선적이진 않지만 다이쇼(大正) 시기(1912~1926)에도 기본적으로 계승되었다(小川利夫, 1993: 187).

이런 맥락에서 초창기 일본의 사회교육은 크게 두 가지 목적을 추구하였다. 먼저, 자본주의 형성 과정에서 새로운 시민사회의 주체를 형성하기 위한 교육이다. 1877년 후쿠자와 유키치는 전 생애에 걸쳐 실제 사회경험을 통해 배우는 것을 최초로 '인간사회교육'이라고 칭하였다. 이러한 의미의 사회교육은 일본 자본주의의 성립으로 인한 사회문제를 국가와 구별하여 사회 스스로 해결하기 위해 노력해야 한다는 자유민권운동의 흐름도 반영하였다.

둘째, 학교교육을 보완하기 위한 교육기회의 제공이다. 학교교육의 근대적 제도화에 따라 학교교육의 취학률을 높이기 위해 국가적인 차원에서 부모를 대상으로 하는 계몽적이고 통속적인 교육이 요구되었다. 이러한 교육은 '통속교육(通俗敎育)'으로 지칭되기도 하였다. 그 후 통속교육은 아동의 취학률이 급속히 상승하고 학교교육제도가 정비됨에 따라 부모에 대한 교육이 아니라 일반 민중에 대한 평생교육으로 전개되어 나갔다. 특히 러일전쟁을 계기로 근대 국가의 국민 정체성 형성이 국가적으로 고조됨에 따라 이러한 성격을 가진 평생교육의 중요성이 크게 부각되었다. 통속교육과 '사회교육'은 다른 배경에서 시작되었으나 이후 점차 유사한 의미로 사용하거나 통속교육을 사회교육의 일부로 파악하는 경향이 나타났다(松田武雄, 2010: 50).

이후 사회교육의 형성과정에서 일본의 사회교육은 서로 상반되는 목적으로 활용되기도 하였다. 제1차 세계대전 후 심각한 사회모순이 발생하는 상황에서 일본의 사회교육은 민주주의의 영향을 받아 사회문제를 교육적으로 해결하고자 하는 민주시민교육의 경향을 나타내기도 하였다. 그러나 이후 전시체제하에서 사회교육을 통해 황국신민화를 추구하려는 군국주의적 사회교육이 강화되기도 하였다.

2) 발전과정

1885년에 통속교육이 문부성의 사무규정에 학교교육을 위한 부수적인 교육으로 규정됨에 따라 지역에서 주로 부모를 대상으로 하는 통속교육회가 전국 각지에서 조직되었다. 그 후 러일전쟁 후 1905년 문부성에 '통속교육조사회'가 설치되었으며 1906년에는 '통속교육 장려에 관한 훈령'이 공표되면서 통속교육사업이 본격적으로 실시되었다(松田武雄, 2010: 44). 또한 1905년에는 내무성과 문부성이 '청년단' 활동을 장려하는 훈령을 발표하였다. 청년단은 이후 지역에서 지방개량운동을 위해 중요한 역할을 수행하였다.

1910년대 말부터 1920년대 초에 걸쳐 문부성에도 '사회교육(社會敎育)'이라는 용어가 사용되었다. 1910년 대역모사건을 계기로 1911년에 문부성은 사상통제의 의도를 갖고 '통속교육조사위원회'를 설치하였다. 또한 문부성과 통속교육조사위원회의 관리 아래 지역에서 교원단체인 교육회가 장려금을 교부받아 통속교육사업을 실시하게 하였다. 이 과정에서 사회교육에 대한 국가의 통제가 강화되는 결과를 가져왔다. 1919년에는 문부성에 사회교육주무과가 설치되었고 도부현(道府縣)과 군시(郡市)에서는 '사회교육주사' 등 사회교육전임 직원이 배치되었다.

다이쇼(大正) 데모크라시라고 불리는 시기(1912-1926)에는 민주주의적 시대상황 속에서 청년·성인의 자주적인 학습활동이 발전해갔다. 이 시기, 사실상의 문부성 초대 사회교육과장이었던 노리스기(乘杉嘉壽)는 '사회교육'을 사회적인 개인을 형성하기 위해 학교도 포함한 교육전체의 사회화로 인식하였다. 구체적으로는 학교 교육내용의 사회화와, 민중을 학교에 받아들이고 학교교사가 민중 속에 들어가는 것을 포함한 학교의 사회화, 경제적 약자·여성·노동자·장애자 등에 대한 교육의 평등실현, 학교이외의 교육기관과 교육적 기능을 가진 사회집단의 활성화와 상호조정 등이 포함되어 있다. 그러나 중국 북부에 대한 일본의 군사적 지배가 준비되는 과정에서 노리스기 등의 사회교육관은 정부의 상층부로부터 위험시되었다. 그 결과, 1924년에 노리스기 과장이 좌천된 것을 기회로 정부내부에서는 이러한 사회교육론에 기본적으로 종지부를 찍었다(小川利

夫, 1993: 188).

1921년 시나노 자유대학에서 시작하여 농촌지역을 중심으로 전국 각지로 펴져나간 자유대학 운동은 청년 스스로가 관제적인 성격을 벗어나 주체적이고 자유롭게 고등교육의 장을 만든 평생교육활동으로서 의의가 크다. 한편 도시지역에서는 노동운동과 사회주의운동이 발전하는 과정에서 노동학교가 설립되어 노동문제나 사회문제와 관련된 교육활동이 전개되었다. 그러나 1931년 만주사변 이후 청년단의 자주화 활동과 노동학교는 권력의 탄압을 받아 쇠퇴하였다(松田武雄, 2010: 52).

1920년 중반부터 1930년대에 걸쳐 노리스기의 후임으로 사회교육 과장이 된 오비노리하루(小尾範治) 등에 의해 사회교육을 고립적으로 취급하는 사회교육 관념이 만들어져 정부에 의해 보급되었다. 그것은 학교교육과 사회교육을 분리하고 성인의 자기교육활동과 어린이들의 학습을 분리하며, 궁극적으로는 천황제국가에 복종하는 신민을 만들기 위한 사회교육 관념이었다. 그러한 사회교육 관념은 일본 본토뿐만 아니라 대만, 한국, 만주에서도 일본제국의 영토 확대와 민중통제를 위해 활용되었다(小川利夫, 1993: 188).

전시체제가 구축되는 시기에는 국민계몽을 위한 사회교육이 강화되었다. 1926년 군국주의 이데올로기의 주입과 군사훈련을 실시하는 청년훈련소가 설립되었다. 1929년에는 국민계몽을 위한 사회교육행정의 강화를 위해 '사회교육과'를 '사회교육국'으로 승격시켰으며 사회교육을 통해 '국체관념의 명징, 국민정신의 작흥, 경제생활의 개선, 국력의 배양'을 기본 방침으로 하는 계몽운동을 본격적으로 추진하기 시작하였다(松田武雄, 2010: 55). 1937년에는 사회교육국이 주무부서가 되어 전쟁체제에 국민을 동원하기 위한 국민정신총동원운동을 전개하였다. 이 시기 국민정신총동원체제를 만들기 위해 계몽단체를 규합하고 단체의 통합을 추진함에 따라 사회교육의 독자성이 소멸되었다. 또한 행정의 일원화를 위해 1942년 '사회교육국'이 폐지되는 대신 '교화국'이 신설되었고 지방사회교육 직원제가 폐지되어 지방청의 사회교육과와 사회교육주사가 사라졌다.

제2차 세계대전 후에는 미군정하에서 군국주의를 폐기하고 평화일본과 민주국가를 발전시키기 위한 공민교육이 강화되었다. 또한 사회교육국이 1945년에 다시 설치되었으며 「사회교육법」(1949년), 「도서관법」(1950년), 「박물관법」(1951년)이 차례로 제정되었다. 1946년에는 공민관이 설치되어 국민의 교육수준을 끌어올리고 민주주의를 습득하기 위한 공공 평생교육기관으로서의 역할을 수행하기 시작하였다. 이런 과정에서 미군정은 미국 평생교육의 전통을 따라 민간 평생교육단체의 자립과 공민관의 독립을 강조하는 정책을 추진하였다.

1950년대에 들어 전쟁 이전 국가주의체제를 지지한 정치가들이 다시 등장하고 전후 개혁의 민주주의의 원칙이 수정·변경되어 감에 따라 '사회교육의 자유'와 '사회교육행정의 독립성'이라는 이념이 후퇴하게 되었다. 그리고 1960년대에는 고도경제성장으로 경제개발정책에 종속된 교육정책이 등장하였다. 그러나 그 과정에서도 근로청년들의 생활과 생산과제에 관련된 학습문화운동이 확산되고 주민의 학습권 보장을 추구하는 사회교육 실천도 활성화되기 시작하였다. 또한 청년단을 중심으로 기존의 관제적인 활동에서 벗어나 학습의 자유와 자주성을 표방하는 '공동학습운동'이 널리 확산되기 시작하였다. 이는 일종의 학습동아리 활동으로서 단순히 흥미 위주의 집단활동에서 벗어나 자신들의 지역 및 사회적인 문제들을 민주적인 연구와 토론을 통해 해결하기 위한 학습활동이었다. 또한 1970년대에는 사회교육의 민주화와 주체적 참여를 강조하는 경향이 강해짐에 따라 공민관의 경우도 주민이 자치적으로 운영하고 직원의 전문성도 강화하기 위한 운동이 일어났다. 그리고 평생교육의 관점이 도입됨에 따라 산업계 차원에서 먼저 기업노동자의 인생설계, 능력개발프로그램 사업이 착수되었으며, 정부차원에서 가정교육, 학교교육, 사회교육의 유기적 통합과 각 시기의 학습과제를 중시하는 사회교육 제도의 정비와 사회교육행정의 강화가 추진되었다.

1980년대 이후 신자유주의의 확산으로 인해 시장원리를 반영한 평생학습정책이 추진되었다. 임시교육심의회의 '교육개혁에 관한 답신'을 통해 평생학습체제로의 이행을 강조하였으며 사회교육 차원에서는 사회교육의 민영화와 시장원리의 도입 등이 강조되었다. 또한 1990년에는 생애학습진흥정비법이 제정되고 도도부현을 중심으로 평생학습진흥체제의 정비 방안이 마련되었다. 이러한 정책의 전환으로 인해 문화, 스포츠, 레크리에이션 사업의 민영화를 통한 경제적인 내수 활성화가 기대되기도 하였지만 한편으로 학급강좌의 수강료 인상, 공민관의 통폐합, 공민관 예산 · 직원의 삭감 등 사회교육의 공공성이 약화되었다.

3) 특징 및 시사점

일본은 우리나라와 지역적으로 가까운 나라이면서 역사적으로 우리나라의 평생교육에 많은 영향을 미친 나라로서 특별한 의미를 가진다. 일본의 사회교육 역사는 본래 민간차원에서 자주적으로 시작되어 국가적으로 제도화되는 과정에서 정치적 수단으로 사용될 수 있음을 명확하게 보여 준다. 과거 다이쇼 시대에는 평생교육이 민주주의의 확산을 위한 매개로 활용되었으나 전시 체제하에서는 황민화 교육과 국민정신 동원을 위한 이데올로기적 수단으로 활용되었던 것이다.

그런 의미에서 일본의 사례는 정치적 · 경제적 변화 과정 속에서 평생교육의 본질을 지키기 위한 노력이 얼마나 중요한가를 알 수 있다. 조직적으로 한국에서 현실적인 필요에 의해 평생교육을 학교교육 이외의 교육으로 정의하는 보다 본질적인 차원에서 사회와의 관계, 사회정의, 학습자의 주체성, 사회문제 해결과 같은 이념적 전통을 잃지 않도록 하는 것이 더 중요하다는 것이다. 과거 사회교육의 원형이 왜곡되는 역사를 겪었음에도 불구하고 전쟁 이후 일본의 사회교육이 다시 원형을 회복하려고 노력했다는 점은 매우 의의가 있다. 전쟁 이후 일본의 사회교육은 사회교육법의 제정과 공민관 체제 정비를 바탕으로 주민들의 자주적인 참여 가운데 크게 성장하였다. 최근 사회교육에 대한 공공정책이 다소 후퇴하는 양상을 나타내고 있으나 공민관과 지역의 자주적인 학습모임을 중심으로 하는 사회교육의 기본적인 체제는 그 골격을 거의 유지하고 있다. 이러한 점은 한국의 평생교육을 제도화하는 과정에서 반드시 참조해야 할 것이다.

지금까지 살펴본 주요 국가별 평생교육의 역사를 개괄적으로 정리하면 〈표 5-1〉과 같다.

⟨표 5-1⟩ 주요 국가별 평생교육 실천의 역사

평생교육발달단계	영국	미국	덴마크	독일	일본
기초적 공교육 형성 과정	• Welsh Circulating school(1731) 교회문해교육 • 성인학교(1798~1812) • 기술학원(Mechanics Institutes) 설립(1799) • 공장법 제정(1833) • 차티스트 운동(1838~1848) • 노동자대학(Working Men's Colleges)(1842) • 초등교육법(1870) • 1873년: 캠브리지 대학확장운동 • 노동자교육협회(WEA) 설립(1903)	• 토론클럽 준토(Junto) 활동 시작(1683) • 리세움(Lyceum)이 창시(1826) • 무상학교법 제정(1834) • Brook Farm 공동체 형성(1841) • Chautauqua 운동 전개(1871) • 대학확장교육, 성인교육센터 운영 • 스미스-레버법 제정(1914) • 스미스-D(1917) 제정 • 이민 및 국적법 제정(1918) • 미국성인교육협회(AAAE) 설립(1926) • 지역사회학교 운동 시작(1930년대) • 그레이트 북스 운동 시작(1947)	• 패전과 국가적 위기 • 의무교육법 제정(1814) • Rödding 평민대학 설립(1844) • 농업학교 설립(1849) • 프리스쿨 협회 결성(1886) • 가정학교 설립(1895) • 애프터스쿨 협회 결성(1908) • 협동조합제도발달에 기여(1866) • 최초의 도시 평민대학 설립(1919~1920) • 평민대학연합회 결성(1949)	• 슈타인에 의해 수공업협회 및 조직 및 일일학교 운영 시작(1842) • 모든 수공업협회에서 국민교육진흥회 설립(1871) • 예나, 라이프치히, 뮌헨대학 대학성인교육강좌개설(1896) • 국민교육대표회의 후 발전(1918) • 히틀러 치하에서 평생교육활동 제한(1933~1945) • 평생교육법제정(1945) • 평민대학법제정(1953) • 독일 평민대학연합회(DVV) 결성(1953)	• 교육에 관한 칙어 공포(1890) • 문부성 사회교육주무과 설치(1919) • 자유대학운동 전개(1921) • 청년훈련소령 공포(1926): 국민교화강화 • 문부성 사회교육국 승격(1929) • 국민정신총동원 운동 전개(1937) • 사회교육법 제정(1949) • 사회교육국에 부인교육과 신설(1961) • 공동학습운동 전개

평생 교육 발달 단계	영국	미국	덴마크	독일	일본
고등 교육 중심	• 교육법제정(1944): 계속교육규정 포함 • New University 설립(1960년대) • Open University 설립(1969)	• 인력개발훈련법(1962), 직업훈련법(1963), 경제고용 및 고용훈련에 관한 법(1966) 등 제정 • 미국시민교육센터(CCE) 설립(1964) • 성인교육법 제정(1966) • 지역사회대학, 주말대학, 개방대학, 벽 없는 대학 등	• 의무교육법 개정: 9년으로 연장(1971) • 학력취득을 위한 성인교육실시(1989)	• 교육휴가법(1963) • 노동촉진법(1969) • 계속교육의 새로운 개념 확립(1970) • 성인교육법, 계속교육법 제정(1970년대)	• 새로운 공민관 운동(1970년대) • 정부의 조성에 의해서 국립대학방송국에 의한 대학교육개방강좌 시작(1976)
평생 학습 중심	• 교육개혁법 제정(1988) • 학습도시 및 도시 재생사업 • 학습기술법 제정(1999) • 산업대학 설립(2000) • Learning and Skills Council(LSC) 설치(2001)	• 평생학습법 제정(1976) • 고등교육법 개정 및 평생학습법 폐지(1980) • 직업훈련연계협력법(1982), 미국 경제경쟁력강화교육·훈련법(1988), 퍼킨스직업교육 및 응용기술법(1990) 등 제정 • 문해교육법 제정(1991)	• 성인교육지원법 제정(1989) • 순환교육을 위한 10대 과제 제시(1995) • 청년직업훈련(VET) 개혁(2001)	• 직업계속교육조성법(1996) • '모든 사람을 위한 평생학습추진 계획' 발표(2001) • 직업훈련법(2005) • 교육부 계속교육 혁신위원회 결성(2006)	• 가케가와시 평생학습도시 선언(1979) • 생애학습진흥법 제정(1990) • 특정비영리활동촉진법 제정(1998)
주요 인물	• John Wesley • Griffith Jones • 맨스브리지 • 로버트 오언	• Benjamin Franklin • Josiah Hollbrook • George Ripley • John Heyl Vincent • Lewis Miller • Frank J. Manley	• 그룬트비히 • 크리스티안 플로어 • 크리스티안 콜드 • 쇠렌센	• 마틴 루터 • Lorenz von Stein • 히르트(Hirth) • 푀겔러(Poggeler)	• 후쿠자와 유키치 • 미야하라 세이치(宮原誠一)

6. 주요 국가 평생교육 발전의 특징과 시사점

앞에서 주요 국가의 평생교육 발전과정을 개괄적으로 살펴보았다. 여기서 나타난 몇 가지 시사점을 정리하면 다음과 같다.

첫째, 각 나라의 평생교육은 각각의 고유한 역사적 상황 속에서 사회문제 해결과 학습욕구 충족을 위해 시작되었다는 것이다. 일찍부터 경제가 발전한 나라, 패전으로 인한 국가적인 위기를 맞이한 나라, 다른 나라에 비해 국가적인 발전이 더디었던 나라 등 모두 상이한 여건 속에서도 그 문제를 해결하기 위한 평생교육적 노력이 이루어진 것이다.

둘째, 각국의 평생교육은 전반적으로 초기에는 시민사회 영역의 민간인들에 의해 주도적으로 실시되었다가 점차 국가적인 차원에서 제도화되는 과정을 따라갔다. 처음 시민사회 영역에서 사회운동이나 교육운동 차원에서 시작된 평생교육은 국가적으로 제도화됨에 따라 보다 공적인 차원에서 실시되는 부분이 증가하고 있다. 또한 점차 시장의 영역에서 이루어지는 평생교육도 증가하고 있다. 이와 같이 시민사회영역, 정부영역, 시장영역에서 이루어지는 평생교육은 각각의 영역에서 특성있게 존재하면서 경우에 따라 서로 협력하거나 때로는 경쟁 또는 갈등하고 있는 실정이다. 그러나 주요 국가의 사례들을 종합해 볼 때 평생교육의 건전한 발전을 위해서는 시민사회영역의 평생교육이 그 밑바탕이 되어야 함을 알 수 있다. 이러한 시민사회지향적 평생교육의 토대 위에 국가와 기업에 의한 평생교육이 가미될 때 건전하고 균형잡힌 평생교육 체계가 형성될 수 있는 것이다. 따라서 시민사회 영역의 자생적 평생교육을 활성화하기 위한 많은 노력이 요구된다.

셋째, 평생교육의 발전을 위해서는 국가의 개입이 필요하지만 자칫 이로 인해 비교육적인 현상도 나타날 수 있다. 국민의 학습권 신장을 지원하기 위한 복지적 관점보다 국민통합이나 국가발전을 위한 수단적 관점이 강해질수록 평생교육에 대한 국민들의 주체성은 침해를 받아 왔다. 이러한 현상은 권위주의적이고 전체주의적 성격이 강한 나라의 경우에 더욱 심각하게 나타났다. 따라서 국가의 개입을 통해 체계적인 평생교육에 이바지하면서도 교육적 가치를 훼손하지 않는 방법이 무엇인가에 대한 깊이 있는 성찰이 요구된다.

  넷째, 각 나라에서 초창기에 실시된 평생교육은 소외계층지향적·공동체지향적, 시민교육, 전인교육의 성격이 강했으나 최근에는 인적자원개발의 성격이 강화되고 있다. 그러나 앞에서 제시한 국가들은 모두 교육복지적인 차원에서 평민중심의 평생교육 인프라를 갖춘 후 최근에 와서 인적자원개발을 위한 국가주도적 교육정책을 추가하고 있는 실정이다. 따라서 교육복지와 교육투자, 또는 교육적 가치와 교육외적 가치가 조화로운 균형을 이루고 있다. 평민주도의 교육복지 인프라가 갖추어지지 않은 상태에서 국가주도적 인적자원개발이 강화된다면 교육내용의 편향과 교육기회의 불평등이 발생할 우려가 높아진다. 즉, 교육내용은 경제발전에 도움이 되는 것으로, 교육기회는 주로 경제발전에 더 많이 기여할 수 있는 대상에게 치우칠 가능성이 커진다. 그러므로 아직 교육복지 차원의 평생교육 인프라가 미흡한 우리나라의 경우는 평생교육의 내용과 기회가 엘리트계층과 인적자원개발 중심으로 편중되지 않도록 정책적인 뒷받침이 요구된다.

📋 요약

1. 각 나라의 평생교육은 각각의 고유한 역사적 상황 속에서 사회문제 해결과 학습욕구 충족을 위해 시작되었다. 각국의 평생교육은 전반적으로 초기에는 시민사회 영역의 교육적 사명감을 가진 교육실천가들에 의해 주도적으로 실시되었다가 점차 국가적인 차원에서 제도화되는 과정을 따라갔다.

2. 최근 주요 국가들은 경제발전과 인적자원개발중심의 평생교육을 강화하고 있다. 이 국가들은 모두 교육복지적인 차원에서 평민중심의 평생교육 인프라가 잘 갖추어졌다는 공통점을 가진다. 주요 국가의 평생교육 발달과정을 살펴볼 때 상대적으로 평생교육 제도화가 미흡한 우리나라는 보다 우선적으로 교육복지 차원의 평생교육 인프라를 구축함과 동시에 현대 평생학습사회가 요구하는 다양한 사회적 요구에 부응하기 위해 보다 적극적인 노력을 기울여야 할 것이다.

🎓 연구문제

1. 주요 국가를 일정한 기준으로 유형화하여 유형별 평생교육 발전과정상의 특징을 비교·분석
하시오.

2. 각 국가에서 평생교육 발전에 크게 이바지한 교육사상가를 찾아 주요 활동과 교육사상을 소
개하시오.

3. 주요 국가의 평생교육 관련 최신동향을 살펴보고 우리나라에 주는 시사점을 제시하시오.

📚 참고문헌

권아종(1995). 사회교육개론. 교육과학사.

양병찬(1997). 영국의 대학확장 연구: 대학사회교육의 이념 형성과 제도화 과정을 중심
으로. 단국대학교 대학원 석사학위논문.

오혁진(2017). 한국에서의 페스탈로치 사회교육사상 수용과정 연구. 평생교육학연구,
23(4), 3-25.

오혁진(2008). 그룬트비히 교육사상에 기초한 한국 사회교육의 전개과정과 의의. 평생교
육학연구, 14(4), 1-28.

松田武雄(小林文人, 伊藤長和, 양병찬, 2010). 일본의 사회교육·평생학습. 학지사.

小川利夫(1993). 일본에 있어서의 사회교육의 회고와 전망. 사회교육연구, 18(1). 한국사
회교육협회.

Kelly. T. (1992). *A history or adult education in Great Britain*. University of Liverpool.

Toiviainen. T. (1995). A comparative study of Nordic residential folk high schools and
the Highlander Folk School. *Convergence, 28*(1), 5-24.

평생교육의 원리와 과제

제6장

평생교육의 실천 원리

평생교육은 일차적으로 사회변화를 반영한 교육형태이자 확장된 교육영역이라고 할 수 있다. 즉, 기존의 학교교육 영역에서 벗어나 전 생애, 전 공간을 아우르는 새로운 교육 영역이라고 할 수 있는 것이다. 그러나 평생교육은 다른 편으로 새로운 시대가 요구하는 교육의 원리를 반영하기도 한다. 영역만 확장된 것이 아니라 새로운 관점, 새로운 교육이념에 근거하여 교육해야 한다는 시대적 요구를 반영하기도 한 것이다. 이에 따라 현대의 평생교육에는 이전 학교중심의 교육에서 이행되었던 전통적인 교육원리가 아닌 새로운 교육원리를 요구한다. 이러한 요구에 부응하는 것이 최소한 현대 평생교육의 시대적 과제인 것이다. 여기서는 현대사회에서 평생교육에 요구되는 일반적인 원리가 무엇인지를 구체적으로 살펴보고자 한다.

■ 학습목표

1. 평생교육의 형성과정에서 중시되는 다양한 교육사조를 종합적으로 이해하고 설명할 수 있다.
2. 평생교육의 실천 원리와 관련 있는 고전의 경구나 명언 등을 제시할 수 있다.
3. 학습주의, 학습권, 안드라고지 등 학습자 중심적 실천 원리와 관련된 개념들의 의의와 한계를 설명할 수 있다.
4. 사회지향적 평생교육 실천 원리의 기반이 되는 교육실천가의 생애와 주요 사상을 설명할 수 있다.

1. 평생교육의 실천 원리와 교육사조

평생교육을 효과적으로 실천하기 위해서는 명확한 지향점과 철학적 기반이 필요하다. 평생교육의 실천 원리는 교육활동의 방향성을 제시하는 규범으로, 이는 일반화된 교육사상에 기반한 교육사조를 통해 구체화된다. 이 절에서는 평생교육 실천 원리의 의미와 이를 뒷받침하는 주요 교육사조를 탐구하고자 한다.

1) 평생교육 실천 원리의 의미

일반적으로 교육의 실천 원리는 영향력 있는 교육이론가나 교육실천가들의 교육관을 반영하는 경우가 많다. 교육관은 일종의 교육에 관한 신념체계이며 교육에 관여하는 사람이라면 누구나 가질 수 있다. 그런데 일반인의 교육관이 소박한 상식이나 자기 중심적인 욕구에 기초한 것에 반해 교육전문가의 가치관은 교육에 관한 전문적 지식과 실천을 통해 체계적으로 형성된다. 이와 관련하여 앱스(Apps)는 평생교육 실천가에게 있어서 철학적 지향성을 확인하는 기준을 다음과 같이 제시하였다.

① 학습자: 성인학습자에 대해 무엇을 믿고 있는가?
② 성인교육의 전반적 목적: 성인교육의 목적과 목표, 이루고자 하는 바는 무엇인가?
③ 내용/과업: 무엇을 배워야 하는가? 내용의 원천(source)은 무엇인가? 성인교육에서 내용의 역할이 무엇이라고 믿는가?
④ 학습과정: 성인학습자들이 어떻게 학습한다고 믿고 있는가? 학습을 위한 기회 제공에 대해 어떤 신념을 갖고 있는가? 성인교육에 있어서 교수목표의 역할은 무엇이라고 믿고 있는가?
⑤ 성인교육자의 역할: 성인교육자는 어떠한 역할을 해야 한다고 믿고 있는가?

이처럼 교육실천가들은 자신의 교육활동의 지향점과 원칙에 대해 자문하게 된다. 이것이 곧 교육의 실천 원리에 대한 개인적인 성찰인 것이다.

평생교육의 실천 원리란 평생교육 현장에서 교육활동을 수행하는 과정에서 보편적으로 추구해야 할 규범이나 원칙이라고 할 수 있다. 평생교육의 실천 원리는 평생교육 본연의 고유한 가치를 따르는 것이어야 한다.

일반적으로 평생교육의 고유한 가치로는 교육의 내재적 가치 중시, 학습자 존중, 교육의 평등 등이 있다. 많은 경우 평생교육의 실천 원리는 평생교육분야의 교육사상가들에 의해 제시되고 확인된다. 교육사상이란 교육관이 매우 포괄적이어서 교육의 전반적 과정들을 설명하고 그 과정들의 원리를 체계적으로 정당화하는 이론체계를 말한다. 이러한 교육사상은 교육의 목적, 교육의 내용, 교육의 방법 등에 대한 포괄적이고 체계적인 실천 원리를 제시한다.

기존의 교육사상가가 구체적인 상황에 필요한 평생교육의 실천 원리를 제시할 수 있다. 반면, 교육실천가들에 의해 형성된 평생교육의 실천 원리가 교육이론가들에 의해 검증됨으로써 교육사상으로 정립되기도 한다. 그런 면에서 평생교육의 실천 원리는 평생교육사상의 영향을 받음과 동시에 평생교육사상을 구성하는 기초가 된다.

2) 평생교육의 주요 사조

구체적인 교육실천의 현장에서 작용하는 다양한 교육사상들은 몇 가지 대동소이한 관점으로 대별할 수 있다. 이렇게 교육실천에 영향을 미치는 몇 가지 일반화된 교육사상들을 교육사조라고 할 수 있다. 일반적으로 평생교육의 실천과 관련된 교육사조로 인문주의, 행동주의, 진보주의, 인본주의, 급진주의 등을 들 수 있다(J. Elias & Merriam: 1995).

① 인문주의적 평생교육

인문주의는 인간의 가치와 의미를 강조하는 철학적 배경을 가지고 있다. 평생교육에서는 인간의 인성과 자아를 이해하고 발전시키는 데 초점을 맞추고 있다. 평생교육의 목표는 인문학적 지식과 예술, 역사 등을 통해 깊은 인간성과 영감을 얻을 수 있도록 하며, 인간의 더 나은 삶과 창의성을 발휘하는 데 있다.

② 행동주의적 평생교육

행동주의는 경험과 실제적인 행위를 중시한다. 평생교육은 실생활에서 적용 가능한 실용적인 지식과 기술을 강조한다. 이론적인 학습보다는 실제 경험과 실전에서의 학습을 통해 개인의 능력과 기술을 향상시키는 것을 목표로 한다.

③ 진보주의적 평생교육

진보주의는 사회의 발전과 진보를 중요시한다. 평생교육은 사회의 요구에 부응하고 발전에 기여하는 지식과 기술을 제공하는 데 주안점을 둔다. 평생교육의 목표는 진보적인 사고와 기술의 발전을 통해 현대 사회의 변화에 적응하고 발전하는 데 있다.

④ 인본주의적 평생교육

인본주의는 모든 사람들의 평등과 존엄을 강조한다. 평생교육은 개인의 인권과 삶의 질을 향상시키는 것을 중요시한다. 또한 사회적 취약 계층을 보호하고 인권을 존중하는 데 주력하며, 사회적 평등과 정의를 실현하는 데 목표를 두고 있다.

⑤ 급진주의적 평생교육

급진주의는 사회적 변화와 혁신에 초점을 둔다. 평생교육은 사회와 개인의 변화를 이끌어내고 발전시키는 역할을 한다. 기존의 체제와 관행에 도전하며 새로운 사고방식과 접근법을 통해 사회적 변화와 혁신을 이루는 것을 최우선으로 한다.

이상의 평생교육사조들은 평생교육실천가에 따라 선택적으로 수용될 수 있다. 평생교육실천가에 따라 가장 기본이 되는 평생교육사조가 다를 수 있기 때문이다. 그런데 이러한 평생교육사조들은 상황에 따라 나름대로의 장점과 교육적 의의를 가지고 있다. 따라서 평생교육실천가들은 교육적 상황에 맞추어 각 평생교육사조의 장점을 충분히 반영하기 위한 유연한 자세를 갖추어야 할 것이다.

〈표 6-1〉 평생교육의 주요 교육사조별 특징

구분	인문주의	행동주의	진보주의	인본주의	급진주의
목적	• 지적능력의 향상 • 지적 · 도덕적 · 정신적 · 심미적 조화	• 기술의 향상과 행동의 변화 • 준거 및 사회적 기대에 순응	• 사회적 안녕 도모 • 개인의 사회적 효과성 증진 • 실천적 지식과 문제해결능력	• 개인의 성장과 발전 • 자아실현 촉진	• 근본적인 사회적 · 정치적 · 경제적 변화 추구
교육자	• 전문가, 지식의 전달자, 권위자 • 학습과정을 직접적으로 감독	• 매니저, 조정자 • 학습결과를 예측하고 감독	• 계획자 • 교육적 경험을 통해 학습을 안내	• 촉진자, 원조자, 파트너	• 조정자 • 제안은 하지만 학습을 위한 방향을 결정하지는 않음
학습자	• 교화된 사람 • 지식, 개념적, 이론적 이해를 구함	• 학습 · 실천 · 피드백 과정에서 학습자의 능동적 역할 중시 • 환경적 영향을 크게 받음	• 학습자의 요구, 흥미, 경험 등 중시 • 학습자의 무한한 교육적 잠재력 강조	• 학습자의 높은 동기성과 자기주도성 인정 • 학습에 대한 책임 가정	• 학습과정에서 교수자와의 평등성, 개인적 자치권 강조 • 반성과 행동을 통한 역사 · 문화 창조 중시
방법	• 강의 • 변증법 • 스터디 그룹 • 명상 • 비판적 독서와 토론	• 프로그램화된 교수 • 계약학습 • 준거기준 평가 • 컴퓨터보조학습 • 기술훈련	• 과학적 문제해결 • 활동교육과정 • 통합 교육과정 • 실천적 방법 • 상호협동학습	• 경험학습 • 집단과제 · 토론 • 팀티칭 • 자기주도 학습 • 개별화된 학습 • 발견학습	• 대화, 문제 제기 • 비판적 반성 • 최대화된 상호작용 • 토의그룹
주요 개념	• 인문주의 교육 • 교육의 내재적 가치 • 이성적 · 지적 교육 • 일반적 · 종합적 교육 • 전통적 지식	• 능력중심의 숙달학습 • 기준중심의 행동주의적 목표 • 시행착오 • 피드백, 강화	• 문제해결, 경험중심의 교육 • 민주주의적 이상 • 실용주의적 지식 • 요구분석 • 사회적 책임	• 경험주의 학습 • 자유, 개별성, 자기주도성, • 상호작용, 개방성 • 자아실현 • 권한부여 • 감정	• 의식함양 • 실천 • 비강제적 학습, 자치 • 사회적 행동 • 권한부여 • 탈학교 • 사회적 변화
주요 사상가	• Socrates • Aristotle • Plato • Adler • Rousseau • Piaget • Houle	• Watson • Skinner • Thorndike • Steinberg • Tyler	• Spencer • Dewey • Bergevin • Brameld • Sheats • Lindeman	• Rogers • Maslow • Knowles • Tough • McKenzie	• Holt • Kozol • Freire • Illich • Shor • Ohliger

* 출처: J. Elias & Merriam (1995).

2. 교육본연의 내재적 가치 중시

교육은 본질적으로 외적인 목적을 위한 수단이 아니라, 그 자체로 추구해야 할 내재적 가치를 지닌다. 이러한 내재적 가치는 교육활동의 본질을 이루며, 사회 전반에서 가르침과 배움이 중심이 되는 진정한 교육의 지표로 작용한다. 이 절에서는 교육의 내재적 가치를 중심으로 교육 본연의 의미와 중요성을 살펴보고자 한다.

1) 교육의 내재적 가치

교육은 정치, 경제, 사회, 문화, 종교 등과 같이 인간세계의 다양한 영역과 관계를 맺고 있다. 이러한 다양한 영역들이 추구하는 가치를 통틀어서 넓은 의미의 사회적 가치라고 할 수 있다. 교육을 중심으로 본다면 이러한 인간세계의 각 영역에서 교육적 가치가 최우선적으로 고려되어야 하나, 반대로 각 영역을 중심으로 본다면 교육은 그 영역의 사회적 가치를 구현하기 위한 수단이 된다. 따라서 인간세계의 각 영역과 관련된 교육이 수행되는 과정에서 교육적 가치를 강조하는 것과 그 영역의 사회적 가치를 강조하는 것 사이에 갈등이 발생할 수 있다. 그리고 영역별로 교육이 주된 가치로 추구되는 경우와 반대로 교육이 그 영역의 사회적 가치를 추구하기 위한 수단으로 활용되는 경우에 따라 표현양식이나 용어도 다르다. 이를 표로 정리하면 다음과 같다.

〈표 6-2〉 인간세계의 세부영역별 교육의 성격

인간세계의 주요 영역	교육과 영역과의 관계 설정 방식	
	교육이 수단이 되는 경우	교육이 본위가 되는 경우
정치	이데올로기 형성교육	이데올로기 비판교육
경제	직업훈련, 인적자원개발	노작교육
사회	사회화	사회의 이해
문화	문화화	자유교육, 문화예술교육
종교	교화	자기성찰 및 수양

교육과 경제와의 관계를 예로 들 때, 이전까지 주로 교육은 경제발전을 위한 수단으로서 강조되었다. 그러나 교육본위의 관점에서 볼 때 경제 자체는 유의미한 교육적 체험을 하기 위한 중요한 소재가 될 수 있다. 이것이 곧 경제와 교육과의 관계에서 교육의 내재적 가치를 추구하는 것을 의미한다. 이와 관련하여 경제학자인 장하준은 교육의 경제적, 수단적 가치에 대한 지나친 관심을 우려하며 오히려 교육의 진정한 가치가 무엇인지를 다음과 같이 제시하고 있다.

> 교육은 소중하다. 그러나 교육의 진정한 가치는 생산성을 높이는 데 있는 것이 아니라 우리가 잠재력을 발휘하고 더 만족스럽고 독립적인 생활을 할 수 있도록 하는 데 있다. 경제를 발전시킬 것이라는 기대를 안고 교육을 확장하면 크게 실망할지도 모른다. 교육과 국민 생산성 사이의 연관성이 약하고 복잡하기 때문이다. 교육에 대한 과도한 열의는 가라앉힐 필요가 있다. 특히 개발도상국에서는 생산적인 기업과 그런 기업을 지원할 제도를 확립하는 데 더 신경 쓸 필요가 있다(장하준, 『그들이 말하지 않는 23가지』. 250-251).

앞의 글에서 교육학자도 아닌 경제학자가 오히려 교육의 본질적 가치가 무엇인지를 제시했다는 점에서 의미하는 바가 크다.

국가발전을 위한 교육, 경제발전을 위한 교육, 사회발전을 위한 교육 등은 얼핏 보면 교육의 가치를 강하게 드러내는 것처럼 보인다. 그러나 만약 그러한 발전을 위해 교육이 도움이 되지 않는다면 그 교육은 과연 전혀 가치가 없는 것인가? 만약 어떤 유능한 사회과학 이론가에 의해 교육이 실지로 사회 각 분야의 발전에 별로 도움이 되지 않는다고 밝혀진다면 교육은 그 즉시로 중단되어야 할 행위인가? 만약 그렇지 않다면 교육에는 뭔가 그 자체로서 의미 있는 내재적 가치가 있는 것이다.

평생교육의 이념은 이전의 학교교육이 지나치게 도구적·수단적·관리적 교육을 추구했던 것에 비해 교육의 내재적 가치와 인간의 자유로운 성장을 추구한다. 이와 관련하여 랭그랑은 평생교육의 원리를 기존의 학교중심 교육과 비교하여 다음과 같이 주장하였다.

현재의 교육체제는 교육을 문화유산을 전달하는 수단으로 보고 있는 것에 비해 평생교육의 관점에서는 교육을 끊임없는 자기발전의 과정으로 보며, 중요한 성장의 수단으로 간주한다.

이처럼 평생교육의 원리는 교육을 사회적 수단보다는 자기발전의 과정으로 강조한다. 이는 곧 이는 곧 교육본위의 관점과 연결된다. 교육본위의 관점은 교육의 결과보다는 과정을 중시하여 가르침과 배움의 교육적 체험을 궁극적인 목적으로 삼는 관점이다. 이럴 때 지식이나 기술은 교육활동을 위한 많은 소재 중의 하나이며, 경제는 교육활동을 지원하기 위한 수단이 된다. 또한 엘리트만이 아니라 모든 사람이 가르침과 배움의 고유한 의미를 체득하며 모든 소재, 모든 품위에서 다양하게 교육적 경험을 누리는 사회이다. 교육소재와 교육기회가 평등한 사회인 것이다. 이는 곧 진정한 의미의 평생학습사회가 추구하는 세계이기도 하다.

2) 교육 발전의 지표

교육이 본위가 되는 사회, 다시 말해 진정한 의미의 교육 발전이 이루어지고 있는 사회는 교육적 가치가 존중되고 활성화되는 사회이다. 교육 본위의 교육학 성립을 추구했던 장상호(1993: 62-63)는 교육 발전을 반영하는 지표로 내재성, 만연성, 심도성을 제시하였다.

첫째, 내재성(內在性)은 교육이 다른 것을 얻기 위한 수단이 아니라 그 자체가 목적으로 추구되는 것을 의미한다. 둘째, 만연성(蔓延性)은 교육과 학습이 보편적인 생활양식의 하나로 학교나 특정한 기관에서만이 아니라 삶의 다양한 영역에서 활발하게 이루어지는 것을 의미한다. 마지막으로, 심도성(深度性)은 특별한 교육내용이나 소재와 관계없이 사회구성원이 일반적으로 가지고 있는 가르침과 배움 자체를 효과적으로 수행하는 수준을 의미한다.

어느 사회가 내재성, 만연성, 심도성이 높다는 것은 그만큼 교육을 통한 내적 성장이 그 자체로 추구되며, 가르침과 배움이 일상화되어 있으며, 가르침과 배움의 능력 수준이 높다는 것을 의미한다. 이는 평생교육에서 일반적으로 지향하는 진정한 의미의 '평생학습사회'라고도 할 수 있다.

3) 교육본위의 내재적 가치와 관련된 경구

실제로 동서양의 고전에는 교육본위의 내재적 가치를 강조하는 경구들이 많이 있다. 그 예를 들어보면 다음과 같다.

學而時習之 不亦說乎 (학이시습지 불역열호) 有朋自遠方來 不亦樂乎 (유붕자원방래 불역낙호) 人不知不慍 不亦君子乎 (인부지불온 불역군자호) 『논어』 중 「학이」편	배우고 때로 익히면 기쁘지 아니한가 친구가 먼 곳에서 함께 학습하기 위해 찾아오면 또한 즐겁지 아니한가 다른 사람들이 내가 학습한 성과를 알아 주지 않는다고 해서 성내지 아니하면 그 역시 군자라고 부를 만하지 않은가.
朝聞道 夕死可矣 (조문도 석사가의)	아침에 도를 듣고 깨달으면 저녁에 죽어도 좋으니라.
士志於道而恥惡衣惡食者, 未足與議也 (사지어도이치악의악식자, 미족여의야)	선비라고 하는 이가 도를 탐구하는 데 뜻이 있다고 하면서도, 허름한 옷과 조악한 음식을 먹는 것을 부끄러워 한다면, 그 사람과 더불어 논의하는 것이 마땅치 않다.
古之學者爲己 今之學者爲人 (고지학자위기, 금지학자위인)	옛적의 학자들은 오로지 자신의 수양을 위해 학문을 했건만 오늘날의 학자들은 다른 사람을 의식하거나 인정받기 위해 학문을 한다.
三人行 必有我師焉 (삼인행 필유아사언)	세 사람이 함께 가는 곳에 반드시 내가 배움을 얻을 만한 스승된 자가 있다.
不恥下問(불치하문)	나보다 어리거나 지위가 낮은 사람에게 모르는 것을 물어보는 것을 부끄러워하지 않는다.
가장 높이 나는 새가 가장 멀리 본다. (리처드 바크, 『갈매기의 꿈』)	눈앞의 물고기를 잡는 데만 집중하여 수면 위로 낮게 날아가는 것이 아니라 높은 창공 위로 날아오르려고 노력하는 새가 남들이 알 수 없는 미지의 세계와 지혜를 발견하는 기쁨을 누리게 된다.

3. 학습자 중심적 학습권의 강화

현대 평생학습사회에서는 학습자의 주체성과 자발성을 중심으로 한 학습권의 강화가 중요한 과제로 부각되며, 평생교육은 학습자의 요구와 권리를 존중하는 학습자 중심의 실현에 중점을 두고 있다. 이러한 맥락에서 학습자 중심적 학습권을 실현하기 위한 주요 원리는 다음과 같다.

1) 학습주의의 부각

평생학습사회의 새로운 교육적 패러다임으로 학습주의를 들 수 있다. 학습주의는 새롭게 나타나고 있는 이른바 '탈현대적' 사회현상과 교육현상을 설명할 수 있는 새로운 교육학적 관점이라고 할 수 있다(김신일 외, 2005).

학습주의에 대비하여 기존의 지배적인 교육적 패러다임을 교육주의라고 할 수 있다. 교육주의에 의하면 인간은 개인으로서나 집단으로서 마땅히 알아야 할 지식을 교육을 통해 학습해야 한다는 것이다. 인간은 스스로 학습하지 않으려는 경향이 있기에 교수자에 의해 의도적인 교육을 해야 한다는 것이다. 교육주의에 따르면 교육이 우선이고 학습은 교육의 결과이다. 따라서 교수자에게 중요한 것은 교육내용을 잘 선정하는 것과 학습자를 잘 가르칠 수 있는 교수법이다. 이러한 교육주의가 가장 체계적으로 구현된 것이 곧 공교육체제이다. 공교육체제에 반영된 교육주의에 따르면 사람들은 태어날 때부터 특정국가의 국민으로서의 속성을 가지고 태어나는 것이 아니므로 '국민'으로 만들기 위하여 교육하지 않으면 안 된다. 또한 국가는 국민을 교육할 권리를 가진다. 이에 따라 국가는 국민교육의 실천을 위하여 공교육체제를 수립하고, 공교육체제의 핵심으로 학교를 설립·운영할 수 있다. 사립학교의 경우도 공교육체제에 편입시켜 관리할 수 있다.

한편, 새롭게 정립되고 있는 학습주의는 많은 점에서 대립적인 관점을 갖는다. 학습주의에 따르면 인간의 삶은 학습의 연속이며 학교로부터 공식적으로 배우는 것은 양도 적고 내용도 단순하고 언어중심으로 되어 있다. 따라서 실제의 생활세계와 무관한 경우가 많다. 또한 학습주의는 인간의 학습능력과 학습자발성을 신뢰하고 존중하며, 주체적 학습활동을 정당화한다. 인간은 학습동물로서 강한 학습욕구와 학습능력을 지니고 있으며, 통제하거나 억압하지 않으면 학습활동을 계속할 수 있다. 학습활동은 앞선 학습자에 의하여 촉진될 수는 있지만 기본적으로 학습자 자신의 적극적 의지에 의하여 이루어지는 것이다. 교사가 가르친다고 언제나 학습이 이루어지는 것은 아니다. 즉, 교육은 학습을 위한 보조활동일 뿐이다. 이러한 학습주의에 기초하여 일상생활 속에서 학습이 이루어지는 양상을 연구하는 학습생태학이 성립될 수 있다(한숭희, 2001).

현대사회에서는 그동안 교육관을 지배해 온 교육주의에 대응하여 학습주의에 입각한 새로운 교육실천이 중시되고 있다. 특히 평생교육의 형성에는 현대의 국민교육제도와 이 제도를 뒷받침하고 있는 교육주의에 대한 비판이 큰 부분을 차지하고 있다. 그렇지만 과연 평생교육의 현장에서 학습주의가 절대화되고 교육주의가 배제되어야 하는가에 대해서는 더 많은 논의가 필요하다. 현실적으로 교육의 지원없이 학습만을 통해서 건전한 성장이 이루어질 수 있는가에 대해서는 의심의 여지가 있다(남미자 외, 2021). 학습주의의 강조가 곧 교육의 필요성을 부정하는 것이라고 볼 수는 없다. 또한 학습자의 주도성을 강조하는 것이 교수자의 적극적인 참여 개입을 부정하는 것도 아니다. 이와 관련하여 브룩필드(Brookfield, 1986)는 평생교육의 원리로 다음의 6가지를 제시하였다.

- 학습자의 참여는 자발적이어야 한다. 성인은 그들 자신의 의지에 의해 학습에 참여한다.
- 성공적인 실천은 참여자들 사이에 서로에 대한 자아가치를 존중함으로써 이루어진다.
- 촉진은 협력적이다.
- 프락시스(praxis)는 효과적인 촉진의 중심에 서 있다. 학습자와 촉진자는 활동, 활동에 대한 성찰, 활동에 대한 협력적 분석 그리고 새로운 활동, 추가적인 성찰 그리고 협력적 분석 등의 계속적인 과정에 관여한다.
- 촉진은 성인에게 내재된 비판적 성찰의 정신을 조성한다.
- 촉진의 목적은 자기주도적이고 자력화된(empowering) 성인을 양육하는 것이다.

그가 제시한 원리에는 학습자의 주체성을 존중하되 교수자의 적극적인 촉진과 협력이 강조되고 있다. 이러한 입장에 근거할 때 학습자의 주도성과 교수자의 주도성은 어느 한쪽만이 교육적인 의미를 갖는 것이 아니라 서로 양립하며 상황에 맞게 조절될 수 있는 원리라고 할 수 있다.

2) 학습자 중심성과 안드라고지의 원리

평생교육의 주요한 실천 원리의 하나로 학습자 중심성을 들 수 있다. 평생교육의 주창자라고 할 수 있는 랭그랑은 평생교육의 개념 중의 하나로 다음과 같이 학습자의 독자성, 자주성을 강조하였다.

현재의 교육체제는 교육적인 규제 및 외부에서의 강제에 의해 기성의 문화가치를 습득시키는 데 중점을 두고 있다. 이에 대해 평생교육은 한 사람 한 사람이 가지고 있는 개성이나 독자성, 자기 자신이 가진 특성에 따라 자발적·자주적으로 성장·발달해 가는 것에 중점을 둔다.

한편, 평생교육 학계에서 일찍이 학습자 중심성을 제시한 대표적인 이론가로 노울즈(M. S. Knowles)를 들 수 있다. 그는 인본주의, 실존주의, 진보주의 등을 기반으로 하여 새로운 교육의 실천 원리인 구성하였다. 그는 기존의 전통적인 교육 실천 원리를 페다고지(pedagogy)라고 지칭하는 반면, 새로운 교육의 실천 원리로 안드라고지(andragogy)를 제시하였다. 그가 제시한 안드라고지의 기본원리를 이전의 페다고지의 원리와 구체적으로 비교하면 다음과 같다.

〈표 6-3〉 페다고지와 안드라고지의 비교

구 분	페다고지(pedagogy)	안드라고지(andragogy)
학습자의 기본성격	학습자는 교수자의 지도를 필요로 하는 의존적이고 미성숙한 존재로 파악된다.	학습자는 자기주도가 가능한 성숙하고 독립적인 인간 그 자체이다.
자발성	학습자의 관심 및 이해에 관계없이 강제적인 출석을 전제로 한다.	학습자의 자발적인 참여를 전제로 이루어진다.

구 분	페다고지(pedagogy)	안드라고지(andragogy)
교수자와 학습자와의 관계	교사는 보다 많은 지식을 지니고 있으며, 그 지식을 학습자들에게 전달하는 것을 주된 임무로 한다.	학습자는 교사 및 타 학습자와 상호적인 관계를 지니고 있다.
학습자의 인생경험	학습자의 인생경험은 학습과정에서 그리 가치있는 것으로 여겨지지 않는다.	성인의 인생경험은 매우 다양하기 때문에 학습과정에 있어서 풍부한 공헌을 할 수 있을 것으로 기대된다.
교육의 원천	교수자가 축적한 지식 및 경험이 무엇보다 중요하며, 학습에 있어서 제일 중요한 자원이기도 하다.	학습자들이 축적한 지식과 인생경험은 교사의 그것과 마찬가지로 학습에 있어서 가치있는 자원이라고 판단된다.
내용의 결정방법	교수자는 내용과 학습과정을 결정하는 존재이다.	학습자는 학습내용과 학습과정을 선택할 수 있으며, 학습내용과 과정은 개개인의 관심과 요구에 기초하여 결정된다.
교육의 목적	교육은 장래의 준비과정이며, 학습자는 장래 무엇을 행하고 성취할 수 있도록 준비하는 존재이다.	교육은 현재의 문제해결을 위한 과정, 즉 학습자의 현재 상황에 관계있는 무엇인가를 행하는 과정이다.
교수자의 주된 역할	교수자의 가장 큰 역할은 내용을 통제하는 데 있다.	교수자의 가장 큰 역할은 학습과정을 지도하는 것이다.
학습자에 대한 태도	학습자가 학습과정에 대하여 어떻게 느끼고 있는지는 거의 고려되지 않으며, 다만 그것이 어떻게 잘 학습될 수 있는가에만 관심을 집중시킨다.	학습자가 학습내용과 함께 학습과정에 대하여 어떻게 여기고 있는가에 대하여 커다란 관심을 가지고 있으며, 학습자들의 적극적인 감정은 학습을 지속시키는 데 있어서 중요한 요소이다.
학습자의 평가	학습자는 과거의 학습이 언제, 어떻게 도움이 되며, 앞으로 자기 자신에게 어떠한 학습이 필요한가에 대해서는 거의 평가하지 못한다.	학습자는 학습과정이 지니고 있는 가치를 부단히 평가하고, 나아가 앞으로의 학습에 자기 자신의 요구가 어느 정도 충족될 수 있을 것인가를 판단한다.

이와 같이 페다고지와 안드라고지는 교육의 여러 측면에서 대비된다. 페다고지의 원리가 과거의 교육주의적 실천 원리를 반영하는 것이라면, 안드라고지의 원리는 학습주의적 실천 원리라고 할 수 있다. 안드라고지의 원리는 평생교육의 목적, 내용, 방법을 선택하는 데 있어 학습자의 요구와 상황을 최대한 반영하는 동시에 학습자의 주체적인 참여를 보장한다. 평생교육의 현장에서는 전통적으로 안드라고지의 원리를 중시하였다. 교육실천가인 허병섭의 저서 제목인 '스스

로 말하게 하라'라는 표현이나 자력화(Empowerment)의 원리는 이러한 중요성을 강조한 것이라고 볼 수 있다.

그런데 현실적으로 학교교육은 페다고지, 평생교육은 안드라고지의 원리를 반드시 따르고 있다고 말하기는 어렵다. 경우에 따라서는 오히려 학교교육이 안드라고지의 원리를 따르고 평생교육의 현장에서 페다고지의 원리를 따르는 경우도 존재할 수 있다. 그리고 과거의 학교가 지나치게 페다고지의 원리만을 강조한 측면이 있어 비판받을 소지는 있지만 페다고지의 원리 자체가 무조건 폐기해야 할 원리인가에 대해서도 논의의 여지가 있다. 학교교육이든 평생교육이든 경우에 따라서는 페다고지의 원리를 따르는 것이 필요하거나 불가피할 수도 있기 때문이다. 반대로 안드라고지의 원리를 무조건 적용하려고 하는 것도 문제가 될 수 있다. 안드라고지의 원리를 모든 상황에 적용하기에 부적절한 측면도 있고 현실적인 여건상 불가능한 경우도 있기 때문이다. 따라서 평생교육의 현장에서 안드라고지의 원리를 충분히 반영하기 위해 노력하되 이분법적으로 페다고지를 무조건 배제하거나 안드라고지의 원리만을 무비판적으로 적용하는 것은 주의해야 할 것이다.

3) 학습권의 존중

학습주의를 지향하는 사회에서 인간의 기본권 차원에서 존중되어야 할 것이 바로 학습권이라고 할 수 있다. 현대 평생학습사회에서 학습권은 단지 교육을 받을 권리를 의미하는 것이 아니라 주체적으로 학습하고 교육의 도움을 받을 수 있는 권리를 의미한다. 이는 다음의 다섯 요소로 구성된다(김신일, 1995: 19-32).

첫째, 학습활동의 자유이다. 이는 개인이나 집단의 학습활동이 금지되거나 제한받지 않을 권리를 의미한다. 학습활동의 자유에 대한 통제는 학습의 제한과 동시에 학습의 강요도 포함한다. 금서목록이나 강제독서목록이 그 예이다. 따라서 학습활동은 자유화되어야 하며, 그 자유로 인해 혹시 어떤 부작용이 발생한다고 하면 그 문제만을 특정적으로 해결해야 한다.

둘째, 학습기회의 보장이다. 과거에는 학교가 학습기회의 제공에 있어 절대적인 영향을 미쳤으나 현대사회에서는 학교 외의 학습의 장에 참여하는 학습기회의 보장도 매우 중요시되고 있다. 특히 성인을 위한 학습기회로는 전통적인 학교와 대학보다 오히려 평생교육기관, 기업, 학원, 대학의 평생학습관, 대중매체, 원격교육망 등이 더욱 중시된다. 모든 사람이 각기 필요하고 원하는 것을 학습할 수 있는 기회를 마련하기 위해서는 교육비지원제도, 유급교육휴가제도와 같은 장치가 필요하다.

셋째, 교육선택의 권리이다. 학교교육의 경우 학교선택권이 중시되는 것과 같이 평생교육에 있어서도 학습자 선택의 폭이 확대되어야 한다. 즉, 평생교육기관과 교육 프로그램에 대한 선택권이 보장되어야 한다.

넷째, 교육에 관한 결정과정에의 참여권이다. 교육에 관한 주요 결정과정에 학습자들이 적극적으로 참여하여, 교육에 관한 논의의 초기단계부터 의견을 반영할 수 있어야 하다. 그런 의미에서 참여의 수준을 뛰어넘는 이른바 참획(參劃)의 중요성이 강조되는 것이다. 특히 성인들의 교육에 있어서는 학습자가 주도하는 교육이 점점 더 많이 나타나고 있으며, 국가 전체의 교육정책결정에 있어서도 학습자 또는 교육수요자인 일반 시민의 참정권이 점점 더 많이 나타나고 있다.

다섯째, 지식과 사상 창출의 자유이다. 기존의 지식, 미리 선정된 지식만 배우는 것은 창조적 학습을 가로막을 수 있다. 따라서 기존의 지식과 사상의 한계를 극복할 수 있는 창조적 학습을 지향할 수 있는 자유가 보장되어야 한다. 이른바 제자가 스승을 뛰어넘어도 부당한 배척을 받지 않는 '청출어람(靑出於藍)'의 자유가 보장되어야 한다.

4) 학습자 요구의 존중과 반영

학습자를 존중하는 것은 학습자의 요구를 정확히 파악하여 교육에 반영하는 것과 직결된다. 평생교육 현장에서는 전통적으로 학습자의 요구분석을 매우 중시하였다. 학습자의 요구분석은 프로그램의 개발이나 교육과정 운영의 기초가 된다. 교육의 기획 단계는 물론 교육의 운영과정에서도 끊임없이 학습자의 요구를 분석하고 파악하는 것이 필요하다.

학습자의 요구는 매우 다양하고 복합적인 성격을 갖는다. 학습자의 요구를 파악하기 위한 이론적 기초로 매슬로의 요구이론을 들 수 있다. 그는 인간의 기본적 요구를 생리적 요구, 안전의 요구, 소속의 요구, 존중의 요구, 자아실현의 요구로 정립하였다. 인간의 기본적 요구는 평생교육의 맥락에도 적용할 수 있다. 매슬로의 요구위계이론 비추어 인간의 요구가 갖는 교육적 의미와 평생교육적 실천과제를 제시하면 다음과 같다.

〈표 6-4〉 매슬로의 요구위계별 교육적 의미와 평생교육 실천과제

인간의 요구	교육적 의미	평생교육 실천과제
생리적 요구	교육환경의 안락함, 청결함 등에 대한 요구	• 학습자들에게 보다 편안하고 쾌적한 환경을 제공하기 위해 노력
안전의 요구	공포와 불안이 없는 안전한 학습환경에 대한 요구	• 실패 또는 두려움으로 이끄는 학습환경의 구성요소 제거 • 연령, 문화적, 성적, 사회적 차별의 배제
소속의 요구	교육활동 중 사회적 관계를 맺고 존경받는 구성원이 되고 싶은 요구	• 참여자의 이름을 외우고 활용함 • 대화 가능한 좌석 배치 • 학습자와의 개별 면담 • 집단구성원들의 권한과 책임분배
존중의 요구	교육활동 중 스스로를 존중하고 타인에게 인정과 존중을 받고 싶은 요구	• 학습진행에 관련하여 학습자와 협의 • 질문에 대한 친절한 대답 • 공적 발표 기회 제공
자아실현요구	교육활동 중 자신의 성장을 통해 내적으로 만족하고 싶은 요구	• 학습자의 호기심과 요구에 부응하는 주제 선택 • 자기주도학습의 기회 최대보장

4. 사회개혁을 위한 학습과 실천의 통합

평생교육은 사회적 약자에 대한 교육적 지원과 학습을 통해 개인의 변화를 사회적 변화로 확장하려는 실천적 노력을 바탕으로 실현된다. 학습과 실천의 통합적 접근은 사회적 책임을 자각하고 변화를 이끄는 과정을 형성한다. 이를 구체적으로 살펴보고자 한다.

1) 사회적 약자에 대한 교육적 지원

평생교육의 역사적 발전단계에서 꾸준히 강조된 실천 원리로 사회적 약자에 대한 관심과 사회변화를 위한 실천이라고 할 수 있다. 엘리트중심의 학교교육을 극복하고 모든 이들에게 학습의 기회를 제공하고자 시작되었던 평생교육은 그 목적을 수행하는 과정에서 필연적으로 사회적 약자에게 일차적인 관심을 가질 수밖에 없었다. 역사적 사례로 19세기 초 영국의 실업가였던 로버트 오언(Robert Owen)은 이윤만 추구하는 실업가가 아니라 노동자의 빈곤과 무지를 극복하여 그들에게 행복한 생활환경을 만들어 주고자 하는 이상을 추구했다. 교육적인 면에서 그는 자신의 공장촌 안에 있는 아동들을 위해 '성격형성학원(New Institution of the Formation of Character)'과 '유아학교(Infant School)'를 창설하였다. 오언에 의하면, 인간의 성격은 환경에 의해서 형성되는 것이므로 공정한 교육 기회를 제공하는 무상교육제도 하에서는 누구나 자기와 남을 위해 공헌할 수 있는 사람이 될 수 있다. 그가 1816년에 성격형성학원의 일부로 설립한 유아학교는 유아들을 1~3세, 4~6세의 두 반에 나누어 수용한 최초의 유치원에 해당되는 것이었다.

로버트 오언(Robert Owen, 1771~1858)
- 영국의 실업가 겸 사회운동가
- 아동의 공장노동을 제한하는 공장법 제정 추진
- 유아학교(Infant School)의 창시자
- 뉴 라나크 공장 내에 성격형성학원 운영
- 뉴 하모니 이상촌 건설 추진

사회적 약자에 대한 관심은 평생교육 실천의 맥락에서 학습자의 참여장애 극복과 관계가 있다. 일반적으로 평생교육 프로그램에 대한 참여장애요인으로 상황적 장애요인, 심리적 장애요인, 기관적 장애요인, 정보적 장애요인 등을 들 수 있다. 평생교육기관의 학습자는 불리한 사회경제적 여건으로 인해 교육 프로그램에 참여하지 못하는 경우가 많다. 또한 심리적인 불안과 두려움, 신체적인 장애, 교육에 대한 정보의 부족 등으로 인해 교육에 참여하지 못하는 경우도 많다. 이러한 요인들로 인해 평생교육에 참여하지 못했던 이들을 도와 평생교육에 참여하도록 하는 것이 평생교육 실천의 일차적인 과제라고 할 수 있다. 의무교육이 이루어지는 학교현장과 다르게 자발적인 참여를 기본으로 하는 평생교육의 현장에서 여러 가지 요인으로 교육에 참여하지 못하는 잠재적 학습자들을 실질적으로 참여할 수 있도록 지원하는 것이 평생교육 실천가의 가장 중요한 직무이자 전문성을 구성하는 최대 역량이라고 할 수 있다. 이와 관련하여 학습자의 평생교육 참여장애 요인별 실천 과제를 정리하면 〈표 6-5〉와 같다.

〈표 6-5〉 학습자의 평생교육 참여장애요인에 대한 교육적 실천과제

평생교육 참여장애요인	교육적 실천과제
학습자의 경제적 어려움	• 교육비 지원 • 무료 교육서비스 이용 안내 • 학습자 소속기관의 재정적 지원 요청 • 학습자 지원 공모 사업 참여
학습자의 시간 부족	• 참여자의 시간대에 맞춘 교육 프로그램 운영 • 학습자 소속기관의 협조요청(유급교육휴가) • 원격교육 매체의 활용 • 학습자를 위한 방문형 교육 실시
학습에 대한 자신감 부족과 두려움	• 예비 프로그램 실시 • 꾸준한 관심과 격려 • 학습자의 현 수준에 대한 평가 및 학습안내 • 선행 학습자의 체험담 소개 • 학습의 즐거움에 대한 인식 제고
프로그램 및 기관에 대한 부정적 인식	• 동료참여자들에 관한 긍정적인 소개 • 사회저명 활동가의 홍보와 추천 • 성공적인 선행학습자의 추천이나 홍보 • 프로그램의 유익성 및 수월성에 대한 홍보

2) 사회개혁을 위한 실천의 강조

평생교육은 역사상 사회개혁을 추구하는 사회운동과 밀접한 관계를 맺어 왔

다. 사회운동 차원의 평생교육은 개인의 성장만을 추구하는 것이 아닌 학습의 성과를 사회변화와 연결하는 실천을 강조하였다. 이론과 실천의 이분법적 괴리가 아니라 지행합일을 강조하는 전통이 강조되었던 것이다.

이와 관련하여 프레이리는 프락시스(praxis)의 개념을 강조하였다. 그에 의하면 이론과 실천은 분리되어 있는 것이 아니라 학습자들이 행동 속에서 반성적 사고를 통해 새로운 지식을 얻게 되고 새롭게 얻은 지식은 실천을 통해 바로 현실에 반영되는 것이다. 그런 면에서 그의 교육사상에 의하면 '실천이 없는 이론은 공허하고 이론이 없는 실천은 무모하다'고 볼 수 있다. 그는 이러한 원리를 교육에 적용함으로써 참여자가 학습과 사회적 실천을 연계할 수 있도록 하였다.

파울로 프레이리(P. Freire : 1921~1997)
- 사회교육이론가 및 실천가
- 브라질의 레시페 지역을 중심으로 문해교육 실시
- 오랜 기간의 망명생활을 거친 후 브라질 교육감 역임
- 『억눌린 자를 위한 교육학』 등 다수의 교육학 서적 저술

동서양의 고전에도 교육을 통한 사회개혁실천의 중요성을 표현하는 경우들이 많이 존재한다. 몇 가지 예를 들면 다음과 같다.

_{인 지 좌 여 락} _{불 식 견 여 고} 人知坐輿樂 不識肩輿苦 (가마꾼[肩輿歎] / 정약용)	사람들 아는 것은 가마 타는 즐거움뿐, 가마 메는 괴로움은 모르고 있네.
_{수 기 치 인} 修己治人	자신을 수양하고 세상을 위해 실천한다.
_{백 문 이 불 여 일 견} 百聞而不如一見 _{백 견 이 불 여 일 각} 百見而不如一覺 _{백 각 이 불 여 일 행} 百覺而不如一行	백 번 듣는 것은 한 번 보는 것만 못하고 백 번 보는 것은 한 번 깨닫는 것만 못하며 백 번 깨닫는 것은 한 번 실행하는 것만 못한다.

Think globally, act locally	전 세계적인 문제에 관심을 갖되 실천은 바로 내가 현재 있는 곳에서부터 구체적으로 실시하라.

앞의 다양한 사례 중에서 특히 '수기치인'은 유교의 전통에서 가장 중시되는 실천 원리라고 할 수 있다. 이는 수양과 실천을 별개로 여기지 않고 항상 유기적인 관계 속에서 확장해야 함을 의미한다. 이는 평생교육의 차원에서 학습을 통한 개인의 성장과 동시에 실천을 위한 사회적 책임도 커져야 한다는 것으로 이해될 수 있다.

📋 요약

1. 평생교육의 실천 원리는 평생교육을 실천하는 과정에서 추구하는 기본 가치를 말한다. 평생교육의 실천 원리는 인문주의, 행동주의, 진보주의, 인본주의, 급진주의 등 평생교육의 사조에 따라 강조점에 차이가 있다.

2. 평생교육 분야의 대표적인 실천 원리로서 교육본연의 내재적 가치 중시, 학습자 중심적 학습권의 강화, 사회개혁을 위한 학습과 실천의 통합 등을 들 수 있다. 교육본연의 내재적 가치의 추구는 진정한 의미의 평생학습사회를 구현하는 조건에 해당하며, 학습자 중심성은 학습주의 패러다임이 중시되는 사회에서 학습요구에 대한 배려와 학습권의 강화와 연결된다. 또한 사회적 약자를 위한 지속적인 관심과 사회개혁을 위한 실천적 학습의 전통은 평생교육이 역사적으로 계승해야 할 중요한 가치이다.

🎓 연구문제

1. 우리 주변에 있는 훌륭한 평생교육 지도자를 찾아 그 업적과 평생교육 실천을 위해 본받을 점을 제시해 보시오.

2. 교육주의와 학습주의가 각각 극단적인 입장을 취할 때에 나타나는 폐해와 그에 대한 바람직한 대처 방안을 제시하시오.

3. 평생교육의 현장에서 페다고지와 안드라고지의 원리가 나타나는 현상을 분석하고 바람직한 대안을 제시하시오.

4. 현대사회에서 정규 학교교육을 제외한 분야에서 시민들의 학습권이 침해되는 사례와 이를 보장받기 위해 활동하고 있는 예들을 제시하시오.

🏆 참고문헌

김신일, 박부권(2005). 학습사회의 교육학. 학지사.

김신일(2020). 학습사회. 학이시습.

김신일(1995). 시민의 교육학. 한길사.

남미자, 김경미, 김지원, 김영미, 박은주, 박진아, 이혜정(2021). 학습자 주도성, 미래교육의 거대한 착각. 학이시습.

장상호(1993). 교육학탐구영역의 재개념화. 서울대학교 교육연구소.

장하준(2010). 그들이 말하지 않는 23가지. 도서출판 부키.

조상식(2008). "학습주의 교육" 패러다임 논의에서 Bildung 개념의 흔적 혹은 부재. 교육철학연구, 43. 한국교육철학회.

한숭희(2001). 평생학습과 학습생태계: 평생교육론의 새로운 패러다임. 학지사.

Brookfield, S. D. (1986). *Understanding and Facilitating Adult Learning: A Comprehensive Analysis of Principles of Effective Practices*. Jossey-Bass.

Brookfield, S. D. (2009). 성인학습을 위한 비판이론 (*The Power of Critical Theory for Adult Learning and Teaching*). (기영화, 김선주, 조윤정 공역). 학지사. (원저는 2005년에 출판).

Freire, P. (2009). 페다고지 (*Pedagogy*). (남경태 역). 그린비. (원저는 1968년에 출판).

Freire, P. (1978). 교육과 의식화 (*Education for critical consciousness*). (채광석 역). 중원문화. (원저는 1973년에 출판).

Knowles, M. S. (1970). *The modern practice of adult education: Androgogy versus pedagogy*. New York Association Press.

Elias, J., & Merriam (1995). *Philosophical Foundations of Adult Education*(2nd ed.). Krieger.

제7장

평생교육의 제도화와
교육정의의 추구

인간사회에서 정의(justice)의 개념은 모든 제도가 지향해야 할 기본적인 규범이다. 교육도 사회적 제도의 한 형태인 한 어떤 의미에서든지 정의롭게 운영되어야 한다. 교육정의의 문제는 교육여건의 전반을 관리하는 규칙의 체제에 관한 것이다. 특정한 교육제도가 정의로운가를 평가하기 위해서는 제도의 부정적인 면을 최소화하면서 교육적 가치가 학습자들에게 제대로 분배하고 있는가를 살펴보아야 한다. 정의의 문제는 이제 평생교육과도 밀접한 관계를 갖게 되었다. 최근 평생교육은 매우 빠른 속도로 제도화되고 있다. 이러한 제도화의 과정 속에서 정의로운 평생교육의 제도화는 더욱 그 의미가 중요해지고 있다. 여기서는 평생교육의 제도화와 관련하여 평생교육이 지향해야 할 교육정의의 구체적인 의미와 조건이 무엇인지를 살펴보고자 한다.

■ 학습목표

1. 교육정의 및 교육복지지향적 평생교육 제도화의 의미와 구현 방안을 설명할 수 있다.
2. 평생교육 제도화에 나타나는 빛과 그림자적 특성을 설명할 수 있다.
3. 평생교육 제도화가 이루어지는 기본 원리를 이해한다.
4. 현대사회에서 평생교육의 제도화 양상을 다양한 기준에 따라 유형화할 수 있다.

1. 교육정의의 개념과 지향점

여기에서는 교육정의와 교육평등의 개념을 살펴보고, 두 개념 간의 관계를 깊이 탐구하고자 한다. 특히, 정의로운 교육이 민주사회에서 가지는 중요성과 그 실현이 왜 필수적인지 논의하고 나아가, 교육평등의 발전 단계를 분석하여 그 의미를 명확히 하고, 교육에 대한 투자적 동기와 복지적 동기를 비교하고자 한다. 마지막으로, 평생교육의 관점에서 교육정의를 실현하기 위한 방향성을 제시하며, 이를 통해 정의로운 교육의 가치와 역할을 구체적으로 이해할 수 있도록 돕고자 한다.

1) 교육정의의 개념과 조건

인간사회에 있어 정의(正義, justice)는 가장 중요한 가치 중의 하나이다. 인간이 사는 모든 곳에서 정의가 이루어져야 하는 것은 물론이다. 특히 국가에 의해 제도화가 이루어지는 모든 영역에서 정의는 더욱 중요한 문제가 되고 있다. 국가의 주요 역할 중에 가장 중요한 것이 결국 국민을 위해 정의가 올바르게 실현되도록 하는 것이기 때문이다.

교육도 하나의 사회적 영역으로서 정의의 문제를 피해갈 수 없다. 특히 교육이 제도화됨에 따라 교육을 어떻게 정의롭게 실시할 것인가가 중요한 문제로 떠오르게 되었다. 이것이 곧 '교육정의'의 문제라고 할 수 있다. 원론적으로 교육제도의 가장 중요한 요건은 그것이 얼마나 교육적인 가치를 잘 드러내고 있는가라는 점이다. 코메니우스는 인간정신의 진보란 한 사람, 한 사람이 그 본질인 이성에 눈뜨고 자율적으로 사유하고 행동하는 인격으로 무한히 고양되며, 그러한 사람들의 수가 제한 없이 확충되는 것이라고 보았다. 이와 같은 상태가 곧 교육적 가치가 가장 잘 구현되고 있는 정의로운 상태인 것이다. 교육의 제도화는 이러한 교육적 가치가 사회에서 잘 구현되도록 하는 것을 일차적인 목적으로 해야 한다.

그런데 제도화된 교육의 영역에서 정의의 문제는 일차적으로 교육제도가 창출하는 가치를 어떻게 배분해야 하느냐에 관한 것이다. 교육적 가치 자체가 무엇인가는 매우 이론적이고 전문적인 논의가 필요한 주제이지만 그 배분방식에 관한 문제는 모든 국민이 비교적 쉽게 인식하고 접근할 수 있으며, 국민들의 삶에 직접적인 영향을 미치는 현실적인 문제이기 때문이다. 이런 점에서 교육정의에 관한 기본적인 질문은 다음과 같다. 즉, 어떤 사태에서 이루어지는 교육행위 혹은 교육활동이든지 간에 그것이 실현하려는 이상은 교육이라는 사회적 가치의 수혜를 요구하는 모든 대상에게 정의롭게 적용될 수 있는 것인가, 그 체제와 조직은 교육가치의 정의로운 배분이 가능하도록 되어 있는가 등이다(이돈희, 1992: 21).

현대 민주주의 사회에서 교육가치의 정의로운 배분은 곧 교육의 평등과도 직결된다. 또한 교육가치의 배분과 관련하여 가장 기본적인 문제가 교육기회의 배분이다. 일단 교육의 기회가 정의롭게 배분되어야 그 결과도 어느 정도 보장될 수 있기 때문이다. 이와 같이 교육정의에 관한 논의는 어떻게 하는 것이 교육의 가치를 정의롭게 배분하는 것인가와 관련되고, 이는 다시 어떻게 하면 교육기회를 평등하게 배분할 수 있는가와 연관된다.

그러나 현실적으로 교육정의의 실현은 매우 어려운 문제이다. 실제로 교육정의의 문제는 교육논리 그 자체보다는 오히려 교육외적인 사회적 영향을 더 많이 받기 때문이다. 많은 경우 교육제도는 국가나 자본, 종교기구 등과 같은 권력기구의 영향력 하에서 성립되고 운영되었기 때문이다. 따라서 무엇이 교육적으로 정의로운 것인가의 문제는 판단하는 주체의 가치관과 이념에 따라 그 입장이 달라지기 마련이다.

이러한 관점들의 경쟁 속에서 교육정의를 올바르게 구현하기 위한 조건은 우선 교육본위의 입장을 확립하는 것이다. 교육이 사회의 평등이나 사회정의 구현에 기여할 수 있느냐의 문제도 매우 중요하지만 이는 교육 본연의 가치와는 무관하게 진행될 수 있는 여지가 많다. 교육을 통해 사회정의를 실현하기 위해 노력해야 하지만 반드시 의도했던 대로 결과가 이루어지는 것은 아니다. 그럴 경우 의도했던 사회정의가 이루어지지 않았다고 해서 교육 자체가 무익했다고 말할 수는 없는 것이다. 그리고 무엇이 사회평등이고 사회정의인가를 합의하는 것은 사회적으로 쉬운 문제가 아니다. 이렇게 교육정의를 교육외적인 사회적 의도나 결과와 연결하여 판단하는 것은 교육의 본질적인 가치를 너무나도 소홀히 여기는 것이다. 교육정의를 논의할 때 우선적으로 고려할 것은 교육을 통해 다른 사회적 가치를 추구할 수 있었느냐보다 교육 그 자체가 정의롭게 배분되었느냐이다. '정치적 정의' '경제적 정의' 등이 각 분야에서 그러하듯 교육적 정의도 교육의 가치가 그 자체로 국민들에게 올바르게 배분되고 있는가를 살피는 것이 가장 중요한 것이다. 교육이 정치나 경제 등의 발전에 이바지했는가는 그다음의 문제라고 할 수 있다. 물론 교육이 정치나 경제 등의 정의 구현에도 이바지한다면 가장 바람직하겠지만 그렇지 못한다고 하더라도 교육의 입장에서 교육정의 자체의 구현을 포기할 수는 없는 것이다. 따라서 교육의 영역에서 우선적으로 추구해야 할 교육정의의 조건은 교육자체의 가치를 평등하게 배분하는 것이라고 할 수 있다.

2) 교육정의 실현을 위한 교육평등의 발달단계

앞에서 살펴보았듯이 교육정의는 민주적인 사회에서는 교육평등과 밀접한 관련을 갖는다. 그렇다면 이러한 교육평등이 어떻게 이루어질 수 있는가가 문제가 된다. 그러나 이러한 교육평등의 의미는 구체적인 현실 속에서 그 내용이 달리 나타날 수밖에 없다. 그리고 교육평등의 새로운 의미들은 보다 더 평등한 조건을 만들기 위한 노력을 통해 발전하여 왔다. 이러한 발전단계를 구체적으로 살펴보면 다음과 같다.

첫째, 교육기회의 허용적 평등이다. 이는 모든 사람에게 법적인 면에서 동등한 기회가 주어져야 한다는 입장이다. 이는 기존에 교육기회가 신분에 의해 제한받는 것을 극복하기 위한 첫 단계라고 할 수 있다. 그러나 이 입장의 경우도 고등교육 수준으로 올라갈수록 능력(개인의 역량과 형편)에 따라 교육기회는 엄격한 기준에 의한 선발을 통해 주어져야 한다는 입장을 취한다. 그러나 이러한 법적인 허용만으로는 여러 가지 사회구조적 요인으로 인해 생긴 불평등을 근본적으로 해결할 수는 없는 것으로 인식되어 더 강화된 평등관을 요구하게 되었다.

둘째, 교육기회의 보장적 평등이다. 이는 실질적인 교육평등을 실현하기 위해서는 법적인 허용뿐만이 아니라 학습참여를 가로막는 경제적·지리적·사회적 제반 장애를 제거해 주어야 한다는 입장이다. 그러나 이러한 입장이 반영되어 학습참여 인구가 보다 늘게 되었지만 교육기회의 분배구조 자체가 바뀌는 것은 아닌 것으로 나타난다. 교육기회의 새로운 증가분이 각 계층에 고르게 또는 하위 계층에 집중적으로 분배되는 것이 아니라 상위계층부터 채워져 내려가기 때문이다. 따라서 이에 대한 보완이 요구되었다.

셋째, 교육조건의 평등이다. 교육기회가 골고루 전해진다고 하더라도 진정한 교육평등이 이루어지기 위해서는 각 교육기관에서 제공하는 교육의 질이 균질적이어야 한다는 것이다. 지역, 계층에 따라 교육시설이나 교육자의 질이 달라서는 안 된다는 것이다.

넷째, 교육결과의 평등이다. 이는 실질적인 교육평등을 위해서는 교육의 결과가 평등해야 한다는 입장이다. 이를 실현하기 위해서는 불리한 계층에게 오히려 더 좋은 교육조건과 더 많은 교육기회를 제공해야 한다는 입장이다. 일종의 역차별과 보상교육이 있어야 한다는 입장이다.

이와 같이 교육평등 자체를 추구하기 위한 노력은 보다 발전적으로 이루어져 왔다. 그러나 교육적인 측면에서 교육의 평등은 궁극적으로 모든 사람에게 기계적으로 교육의 양을 균등하게 배분한다는 것이 아니라 사람들이 가진 각각의 잠재력, 개성, 취향에 따라서 각기의 성장을 가능하게 하는 것을 의미한다. 즉, 모두에게 똑같이 유의미한 경험을 가지게 하는 것이라고 할 수 있다(이돈희, 1992). 이것은 현실적으로 쉬운 일이 아니며 사회적·경제적인 측면에서 그 효율성이 의심받고 도전받을 가능성도 존재한다. 그리고 교육평등이 보다 수준 높게 이루어진다고 해서 사회평등이나 사회정의가 그대로 실현된다는 보장도 없다. 그러나 교육정의의 관점에서 이러한 교육기회의 평등 자체가 매우 중요한 의미를 가진다. 그러므로 평생교육에서도 보다 완벽한 교육기회의 평등이 이루어질 수 있도록 하기 위한 노력이 계속 이루어져야 한다.

이러한 현실적인 교육평등의 구현은 인간의 행복추구권, 보다 구체적으로는 학습권 보장 차원에서 큰 의미를 갖는다. 즉, 궁극적으로 사회평등에 대한 기여 여부와 무관하게 인간의 기본권인 학습권을 보장하는 차원으로서의 교육평등이 중요하다는 것이다. 평생학습사회에서 교육정의는 학습권을 평등하게 보장하는 것에서 시작된다고 볼 수 있다.

3) 교육정의와 교육복지와의 관계

교육기회가 제도적으로 정해지는 방식은 크게 '사회투자적 동기'와 '사회복지적 동기'의 어느 하나 또는 양쪽의 편향 또는 균형에 의해서 계획된다(이돈희, 1992: 336-8). 교육의 투자적 동기는 국가 혹은 사회적 조직체가 그 자체의 존속과 발전에 필요한 사회적 힘을 생산하기 위하여 공적인 사업으로 교육을 계획하고 운영할 때의 동기를 뜻한다. 다시 말해 사회 각 부문의 역할을 분담할 인력을 충원하는 것을 일차적인 특징으로 하는 동기이다. 반면, 교육의 복지적 동기는 국가 혹은 조직체가 구성원들의 삶의 질 자체를 향상시키는 데 봉사하기 위하여 교육을 계획하고 운영할 때의 동기를 뜻한다.

교육정의와 교육평등의 실현은 일차적으로 복지적 동기에 의해 교육제도가 운영되는 것과 밀접한 관련을 가지고 있다. 그동안 교육은 다른 것을 이루기 위한 수단으로 인식되었다. 따라서 교육에 대한 지원은 투자의 개념을 갖게 되었던 것이다. 그러나 교육이 그 자체로 가치가 있다는 내재적 관점에 의하면 교육에 대한 지원은 다른 가치를 위한 수단이 아니라 그 자체를 구현하기 위한 복지적 동기로 이해되어야 한다. 이를 비교하면 다음과 같다.

〈표 7-1〉 투자로서의 교육과 복지로서의 교육 비교

구 분	투자로서의 교육	복지로서의 교육
목적	교육을 통하여 사회적·정치적 체제를 유지하고 경제적 생산성을 높이며 도덕적 질서를 회복할 수 있는 인력 배양	교육을 통해 학습자 자신의 삶의 질을 향상시키기
교육적 가치의 원천	교육의 수단적 가치 중시, 효용성 중시	교육의 내재적 가치 중시
교육기회 배분의 원리	능력주의 원리	평등주의 원리
전형적 국가유형	전체주의 국가, 자본주의 국가	공상적 사회주의, 사회복지 국가

이를 평생교육의 맥락에서 살펴볼 때 평생교육 제도화를 통해 추구하고자 하는 교육정의는 결국 학습공동체, 즉 공동체적 학습사회를 만드는 것이다. 그것은 소외계층까지도 포함하여 누구나 함께 교육적 가치를 느낄 수 있도록 모두가 평등하게 학습의 기회를 갖도록 하는 것이다. 그것은 결국 학습자의 학습권을 보장하는 것이고 가장 적극적인 의미에서 교육평등을 보장하는 것이라고 볼 수 있다.

2. 평생교육 제도화를 통한 교육정의의 가능성과 한계

앞서 논의한 교육정의의 개념을 바탕으로, 이 절에서는 평생교육의 제도화를 통해 교육정의를 실현하려는 다양한 노력과 그 과정에서 드러나는 한계를 탐구하고자 한다. 특히 교육정의를 구현하는 데 있어 국가 권력이 가지는 역할과 의의 그리고 한계를 분석하고자 한다. 이를 통해 교육정의를 실현하기 위해 요구되는 적절한 조화와 협력의 필요성을 제시하고자 한다.

1) 교육제도화의 일반 성격

교육은 역사적으로 제도화의 과정을 거치며 발전하였다. 이는 평생교육의 경우도 마찬가지이다. 그런데 제도화 과정에는 장점과 아울러 단점도 따르기 마련이다. 이는 제도화의 빛과 그림자라고 말할 수 있다. 이와 관련하여 먼저 교육의 제도화를 통해 얻을 수 있는 장점을 살펴보면 다음과 같다.

첫째, 제도화는 국가적인 지원을 통해 교육기회 보편화에 기여할 수 있다. 국가적인 지원이 없을 경우 교육의 기회는 일반적으로 빈익빈 부익부의 행태를 벗어날 수 없다. 국가가 공익적인 차원에서 지원해 줄 때 상대적으로 불리한 위치에 있는 국민들이 최소한이나마 교육의 기회를 얻을 수 있다.

둘째, 제도화를 통해 일정수준의 교육의 질을 보증할 수 있다. 국가가 일정한 기준에 따라 교육의 과정과 결과를 직접 관리함으로써 자격 여건이 부족한 교육의 제공을 배제할 수 있기 때문이다.

셋째, 교육의 결과에 대한 공적인 보증이 가능하다. 국가는 교육결과 인증의 제도화를 통해 가장 공신력 있고 활용 범위가 넓게 학습자의 성과를 인증해 줄 수 있다.

한편, 교육의 제도화에는 의도하지 않았던 단점도 발생할 수 있다. 이를 구체적으로 살펴보면 다음과 같다.

첫째, 교육의 획일화이다. 제도가 갖는 일관적·보편적인 성격으로 인해 의도하지 않게 개별 학습자의 창의성과 적성을 면밀하게 고려하기 어려운 경우가 발생하기 쉽다.

둘째, 교육의 정치적 활용 가능성이다. 형식상 교육은 정치적 중립성을 기치로 운영되어야 하나 현실적인 면에서 그렇지 못한 경우가 발생하기 쉽다. 역사상 어떤 체제의 국가이든 지배집단은 교육을 가장 효율적인 국가통치수단으로 활용하고자 하는 유혹을 떨쳐버리기 어렵기 때문이다. 이는 교육의 목적, 내용, 방법과 교육결과의 활용 등의 모든 면에서 나타날 수 있다. 따라서 국가에 의해 교육이 관리됨으로써 교육이 특정 집단의 정치적 수단으로 전락할 위험성을 항상 내포하고 있다고 볼 수 있다.

셋째, 중도탈락자에 대한 사회적 낙인 효과가 나타날 수 있다. 제도가 갖는 보편성과 강제성으로 인해 처음에는 교육적 약자를 보호하는 데 유용할 수 있다. 그러나 나중에는 그 제도에 적응하지 못하거나 개인적인 필요에 의해 이탈한 사람들이 사회적 낙오자나 반대자로 낙인찍히는 경우가 발생할 수 있다.

이와 같이 교육의 제도화에는 바람직한 면과 부정적인 면이 동시에 존재한다. 이러한 양 측면을 모두 이해할 때 제도화를 가장 효과적으로 활용할 수 있다.

2) 교육의 제도화와 교육정의 실현의 메커니즘

앞에서 살펴보았듯이 교육정의는 교육의 제도화와 밀접한 관련을 갖는다. 그러므로 교육제도를 통해 교육정의를 구현하는 구체적인 원리를 찾기 위해서는 우선 교육제도가 실제로 어떻게 구성되는지에 대해 깊이 이해할 필요가 있다.

역사적으로 본래 인간사회의 사적인 영역에서 시작된 교육은 점차 국가적인 차원에서 제도화의 길을 걸어오고 있다. 공교육을 위한 제도화는 교육을 보다 효과적·체계적으로 실시하기 위한 국가적인 의도에서 비롯되었다. 역사적으로 공교육제도 논의의 기원은 플라톤의 국가론이라고 할 수 있다. 플라톤은 국가 중심의 교육 실시를 주장하였고 국민의무교육제도의 사상적 기초를 세웠다. 그에 의하면, 사회의 주된 관심과 책무는 구성원들로 하여금 일의 전체 조직 속에서 자기에게 적합한 일을 만나도록 해주는 것이다. 그리고 국가의 각 계급은 욕망, 기개, 이성 중에 특별히 발달한 요소를 따라 자신에게 가장 적합한 일에 종사하는 사람들로 구성되어야 한다고 했다. 각 계급은 국가의 복지를 위해 각각, ① 생활필수품으로서의 물자를 생산하는 일(경제활동 종사자), ② 외부의 적으로부터 국가를 수호하고 내부의 질서를 유지하는 일(군인), ③ 법을 만들고 통치하는 일(철인정치가)에 종사해야 한다. 따라서 이들을 선별하고 엘리트를 양성하기 위해 국민교육제도가 필요하다는 것이다. 이러한 관점에 의하면 개인 특성의 '차이'에 의해 교육과 계급의 '차등'이 정당화된다.

반면, 보다 평등하고 보편적인 차원에서 국가에 의한 교육이 주장되기도 하였다. 코메니우스(John Amos Comenius: 1592~1670)는 보편적인 지식(Pansophia)을 보편적인 언어(Panglottia)에 의해 보편적인 교육(Panpaedia)을 통해서 모든 평민에게 가르치는 교육이야말로 이상세계를 실현하는 길이라고 믿었다(梅根悟, 1990: 256). 그리고 그는 이를 실현하기 위해 집필한『대 교수학(Didactica Magna)』(1632)에서 "부귀한 자나 고귀한 지위에 있는 사람의 아이들만이 학교에 다닐 수 있는 것은 아니다. 명문의 아이들도 그렇지 못한 아이들도, 돈 많은 아이들도 가난한 사람의 아이들도, 남자도 여자도, 모든 사람이 모든 시·군·읍·면 어느 곳에서도 학교에 다닐 수 있어야 한다."라고 주장했다.

이와 같이 교육이 제도화되는 과정에는 여러 가지 교육철학이 작용하게 된다. 그런데 전반적으로는 교육적 가치를 구현하려는 움직임과 국가적 가치를 구현하려는 움직임이 함께 작용하고 있다고 볼 수 있다. 일반적으로 개인이나 민간단체 등에 의해 소규모적·자발적 운동차원에서 구현되었던 가치들은 일정 기간이 지나 그 가치가 점차 사회적·국가적으로 인정됨에 따라 제도화의 과정을 거치게 된다. 이는 교육의 경우도 예외는 아니다. 교육의 제도화도 처음 교육사상가나 실천가에 의해 주장되거나 부분적으로 시도되다가 점차 국가적인 차원에서 확대되었다. 이는 학교교육이나 평생교육 모두 마찬가지이다. 그 과정을 보다 구체적으로 살펴보면 다음과 같다.

먼저, 학교교육의 제도화 경우를 보면 다음과 같다. 17세기 영국에서 하트립(Samuel Hartlib, 1600~1662), 두리(John Dury, 1596~1680), 페티(William Petty, 1623~1687) 등은 7세 이상의 모든 아이들이 양친의 빈곤이나 무능력으로 인해 교육받을 기회를 제한받지 않고 학습하도록 하기 위한 교육시설을 설치해야 한다고 주장하였다(Kelly, 1992: 47). 또한 스위스의 페스탈로치(Johann Heinrich Pestalozzi, 1746~1827)나 영국의 오언, 미국의 호레이스 만(Horace Mann, 1796~1859) 등과 같은 교육운동가들도 귀족이나 중산층뿐만 아니라 일반 평민의 자녀들에게도 무상교육의 기회를 제공해야 한다고 주장하였다. 페스탈로치는 모든 인간은 다 같이 인간적 소질을 가지고 태어난다고 생각하여 그 당시 학교교육의 혜택을 받지 못하고 있었던 대부분의 빈민자녀에게 개방하여 교육의 기회를 제공해야 한다고 주장하며 이를 몸소 실천하였다. 호레이스 만은 미국 공립학교 교육의 근간이 된 무상·보통·공립의 학교를 설립하는 데 가장 큰 영향을 끼친 인물이었다. 그는 보통학교 설립을 위해 주도적인 활동을 했으며 만인을 위한 무상의 보편 초등교육이라는 이상을 위해 헌신했다. 이러한 교육선구자들의 사상은 각각 유럽과 미국사회에 영향을 미쳐 결국에는 국가적인 차원에서 대중교육체제를 구축하는 밑거름이 되었다. 이와 같이 개인 교육자나 지역사회 차원에서 비형식적·자발적으로 이루어졌던 대중교육 운동은 점차 국가적인 필요성에 의해 국민교육제도의 형태로 발전되어 갔다.

현대의 평생교육체제의 구축도 이와 무관하지 않다. 지금 평생교육의 체제화는 200여 년 전 학교교육체제의 도입과정과 비슷한 양상을 띠고 있다. 즉, 린드만, 코디, 프레이리, 김용기 등과 같은 평생교육 운동가들이 자발적으로 평생교육을 실시한 이후 점차 국가적인 필요성에 의해 평생교육이 제도화되고 있는 추세인 것이다. 이렇게 시기적으로 보면 교육운동가들에 의해 소규모로 영세한 여건 속에서 평생교육이 실현된 후 이후 국가에 의해 대규모적으로 실시되는 과정을 반복하게 된다. 이를 그림으로 표현하면 다음과 같다.

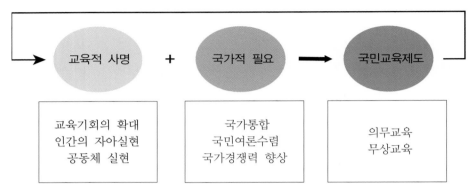

[그림 7-1] 교육적 가치의 제도화 과정

　　그런데 여기서 교육운동가들의 동인과 국가의 동인 사이에는 커다란 차이가 있음을 발견할 수 있다. 교육운동가들이 주로 인본주의적인 복지와 자아실현이라는 인간주의적인 입장을 취했다고 한다면 국가는 국가통합과 국가경쟁력 향상이라는 보다 거시적인 목적을 우선적으로 추구한다는 것이다. 비록 복지국가의 개념이 한 때 널리 사용되어 왔지만 그러한 복지의 개념도 자국이익 우선주의와 국가경쟁력의 향상이라는 기본 토대 위에서 구현되어 왔다. 즉, 기본적으로 국가통합과 국가경쟁력 향상을 포기하면서까지 각 개인의 교육복지를 우선적으로 추구하지는 않는다는 것이다. 학교교육의 경우 페스탈로치와 같은 '인간적인' 교육자들이 국가적 차원에서 고아와 빈민들에게도 교육의 기회를 제공해야 한다고 주장했지만 그 실현은 훨씬 후대에 이르러 국가통합과 국가의 경쟁력 향상이라는 국가적 필요성이 증대됨에 따라 비로소 이루어지게 되었다. 평생교육의 경우도 우리나라를 비롯한 각국에서 비정부조직들이 소외된 사람들과 학교교육의 혜택을 받지 못한 사람들을 위해 비영리적 차원에서 실시했던 것을 국가통합 및 국가경쟁력 향상이라는 필요 때문에 국가적인 교육체제로 구축하게 된 것이다. 즉, 지식과 기술의 폭발적인 증가와 계속적인 발달로 인해 학교교육만으로는 국가경쟁력 향상을 위한 인적 자원을 효과적으로 개발하기 어렵게 됨에 따라 모든 생애에 걸친 인적자원개발 체제가 필요하게 된 것이다.

따라서 평생교육의 제도화는 순수한 교육적 가치의 확대와 국가적 필요를 위한 평생교육의 활용이라는 양자 사이에서 적절한 조화와 협력이 필요하다. 제도화를 통해 교육적 가치만을 추구하고자 할 때는 국가로부터 실질적인 도움을 받기 어려울 것이다. 그렇지만 국가의 통합과 경쟁력 향상이라는 거시적인 목적을 위해 평생교육이 수단으로 활용되는 현상만 나타나는 것도 평생교육의 본질에 비추어 볼 때 바람직하다고 볼 수 없다. 따라서 현실적으로 이 양자의 가치를 조화롭게 추구하기 위한 지혜가 필요한 것이다.

3) 교육정의 실현을 위한 국가권력의 의의와 한계

앞에서 살펴보았듯이 교육의 제도화 과정에는 크게 교육운동가들의 가치와 국가의 필요가 통합적으로 작용한다고 볼 수 있다. 그런데 그 과정에서 교육운동가들의 가치와 국가의 필요 사이에는 모순이 발생할 수 있다. 교육운동가들이 주로 교육본위의 입장에서 교육복지와 자아실현이라는 입장을 취했다고 한다면 국가는 국가통합과 국가경쟁력 향상이라는 사회적인 목적을 우선적으로 추구하기 때문이다. 그 과정에서 교육적 가치와 교육외적 가치의 갈등이 발생할 수 있다. 그런 의미에서 교육의 제도화 과정은 역사적으로 교육정의, 교육복지, 교육평등의 추구와 같이 교육적 가치를 확장시키려는 교육운동가들과 국가발전, 사회발전, 경제발전 등 국가적 목적을 교육을 통해 달성하고자 하는 국가와의 협력 또는 갈등의 역사라고 할 수 있다.

그렇다면 이러한 요인들 사이의 관계가 구체적으로 어떻게 작용하는지에 대해 살펴볼 필요가 있다. 즉, 교육운동가와 국가 중 누구의 힘이 더 강하게, 또 어떤 방식으로 작용했는가를 정확히 파악할 필요가 있다. 여기서는 이와 관련하여 역사사회학적 관점에서 사회복지의 제도화 배경을 설명했던 경우를 선례로 살펴보고자 한다. 아브람즈는 역사사회학적으로 사회복지제도의 성립을 설명하는 네 가지 이론을 제시하고 그 타당성을 검토하였다. 네 가지 이론은 사회복지의 계몽이론, 필요이론, 행동이론, 권력이론 등으로 명명할 수 있다. 그 기본 내용과 타당성을 정리하면 다음과 같다(Abrams, 1986: 32-41).

〈표 7-2〉 복지제도의 형성 동인에 관한 이론의 유형

구분	주요 내용
계몽이론	• 복지 정책은 일차적으로 지식인의 관심과 선도적인 노력으로 형성된 여론에 의해 도입된다고 주장함 • 정책의 성격을 결정하는 것은 여론의 성격이라고 설명함
필요이론	• 사회 개혁을 위해서는 사상과 여론보다 객관적인 사회적 조건이 더 중요함을 강조함 • 복지정책은 산업화, 자본주의의 부작용에 대한 필연적 반응이라고 파악함
행동이론	• 계몽/필요이론의 불균형을 바로잡기 위한 시도로서 제도화는 여론과 사회적 필요의 결합으로 이루어진다고 주장함 • 역사를 행동과 구조의 연쇄 관계로 이해함
권력이론	• 사회 구조 내에서 특정한 집단의 이익을 위한 행동만이 제도로 선택되는 현상을 권력의 관점에서 설명함 • 복지제도는 개혁자 집단과 개혁을 반대하는 쪽과의 권력관계에 의해 영향을 받는다고 파악함

그에 의하면 일반적으로 제도화의 메커니즘을 설명하는 이론 중에서 권력이론이 가장 설명력이 높은 것으로 인식된다. 계몽이론은 사회적 행동만 강조하는 일차원적 입장을 취하고 있고, 필요이론은 사회의 객관적인 조건만 강조하는 입장을 취한다. 반면 행동이론은 제도화를 사회적 조건과 개인의 행위의 종합적인 관계로 파악했다는 점에서 발전했으나 그 과정 중에 권력이 작용한다는 사실을 간과했다는 점에서 한계가 있다. 권력이론은 제도화를 행동과 사회의 관계를 전제로 하면서도 제도가 특정한 방향으로 결정되는 것의 이유를 특정 권력의 관점에서 설명하고 있다는 점에서 설득력이 더 높다는 것이다.

이러한 주장을 교육제도 형성의 원리에 적용할 때 현실적으로 교육제도화의 과정에는 교육정의를 실현하려는 힘보다는 국가의 힘이 더 크게 작용했다고 볼 수 있다. 앞에서 살펴보았듯이 교육기회의 확대는 교육민주화의 측면도 가지고 일부 갖고 있다. 그러나 이는 노동자의 교육요구를 순수하게 충족시켰다기보다는 노동계급의 저항을 예방하기 위한 방파제로 취해졌다는 면도 있다(梅根悟, 1990: 273). 다시 말해 국가와 자본가들은 교육기회 확대를 통해 순종하는 노동력을 확보함으로써 얻는 이익이 아동을 학교에 빼앗겨 일시적으로 노동력을 잃는 손실보다는 훨씬 유리하다고 판단했다는 것이다. 여기에서 교육제도화의 과

정에서 국가의 권력이 일종의 필요악처럼 작용하고 있음을 알 수 있다. 국가는 교육적 가치가 보편적으로 이루어질 수 있도록 하는 행재정적 힘을 가지고 있는 반면, 교육적 가치를 제한하고 특정한 권력 집단의 이익추구를 위해 교육제도를 수단으로 활용할 수도 있다. 비록 복지국가의 개념이 한 때 널리 사용되어 왔지만 그러한 복지의 개념도 자국이익 우선주의와 국가경쟁력의 향상이라는 기본 토대 위에서 구현되어 왔다. 즉, 기본적으로 국가통합과 국가경쟁력 향상을 포기하면서까지 각 개인의 교육복지를 우선적으로 추구하지는 않는다는 것이다.

학교교육의 경우 페스탈로치와 같은 '인간적인' 교육자들이 국가적 차원에서 고아와 빈민들에게도 교육의 기회를 제공해야 한다고 주장했지만 그 실현은 훨씬 후대에 이르러 국가통합과 국가의 경쟁력 향상이라는 국가적 필요성이 증대됨에 따라 비로소 이루어지게 되었다. 평생교육의 경우도 우리나라를 비롯한 각국에서 비정부조직들이 소외된 사람들과 학교교육의 혜택을 받지 못한 사람들을 위해 비영리적 차원에서 실시했던 바를 국가통합 및 국가경쟁력 향상이라는 필요 때문에 국가적인 차원에서 교육체제를 구축하게 되었다. 즉, 지식과 기술의 폭발적인 증가와 계속적인 발달로 인해 학교교육만으로는 국가경쟁력 향상이 어렵게 됨에 따라 전생애에 걸친 인적자원개발 체제가 필요하게 된 것이다. 그 결과 복지모델에 입각한 평생교육의 제도화가 빠른 속도로 진행되지 못하고 있다고 볼 수 있다.

3. 교육정의를 위한 평생교육 제도화의 모색

이 절에서는 평생교육 제도화의 방향성을 제시하고, 이를 실현하는 과정에서 직면할 수 있는 과제를 논의하고자 한다. 특히 교육적 가치와 국가적 필요 사이의 균형을 이루는 방안을 모색하며, 평생교육의 다양한 학습 형태를 제도화의 관점에서 체계적으로 분석하고자 한다. 끝으로 교육정의를 실현하기 위한 평생교육 제도의 역할과 가능성을 구체적으로 탐구하고자 한다.

1) 평생교육 제도화의 일반적 양상

평생교육의 제도화는 학습과정을 관리하거나 학습결과를 인정하는 것과 밀접한 관련을 가지고 있다. 이와 관련하여 학습은 제도화와 관련하여 공식성과 형식성이라는 두 가지 차원으로 검토할 수 있다.

첫째, 공식성의 차원이다. 이는 학습의 결과가 학력, 자격 등의 명목으로 공적인 인정을 받는 것과 관련된다. 공식적 학습이란 학습결과가 제도적으로 인정받는 경우를 말하며, 비공식적 학습은 학습결과의 제도적 인정과 무관하게 이루어지는 학습을 말한다.

둘째, 형식성의 차원이다. 이는 학습의 과정이 얼마나 구조화·제도화되어 있는가와 관련된다. 형식적 학습이란 교과과정, 운영체제 등이 체계화되어 있는 경우를 말하며, 무형식적 학습이란 교과과정, 운영체제 등이 융통성이 많고 상대적으로 자유로운 경우를 말한다.

이 두 차원을 중심으로 제도화와 관련하여 이론상 나타날 수 있는 학습의 유형을 제시하면 다음 [그림 7-2]와 같다.

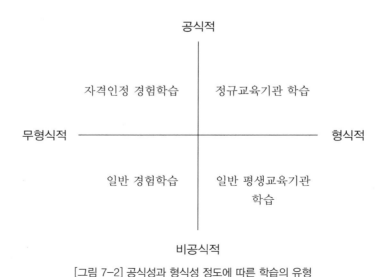

[그림 7-2] 공식성과 형식성 정도에 따른 학습의 유형

첫째, 정규교육기관 학습이다. 이는 공식적 · 형식적 학습이 이루어지는 경우이다. 정규학교교육이 이러한 경우의 가장 전형적인 예가 될 수 있다.

둘째, 일반 평생교육기관 학습이다. 이는 비공식적, 형식적 학습이 이루어지는 경우이다. 비록 정규학교교육처럼 학습결과를 공식적으로 인증 받는 것은 아니지만 상당한 정도 체계화된 교육과정을 통해 학습하게 되는 경우이다. 대부분의 평생교육기관과 직무 연수기관 등에서 이루어지는 학습이 이 경우에 해당한다.

셋째, 일반 경험학습이다. 이는 비공식적 · 무형식적 학습이 이루어지는 경우이다. 즉, 일상생활이나 일터에서 학습결과의 인증과 관계없이 학습하게 되는 경우를 말한다. 대부분의 자기주도학습, 학습동아리 활동, 도제학습, 현직훈련(OJT) 등이 이에 포함된다.

넷째, 자격인정 경험학습이다. 이는 공식적 · 무형식적 학습이 이루어지는 경우이다. 즉, 학습의 결과는 공적으로 인증 받을 수 있지만 학습과정은 무형식적으로 이루어지는 경우를 말한다. 이는 가장 최근에 나타난 양상이라고 볼 수 있다. 기존의 각종 검정고시제도가 가장 대표적인 경우이다. 최근에는 대학의 학력까지 인정하는 독학사제도 등이 이 유형에 해당한다.

이와 관련하여 현대사회에서 각 유형의 학습형태별 동향을 살펴보면 다음과 같다.

첫째, 학교교육의 비형식화 강화이다. 홈스쿨링, 열린교육, 대안교육, 혁신교육, 디지털교육 등의 흐름 속에서 전통적인 교육제도 및 교육방법에서 벗어나 보다 유연화되고 있는 추세이다.

둘째, 일반적 평생교육의 공식화와 형식화의 강화이다. 학점은행제, 원격대학, 사내대학 등과 같이 학습의 결과가 국가적 · 사회적으로 인증받고 그 과정도 점차 법적인 규제를 강하게 따르는 경향이 나타나고 있는 것이 이를 반영한다.

셋째, 일반 경험학습의 보편화이다. 이를 보다 정확히 말하면 일반 경험학습의 중요성에 대한 인식의 강화라고도 할 수 있다. 정규학습을 통해서만이 아니라 일상생활 속의 학습의 가능성과 중요성에 대한 인식이 높아짐에 따라 일터에서의 학습, 학습동아리 활동, 자기주도학습이 더욱 보편화되고 있는 추세이다.

넷째, 자격인정 경험학습의 확산이다. 사전경험의 인증은 기존에 일반 경험학습의 영역에 머물러 있었던 학습자의 경험을 자격인정 경험학습의 영역으로 인정하려는 동향 중의 하나라고 볼 수 있다. 이미 시행중인 독학사 제도 등이 주로 비공식·무형식적으로 이루어진 학습경험을 교육계에서 인정해 주는 학점, 학력으로 인증하는 것이라면, 사내자격제도 등 사전경험의 인증은 주로 일의 세계에서 얻은 비공식적·무형식적 학습을 공식적으로 인정될 수 있는 자격을 부여하는 제도라고 볼 수 있다.

이를 종합해 보면, 평생교육 전반에 걸쳐 교과과정상 유연성을 허용하는 비형식화가 강화되는 한편, 교육의 결과를 공적으로 인증하는 공식화도 강화되는 경향이 나타나고 있다고 볼 수 있다. 이를 그림으로 표현하면 다음과 같다.

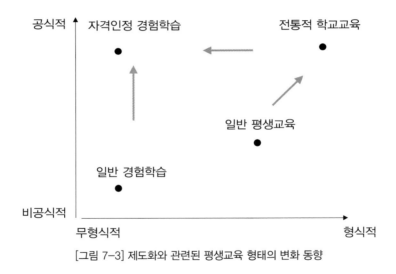

[그림 7-3] 제도화와 관련된 평생교육 형태의 변화 동향

2) 평생교육제도화의 유형과 지향점

평생교육도 빠른 속도로 제도화의 과정을 거치고 있다. 그렇다면 평생교육의 제도화는 구체적으로 어떤 모습을 지향하는 것이 바람직한가가 중요한 논의 주제가 된다. 이와 관련하여 먼저 현대 교육제도의 다양한 유형을 살펴보고 이를 비교할 필요가 있다.

국가가 재정적 지원을 충분히 하느냐의 여부와 국가가 교육의 과정에 어느 정도나 통제를 하느냐의 여부에 따라 교육제도는 다음과 같이 네 가지의 유형으로 나누어 볼 수 있다.

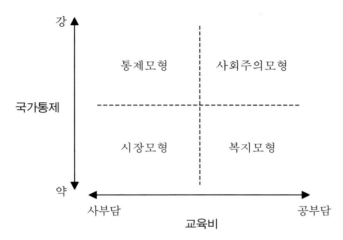

[그림 7-4] 교육비부담 주체와 국가통제의 정도에 따른 교육제도의 유형화

첫째, 통제모형이다. 이는 전체주의 국가, 국가주의 교육체제를 갖춘 국가를 중심으로 교육이 국가의 완전한 지배하에 운영되는 경우를 의미한다. 교육목적, 교육대상, 교육내용을 국가가 직접 결정하고 교육기관의 설치와 운영도 국가가 직영하거나 세밀한 부분까지 엄격하게 통제한다. 그렇지만 국가재정 등의 부족으로 교육비의 대부분을 학습자가 부담한다. 권위주의 성격이 강한 저개발국가에서 많이 나타나는 유형이다.

둘째, 사회주의모형이다. 이는 교육이 국가에 의해서만 제공되며 동시에 무상으로 이루어지는 경우로 사립교육이나 상업적 교육은 허용되지 않는다. 교육의 기본 목적이 모든 국민을 사회주의적 인간으로 양성하는 것이므로 교육내용과 교육방법이 엄격하게 관리된다. 고등교육의 경우는 국가에 의해 선발된 소수의 엘리트만을 대상으로 무상교육을 하는 경우가 많다.

셋째, 시장모형이다. 이는 교육이 상품으로 인식되어 교육기관은 공급자로 학습자는 수요자로 규정된다. 그리하여 상품으로서의 교육은 공급자와 수요자 간에 수요공급의 원칙에 따라 거래된다. 국가가 직접 제공하는 교육은 축소되는 동시에 학습자의 선택권을 확대하기 때문에 교육에 대한 국가의 통제력은 전반적으로 약화된다. 교육제도의 핵심은 시장원리에 입각한 교육의 자유로운 수요공급을 보호하는 것이다. 최근에는 신자유주의의 여파로 공교육제도에 시장의 원리를 강화하려는 경향이 확산되고 있다.

넷째, 복지모형이다. 이는 국민들이 필요한 교육을 받을 수 있도록 교육기회를 마련하여 국가가 무상으로 제공하는 것이다. 기본 교육은 무상으로 실시하고 그 이상의 교육에 대하여도 최대한 교육의 비용을 국가가 부담하지만 교육의 목적은 국가주의를 지향하지 않고 각 개인의 자아실현에 둔다.

앞과 같은 교육제도화의 모형들 중에서 현재 우리나라의 평생교육이 우선적으로 추진해야 할 모형은 복지모형이라고 할 수 있다. 과거 평생교육에 대한 제도화가 이루어지기 이전에도 평생교육은 복지모형을 추구했다고 볼 수 있다. 즉, 공적 부문이 아닌 사적 부문에서 평생교육의 복지모형이 이루어진 것이다. 페스탈로치의 빈민학교, 덴마크 국가의 지원이 이루어지기 이전의 평민대학 그리고 우리나라의 각종 야학, 한글학교, 일제하의 농업학교, 가나안 농군학교 등이 국가의 지원이 없이도 사적인 영역에서 복지적인 성격을 띠고 이루어진 예이다. 평생교육 운동가나 독지가들의 지원이 미치지 않는 영역에서는 평생교육이 불가피하게 외견상 시장모형에 의해 운영되기도 하였지만 그것이 교육적으로 최선이 아닌 불가피한 것이라는 공감대가 넓게 형성되어 있었다. 즉, 국가의 재정적인 지원이 없기에 어쩔 수 없이 수혜자 부담의 원칙을 적용하기는 했지만 평생교육 자체를 교육적 가치와 무관하게 영리적인 차원에서 추진하는 것에 대해서는 적어도 비판적인 안목을 공유했던 것이다.

이와 같이 복지모형은 평생교육의 전통이라고 할 수 있다. 최근 우리나라에서는 평생교육 영역에 대한 국가의 지원이 커지면서 공교육 차원에서 평생교육의 복지모형을 기대할 수 있으나 현실적으로는 아직 미흡한 실정이다. 일부 평생교육의 영역에서 복지모형이 구현되고 있으나 유급학습휴가제와 같은 전형적인 복지모형의 지원은 아직 이루어지지 않고 있다. 반대로 국가가 투자하는 것만큼 평가와 선발 등을 통해 통제와 관리가 강화되는 현상도 나타나고 있다. 예를 들면, 평생학습계좌제, 인적자원개발 지원과 같은 것이 있다. 또한 학점은행제나 독학사제도와 같이 고등교육과 직접적인 연계를 갖는 영역은 학습과정에 대한 재정적 지원은 거의 없이 학습결과만을 인증·관리하는 새로운 통제모형도 나타나고 있다. 그러면서도 평생교육 전반적으로는 여전히 국가적인 지원의 부족으로 인해 시장모형이 대세를 이루고 있다.

이와 같이 전통적으로 복지모형을 지향해 왔던 평생교육은 한국의 경우 아직 국가적 차원에서 복지모형을 충분히 실현하지 못하고 있는 실정이다. 평생교육에 대한 국가적 지원과 관심의 증대에도 불구하고 인적자원개발과 같은 투자적 동기에 입각해 이루어지고 있는 부분이 훨씬 크기 때문이다. 또한 이른바 '평생학습체제 구축'이라는 명분하에 평생교육의 영역에도 학교교육에 버금가는 국가적 관여와 개입, 통제가 강화되고 있다. 이러한 한계를 극복하고 교육복지 본연의 가치를 실현하는 것이 현대사회에서 평생교육제도화의 과제라고 할 수 있다.

3) 교육복지 지향적 평생교육 제도화의 조건

그렇다면 평생교육이 제도화 과정에서 국가권력과 어떤 관계를 형성할 것인가가 문제가 된다. 원론적으로 볼 때 국가는 권력을 통해 교육을 수단화할 수도 있고 교육의 본질을 보호하고 지원할 수도 있다. 그런 면에서 어떻게 교육의 발전을 위해 국가권력을 효과적으로 활용할 수 있을 것인가가 문제가 된다.

이러한 문제의식은 평생교육의 초창기부터 계속적으로 존재해 왔다. 전통적으로 교육사상가들은 교육적 가치의 구현을 위해 권력으로부터의 자유를 강조하였다. 노동교육의 역사에서 강조되는 '전면적·조화적 발달'이란 정치적으로는 국가권력에 의한 노동 통제, 경제적으로는 공장노동의 인간소외와 대결하여 인간성을 회복하고 그것을 전체적으로 통일시키는 것을 의미한다. 페스탈로치는 인간을 떠난 사회제도나 정치기구 자체가 아닌 항상 인간에서 출발하여 인간을 목적으로 삼았다. 그는 권력의 지배를 단호히 뿌리치고 인간의 권리를 법적으로 보장하는 힘, 즉 자유의 힘을 형성·도야해야 한다고 주장하였다(柳 久雄, 1985: 110-111).

    프랑스 혁명기의 교육사상가인 콩도르세(Condorcet: 1743~1794)는 개인이 국가를 위해서 길러져야 한다기보다는 국가가 개인들의 복리를 위해 봉사해야 한다는 생각을 가지고 있었다(이돈희, 1992: 171). 그는 각 사람에게 자연이 부여한 재능을 최고도로 발휘할 수 있도록 편의를 제공함으로써 전 시민들 사이에 현실적 평등을 확립하는 것이 국민교육의 본질이라고 하였다. 그러한 국민교육은 공권력의 '정의에 입각한 의무'이며 '사회 및 인류의 공동이익에 대한 책무'라고 하였다. 반면, 공권력이 어떤 특정한 사상을 보통교육의 힘을 빌려 강화하는 것은 절대로 허용할 수 없다고 하였다. 국가가 교육의 장을 마련하여 제공하는 일에 책임을 다해야 하지만 그 기회는 적어도 어느 수준까지는 균등하게 배분되어야 하며, 교육은 그 자체의 원리대로 이루어져야 한다고 주장하였다. 그런 의미에서 그는 교육의 복지적 성격을 강조했다고 볼 수 있다.

    콩도르세의 이러한 입장은 국가가 관여하는 공교육제도에 대해 새로운 관점을 열어준다. 그의 주장은 국가가 교육의 제도화에 관여한다는 것이 반드시 국가가 교육을 수단으로 활용하여 국가적 목적을 달성하는 것만을 의미하는 것이 아님을 보여 준다. 그런 면에서 프랑스 혁명 이후 콩도르세의 공교육제도에 관한 사상은 이후의 일반적인 공교육제도 사상과 차이가 있다. 프랑스 혁명 당시 학교교육을 제도적으로 공교육화하기 위한 과정에서 두 가지 접근방식이 모색되었다. 하나는 콩도르세로 대표되는 자유주의적 공교육제도이고, 다른 하나는 르뻴르띠에(Louis-Michel Lepelletier: 1760~1793)로 대표되는 국가주의적 공교육제도이다.

〈표 7-3〉 자유주의 공교육제도와 국가주의 공교육제도의 성격 비교

구분	자유주의 공교육제도	국가주의 공교육제도
주창자	콩도르세	르뻴르띠에
내용	교육의 자유를 모든 인간의 자연권으로 인정하고 국가가 제도적으로 보장해야 함	모든 국민이 빈부의 차이없이 무상으로 평등한 교육을 받을 수 있도록 국가가 제공해야 함
	국가는 공교육을 지원하되 통제하지 않고 시민들의 자율에 맡김	국가가 교육을 직접 실시하고 감독함
	가르치는 자유와 배우는 자유 모두 강조	가르치는 자유만 주로 강조

콩도르세와 같은 자유주의적 공교육제도의 입장이 국가가 교육을 지원하되 교육의 주체성을 시민에게 부여해야 한다고 주장하는 것에 비해 국가주의적 공교육제도의 입장은 국가가 무상으로 지원하되 국가가 모든 교육을 직접 실시하고 감독해야 한다는 것이다. 자유주의의 영향을 받은 프랑스 혁명 초기에는 자유주의 공교육제도에 대한 지지가 우세했으나 주변국가와의 전쟁, 민족주의의 대두 등으로 인해 점차적으로 국가주의 공교육제도의 입장이 대세를 이루게 되었다. 특히 전체주의 국가와 같이 국가가 교육에 관한 모든 것을 통제하여 수단으로 활용하고자 할 때 전형적인 국가주의적 공교교육제도의 성격을 띤다. 이러한 국가주의적 공교육제도의 특징은 다음과 같다.

> · 사람을 개인이기 이전에 국가의 구성원으로 파악하고 강조한다.
> · 사람들은 태어날 때부터 특정국가의 국민으로서의 속성을 가지고 태어나는 것이
> · 아니므로 '국민'으로 만들기 위하여 교육하지 않으면 안 된다.
> · 국가가 국민을 교육할 권리를 확보하고 정당화한다.
> · 국가는 국민교육의 실천을 위하여 공교육제도를 수립하고, 공교육제도의 핵심으로 학교를 설립 · 운영한다. 사립학교도 공교육제도에 편입시켜 관리한다.
> · 일정 기간의 필수적 국민교육을 국가가 정하고 국민들에게 취학을 의무화한다. 의무교육은 원칙적으로 무상이다.

이러한 역사적 사실을 통해 바람직한 평생교육 제도화의 원리가 무엇인지 모색해 볼 수 있다. 그것은 국가가 지원하되 시민사회가 주도하는 새로운 평생교육 공교육 모형을 형성하는 것이다. 사실 평생교육의 역사 속에서도 이러한 접근의 선례들을 찾아볼 수 있다. 노동자를 위한 교육의 측면에서 근대교육은, ① 지배계급의 자기교육, ② 지배계급에 의한 노동자 계급 교화, ③ 노동자 계급의 자기교육의 단계로 발전하였다(梅根悟, 1988: 243). 그리고 노동자 일반의 입장에서 교육제도에 대한 입장은, ① 공교육 전면부정론, ② 노동자의 자기교육론, ③ 조직적 자기교육론, ④ 공적 비용에 의한 교육실시, ⑤ 권리로서의 교육의 순서로 변화하였다(梅根悟, 1988: 263-276). 노동자 대중 속에 들어가 노동자교육을 현실적

이고 구체적으로 고찰했던 오언이나 라베트(William Lovett: 1800~1877) 등은 노동자들에게 공적 비용으로 교육하는 것이 당연하다는 입장을 취하였다. 그러나 그들은 공적 비용으로 학교를 세우는 것은 노동자의 권리이지만 교육에 대한 국가통제, 교육적 획일주의에는 반대하였다. 특히 라베트에 의하면 교육과 관련하여 국가가 할 일은 입법과 그 시행이며 교육의 임명권, 교과서 및 교육의 종류에 대한 선택권, 나아가서 각 지역의 학교 관리권을 정부의 손에 넘기는 것에 반대하였다. 그러한 권한은 남녀의 보통평등선거에 기초하여 학교위원회에 맡겨야 한다고 주장했던 것이다(梅根悟, 1988: 271). 이는 오늘날의 관점에서 보면 교육에 대한 시민통제의 원리를 의미한다. 그리고 이런 원리에 입각해서 이루어지고 있는 공교육제도는 국민교육제도라기보다는 '시민주도 공교육제도'라고 할 수 있다. 이는 곧 시민주도 복지모형에 입각한 교육제도의 성격을 갖는다.

　이런 점을 종합해 볼 때 현대사회에서 평생교육의 제도화는 평생교육 원형의 전통을 이어받아 복지모형을 따르되 시민사회 영역이 주도하는 것이 바람직하다고 볼 수 있다. 즉, 국가의 재정적 지원을 받되 시민사회가 자율적으로 관리하는 것이다. 이는 과거에 아동과 청소년을 대상으로 하는 공교육제도가 성립되는 과정에서 시도된 바 있으나 성공하지 못했던 모형이기도 하다. 이는 복지적 동기에 입각한 교육적 가치가 투자적 동기에 입각한 교육외적 가치에 의해 일방적으로 밀려났기 때문이다. 그에 따라 교육정의가 제대로 이루어지지 못하는 결과를 가져왔다. 현대사회에서 평생교육도 이와 같은 역사를 따르게 될 가능성은 얼마든지 있다. 학교교육체제와 유사하게 교육과정에 대한 법적인 관리와 교육결과에 대한 인증을 중시하고 경제적 가치를 우선시하는 평생교육체제의 현대적 추세를 보면 이와 같은 현상이 반복될 가능성이 매우 커지고 있다.

　현재 우리나라는 전반적으로 시장모형에 기초한 교육이 활성화되는 가운데 정부차원에서는 인적자원개발과 같이 투자적 동기에 입각한 교육이 강화되고 있다. 반면 복지적 동기에 입각한 평생교육은 상대적으로 지원이 미흡한 실정이다. 그러는 과정에 다른 나라에 비해 아직 제대로 된 평생교육 복지 인프라를 이루지 못하고 있다. 그러기에 벌써부터 '복지병'을 운운하는 것은 시기상조라고 볼 수 있다. 우리나라에서 건전한 평생교육 제도화가 이루어지기 위해서는 시민사회 주도형 복지모형에 입각한 평생교육의 제도화가 기초를 충분히 놓은 토대 위에 경제적 효율성을 추구하기 위한 교육이 자리를 잡아야 할 것이다. 이를 위해 평생교육의 제도화에 대하여 학습자의 관심과 참여가 적극적으로 이루어져야 할 것이다.

📋 요약

1. 평생교육은 제도화를 통해 보다 체계적이고 보편적인 성격을 띠게 된다. 평생교육의 제도화는 교육기회의 확대, 인간의 자아실현, 공동체적 가치의 구현을 추구하고자 하는 민간부분의 교육적 사명감을 가진 이들의 선구적인 노력과 국가통합 및 국가경쟁력 향상을 추구하는 국가의 필요성이 결합됨으로써 지속적으로 이루어진다. 이러한 두 주체의 협력이 잘 이루어지는 경우가 있으나 때에 따라서는 교육적 가치와 국가적 가치가 서로 갈등을 빚는 경우도 발생할 수 있다.

2. 학습의 결과를 공적으로 인정받을 수 있는가라는 공식성과 학습의 과정을 법적인 기준에 따라 집행해야 하는가라는 형식성의 기준으로 볼 경우 평생학습의 형태는 각각 정규교육기관학습, 일반평생교육기관학습, 일반경험학습, 자격인정경험학습의 형태로 나눌 수 있다. 현재 우리나라는 전반적으로 학교교육의 비형식화 강화, 일반적 평생교육의 공식화와 형식화의 강화, 일반 경험학습의 보편화, 자격인정 경험학습의 확산 현상이 나타나고 있다.

3. 평생교육 전반에 대한 국가통제 정도와 교육 경비에 대한 국가적 지원 여부에 따라 유형화할 경우 평생교육 체제는 각각 통제모형, 사회주의모형, 시장모형, 복지모형으로 구분될 수 있다. 우리나라의 경우 과거 통제모형에서 평생교육 분야에 따라 시장모형과 복지모형의 방향으로 이동하는 경향을 나타내고 있다. 가장 바람직한 평생교육체제는 복지모형에 기초한 시민주도 공교육제도라고 할 수 있다.

🎓 연구문제

1. 우리나라의 평생교육이 제도화되는 과정을 제도화의 메커니즘에 비추어 설명해 보시오.

2. 우리나라 평생교육이 제도화되는 과정에 나타난 빛과 그림자에 대해 분석해 보시오.

3. 평생교육체제의 유형화에 비추어 다양한 영역의 평생교육 체제를 특징지어 보시오.

📖 참고문헌

김신일(2003). 교육사회학. 교육과학사.

이돈희(1992). 교육정의론. 고려원.

梅根悟(1988). *教育の歷史 新裝版*. 出版社: 新評論.

梅根悟(1990). 세계교육사. (김정환, 심성보 공역). 도서출판풀빛. (원저는 1967년에 출판).

柳久雄(1985). 교육사상사: 생활·노동·교육. (임상희 역). 백산서당.

Abrams, P. (1986). 역사사회학 (*Historical sociology*). (신용하, 김종덕, 서관오, 박명규, 김필동, 정진상, 이정옥, 지승종, 허석열, 정근식 공역). 문학과 지성사. (원저는 1963년에 출판).

제8장

학습공동체의 성격과 구현 원리

　최근 평생교육 분야에서 학습공동체의 기본 개념과 의의, 성격에 대하여 많은 연구가 이루어지고 있다. 학습공동체는 평생학습사회가 필요로 하는 효과적인 학습형태임과 동시에 현대사회에서 원자화되어 가는 인간들이 갖고 있는 공동체에 대한 원초적인 희구를 충족시켜 준다는 점에서 의의가 있다. 또한 학습공동체는 각 구성원의 학습욕구충족을 통한 자기성장과 아울러 그가 속한 공동체의 성장과 성숙을 동시에 추구하는 기능을 가지고 있는 것으로 인식된다.

　그러나 학습공동체는 그 가치만큼이나 현실적으로 구현되기 어려운 측면을 가지고 있다. 우리 사회를 학습공동체로 포괄적·효율적으로 변화시키기 위해서는 다차원적인 학습공동체 개념을 통합적으로 이해하여 학습공동체로서 가지고 있는 공통된 특성을 일관성 있게 구현함과 동시에, 각 차원에서 학습공동체의 구현을 가로막는 제약 요인들을 파악하여 극복하는 것이 필요하다. 이런 맥락에서 이 장에서는 먼저 학습공동체 개념의 다양성과 혼란을 학습공동체의 기본 특성을 공유하는 다차원적 구조로 재정립하고자 한다. 또한 차원별로 학습공동체의 구현에 위협이 되는 제약 요인들을 살펴보고, 그 대응원리를 학습공동체의 본질에 비추어 검토함으로써 우리 사회를 학습공동체로 변화시키기 위한 시사점을 얻고자 한다.

■ 학습목표

1. 학습공동체의 개념과 의의 및 다차원적 구조를 설명할 수 있다.
2. 학습공동체의 차원별 제약 요인을 극복하기 위한 원리를 설명할 수 있다.
3. 현대사회에서 바람직한 학습공동체의 발전과제를 제시할 수 있다.

1. 학습공동체의 일반적 성격

학습공동체는 학습을 중심으로 한 집단의 상호작용과 유대를 통해 개인과 집단의 성장을 동시에 추구하며, 학습이라는 주된 목적과 현실적 한계 속에서 다양한 도전 과제를 안고 있다. 학습공동체의 일반적 성격을 중심으로, 그 개념적 특징과 이상적인 구현을 위한 내용은 다음과 같다.

1) 학습공동체의 개념과 요건

학습공동체는 정확한 의미를 파악하기 쉽지 않지만 일반적으로 '학습'과 '공동체'의 의미가 결합된 의미로 이해된다. 즉, '학습을 목적으로 하는 공동체', 또는 '학습활동이 이루어지는 공동체'라는 것이다. 이러한 학습공동체의 개념을 보다 잘 이해하기 위해서 먼저 인간의 집단을 그 집단 내에서 차지하는 '학습의 비중'과 그 집단의 '공동체적 성격'이라는 두 가지 기준으로 유형화하면 다음 [그림 8-1]과 같다.

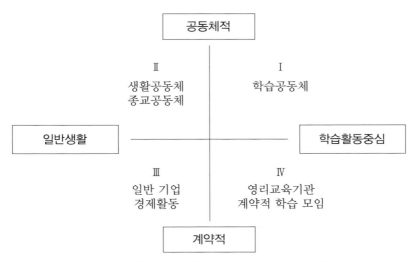

[그림 8-1] 인간집단의 한 유형으로서의 학습공동체

　　[그림 8-1]에 나타난 바와 같이 학습공동체는 다양한 인간집단 중에서도 학습을 주목적으로 하는 공동체라고 할 수 있다. 공동체의 개념은 정의하기 매우 어려운 개념이지만 일반적으로 지리적 또는 특정집단에 대한 소속감과 공동의 목적을 가진 정신적 공동체를 지향하는 집단이나 조직체를 말한다. 공동체(community)를 구성하는 요인으로는 사람(people), 구역(area) 또는 영역(territory), 사회적 상호작용(social interaction), 공통의 소속감(the idea of common attachment) 등을 들 수 있다(이순형, 1989: 284). 전통적으로는 공동체의 가장 핵심적인 요소로서 지역성을 들 수 있지만, 공간적 장애를 획기적으로 극복하는 교통 및 통신기술의 발전으로 지역성의 의미는 다소 약화되고 사회적 상호작용과 공통의 소속감이 더 핵심적인 요소가 되고 있다(강대기, 2001). 즉, 공동체 구성원들의 사회적 결속과 집단 전체의 공동체 의식이 공동체의 핵심 요소로 인식되고 있다. 니스벳(Nisbet)은 이러한 공동체 의식을 우리의식(we-feeling), 역할의식, 의존의식 등으로 표현했다. 진정한 의미의 공동체는 형식적인 사회적 관계 외에 이 형식적 관계를 엮어줄 수 있는 차원, 곧 개인적 친교, 정서적 심오함, 도덕적 헌신, 사회적 응집력, 시간적 영속성 등을 총괄하는 단위이다(송재룡, 2001: 112에서 재인용). 그런 의미에서 학습공동체는 인간적인 긴밀성과 교제를 기초로 배움이라는 목적을 추구하는 특수한 성격을 가진 공동체의 일종이다. 따라서 학습공동체는 단지 개인의 학습성취만을 중시하는 사회계약적 성격의 일반 학습집단과는 차이가 있다.

　　한편 학습공동체는 학습을 주목적으로 하는 공동체라는 점에서 일반 공동체와도 차이가 있다. 물론 일반공동체에서도 일반적인 사회활동뿐만 아니라 학습이 주요 과정으로 이루어진다고 볼 수 있다(한숭희, 2001: 182). 그러나 공동체가 그 존속을 위해 학습의 기능을 포함하고 있다고 해서 그 공동체가 곧 학습공동체임을 의미하는 것은 아니다. 학습이 이루어지지 않는 공동체는 없으나 모든 공동체가 학습을 주목적으로 하는 것은 아니다. 일반공동체 내에 존재하는 학습의 기능을 중시한다고 해서 공동체 자체가 모두 학습공동체적 성격을 가지고 있다고 인식한다면 이는 '학습공동체'의 개념을 매우 혼란스럽게 만드는 결과를 가져온다. 더욱이 우리 사회에서 학습을 주목적으로 하는 공동체가 현실적으로 존재하기 때문에 이와 같은 공동체와 일반공동체를 개념상 구별할 필요가 있다. 따라서 '학습공동체'라는 용어를 일상생활에서 보다 의미 있게 사용하기 위해서는 보다 구체적이고 엄밀한 규정이 필요하다.

이런 맥락에서 볼 때 학습공동체는 단지 학습이 이루어지는 공동체라기보다는 학습을 주목적으로 하는 공동체라고 정의할 수 있다. 즉, 학습공동체는 학습을 주된 목적으로 하는 특수한 공동체인 것이다. 물론 어느 정도까지를 주목적으로 하는 학습으로 판단할 것인가에 대해서는 모호한 측면이 있다. 그러나 적어도 학습공동체가 성립되기 위해서는 학습자체가 그 집단의 매우 중요한 성립목적이 되어야 하고, 그 목적에 대해 구성원이 의식을 같이 해야 한다. 아울러 학습의 목적이 의도한 대로 달성하고 있는가에 대한 형식적·비형식적 평가가 함께 수행되어야 한다.

2) 학습공동체의 이상과 현실

일반적으로 학습공동체는 그 자체가 이상적이고 바람직한 개념으로 인식된다. 이와 같은 인식에 따르면, 학습공동체는 학습과정에 대한 자유로운 선택과 참여 그리고 합리적 소통과정을 중시함으로써 학습자의 주체성을 존중하며, 바람직한 사회변화를 위한 밑거름의 역할을 수행한다.

그런데 학습공동체에 대해 논의할 때 주의해야 할 것은 지향해야 할 이상적인 형태로서의 학습공동체와 현실로서의 학습공동체를 구분할 필요가 있다는 것이다. 학습공동체는 현대사회에서 매우 바람직한 것으로 여겨지지만 현실로서의 학습공동체가 모두 완벽하게 요건을 갖추고 있는 것은 아니기 때문이다. 기존의 집단중심, 권위중심의 교육형태에 대한 효율적인 대안으로 학습공동체가 제시될 수 있지만, 모든 학습공동체가 구성원의 자유로운 선택과 참여, 합리적 의사소통을 담지하고 있는 것은 아니다. 바람직한 공동체가 있고, 바람직하지 않은 공동체가 있을 수 있는 것처럼 학습공동체의 경우도 마찬가지라고 볼 수 있다. 이는 공동체를 구성하는 현실적인 요건과 이상적인 요건을 별도로 파악해야 함을 의미한다. 공동체의 개념적 요건은 구성원간의 사회적 상호작용 그리고 구성원간의 유대감과 연대의식 등을 바탕으로 하는 것으로 볼 수 있다. 그러나 공동체가 되기 위해 갖추어야 할 요건과 '바람직한' 공동체가 갖추어야 할 요건이 무엇인가와는 별개의 문제이다. 공동체로서의 기본적인 개념요건은 갖추었지만 '좋은 공동체'로서의 규범적인 요건을 갖추지 못할 가능성도 많기 때문이다. 이때 '좋은 공동체'가 갖추어야 할 구체적인 조건은 그 사회의 가치를 반영한다고 볼 수 있다. 현대 민주사회에서는 전통적인 공동체에 비해 개인의 자율성, 합리적인 의사결정에 참여, 공동체 내 모든 역량의 효율적 동원 등이 이전에 비해 더욱 강조되고 있기 때문이다.

학습공동체의 경우도 이상적으로 지향하는 학습공동체의 모습이 있지만 현실적으로는 완벽하지 못할 가능성이 얼마든지 있다. 예를 들면, 의사결정이 민주적으로 이루어지지 못하고 있다거나, 인간적인 유대감에 비해 학습의 효율성이 떨어지는 경우를 들 수 있다. 그리고 학습과정에 대한 자유로운 선택과 참여 그리고 합리적 소통과정을 전제로 학습자의 주체성을 복원하는 것은 현대 시민사회에서 요구하는 이상적인 학습공동체의 요건이라고 볼 수 있다. 이와 같은 이상적인 학습공동체가 이루어지기 위해서는 이를 제약하는 요소들간의 갈등을 이겨내야 한다. 따라서 이상적인 학습공동체를 구현하기 위해서는 현실태로서의 학습공동체를 비판적으로 분석하고 이상적인 학습공동체의 구현을 가로막는 요소들이 무엇인가를 파악하여 극복하기 위한 끊임없는 노력이 필요하다. 특히 학습공동체의 모습이 복잡한 양상을 나타내는 현대사회에서는 이러한 노력이 더욱 많이 요구된다고 볼 수 있다.

2. 학습공동체 개념의 다차원적 성격

학습공동체의 개념과 범위는 현대사회의 변화에 따라 소집단 차원의 학습동아리, 조직 차원의 학습조직, 지역사회 차원의 지역학습공동체라는 다차원적인 형태로 확장되고 있다. 이 절에서는 이러한 학습공동체 개념의 다차원적 구조와 구조가 확장된 근거를 구체적으로 살펴본다.

1) 학습공동체 개념의 다차원적 구조

학습공동체의 개념과 관련하여 최근 주의를 기울여야 할 것 중의 하나는 평생학습사회의 구현과 더불어 학습공동체의 범위가 점차 다차원적으로 확장되고 있다는 점이다. 전통적으로 학습공동체의 개념은 영역 면에서는 시민사회, 규모 면에서는 학습동아리 수준의 학습모임을 지칭하는 것이 일반적이었다. 정민승(1999)은 학습공동체의 사례로서 스터디 서클과 신사회운동조직을 들고 있다. 그러나 최근에는 이러한 영역 이외에도 다양한 분야에서 학습공동체가 언급되고 있는 실정이다. 기업의 경우 변화하는 환경에서 지식의 창출, 공유, 활용도 학습공동체의 개념이 폭넓게 사용되고 있다(김수원, 주용국, 2004; Owenby, P. H., 2002). 이러한 입장에 의하면 학습공동체란 조직을 중심으로 나타날 수 있는 여러 가지 유형의 학습네트워크 중 수평적 학습네트워크라고 할 수 있다. 수평적 학습네트워크는 평등적, 문제중심형 학습자 공동체로서, 각자의 경험을 성찰하고 연합활동을 위한 이론들을 개발하고 이를 탐구적인 방식으로 실천에 연계시킴으로써 복잡한 문제들을 해결하기 위해 노력하는 형태이다. 프로젝트 기반 학습팀(project based learning team), 학습활동팀(action learning team) 등이 여기에 속한다. 이는 기업의 학습조직화와 관련이 있다. 다른 말로 학습조직은 조직 전체를 포괄하는 거대한 수평적 학습공동체로 간주될 수 있다.

한편 학교에서도 학습공동체라는 용어가 새롭게 부각되고 있다(Sergiovanni, T. J., 1994/2004; 이정훈, 2003; 최성우, 2004). 전통적으로 학교는 단지 지식과 기술을 익히는 장에서 벗어나 구성원간의 공동체적 덕목과 윤리가 중시되어 온 학습공동체로 인식되어 왔다. 그러나 최근 점차 지식위주, 입시위주, 경쟁위주의 교육이 심화되면서 공동체성이 점차 약화되어 온 것이 사실이다. 이는 인성교육의 부재, 교육윤리의식의 피폐, 학교교육 주체들 간의 불신과 갈등 등을 일으켜 현대 학교교육 위기의 커다란 원인이 되고 있다. 이런 맥락에서 학교의 학습공동체화에 대한 논의가 꾸준히 이어오고 있는 실정이다.

한편, 김민호(2004)는 학습공동체를 넓은 의미의 학습공동체와 좁은 의미의 학습공동체로 대별한다. 넓은 의미의 학습공동체는 '지역사회의 무형식 학습'

을 가리키고, 좁은 의미의 학습공동체는 '연속적인 학습의 길에 놓인 학습동아리'를 의미한다. 지역사회를 하나의 학습공동체로 파악하려는 관점은 매우 오래 전부터 있어 왔다. 이와 관련하여 케렌스키(Kerensky)는 교육적 사회(educative community) 개념을 언급했다(이순형 편저, 1989에서 재인용). 교육적 사회란 교육을 지역사회 전체의 기업으로 보는 방식을 의미한다. 이는 곧 지역사회를 학습공동체의 관점으로 파악하는 것이다. 그러나 최근 지역재생, 지역혁신, 지방분권, 주민자치 등으로 표현되는 바와 같이 지역의 중요성이 다시 부각됨에 따라 지역학습공동체에 대한 관심도 더욱 높아졌다고 볼 수 있다.

이와 같이 학습공동체의 개념이 다양하게 나타나는 까닭은 '학습공동체'라는 용어 자체의 모호성과도 관련된다. 한국에서의 '학습공동체'는 비교적 지역성이 약하게 인식되는 것이 일반적이라고 할 수 있다. 그러나 '학습공동체'의 영어식 표현이라고 할 수 있는 'learning community'의 'community'가 한국어의 '공동체'와 '지역사회' 모두를 의미한다고 볼 때 필연적으로 학습공동체의 의미는 다차원적 성격을 가질 소지를 가지고 있다고 볼 수 있다. 더욱이 우리말의 경우 '공동체'의 개념이 일상적으로 소집단만이 아니라 조직, 지역사회, 심지어는 민족, 국가, 전 세계적인 범위까지 널리 적용된다는 점을 감안할 때 학습공동체 개념의 영역확대는 필연적이라고 볼 수 있다.

이와 같이 다양한 영역과 다양한 차원에서 학습공동체가 언급되고 있다. 이러한 경향은 학습과 관련된 인간집단의 외연 확대와 맥을 같이 한다고 볼 수 있다. 현 단계까지 확대되어 온 학습공동체의 개념을 정리하면 그 규모나 범위에 따라 개인들의 자발적인 모임을 통해 구성된 집단차원, 구성원이 속해 일하는 조직차원 그리고 사람들이 거주하며 생활하고 있는 지역사회차원으로 대별할 수 있다. 이러한 맥락에서 학습공동체의 다차원성을 정리하면 다음과 같다.

첫째, 소집단차원의 학습공동체라고 할 수 있는 학습동아리(learning circle)이다. 학습동아리는 학습자들이 자발적으로 학습을 위하여 결성한 집단 혹은 학습하고자 하는 주제가 동일한 사람들이 모여 구성한 소규모의 집단이다(이지혜 외, 2001; 홍숙희 2001; 오혁진, 2003). 학습동아리는 이른바 평생학습의 시대, 학습자 주도의 시대에 매우 중요한 수단으로 점차 그 중요성이 부각되고 있다. 이러한 학습동아리에는 각종 스터디 모임, 동호회, 연구회, 토론회 등이 포함된다. 역사적으로는 스웨덴의 스터디 서클, 미국의 National Issues Forums, 일본의 자주집단활동 등이 대표적인 학습동아리라고 할 수 있다.

둘째, 조직차원의 학습공동체라고 할 수 있는 학습조직(learning organization)이다. 최근에는 일터로서의 조직을 학습공동체의 관점에서 인식하는 경향이 높아짐에 따라 학습조직의 용어가 일반화되고 있다. 이러한 학습조직의 개념이 기업을 중심으로 언급되어 온 것이 사실이지만 이는 기업의 차원을 넘어 학교와 평생교육기관을 포함한 교육기관 그리고 사회단체나 조직과 같은 모든 일반 조직에도 적용될 수 있다. 즉, 학습을 통해 조직의 발전을 도모함과 동시에 공동체적인 구성원 관계를 추구하는 모든 조직이 곧 학습조직, 즉 조직차원의 학습공동체라고 할 수 있는 것이다.

셋째, 지역사회차원의 학습공동체인 지역학습공동체(local learning community)이다. 최근 이러한 지역학습공동체를 구현하기 위한 가장 대표적인 평생교육정책의 하나로 추진되고 있는 것이 바로 '평생학습도시'사업이라고 할 수 있다.

이와 같이 현 단계에서 학습공동체는 소집단, 조직, 지역사회의 3차원에서 각각 학습동아리, 학습조직, 지역학습공동체(평생학습도시)의 양상으로 나타나고 있다고 볼 수 있다. 이상의 내용을 정리하면 다음 [그림 8-2]와 같다.

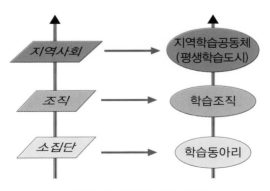

[그림 8-2] 학습공동체의 3차원

소집단차원에서 시작된 학습공동체의 개념이 현 단계에서는 지역사회차원까지 확대되었다고 볼 수 있다. 또한 앞으로의 전개과정에 따라 학습공동체의 개념이 국가와 세계 전체까지 확장될 가능성은 열려 있다고 볼 수 있다.

2) 학습공동체 개념의 다차원적 확장의 근거

이와 같이 학습공동체 개념은 매우 다양한 분야에서 다각적인 방식으로 사용되고 있음을 알 수 있다. 앞에서 제시한 바와 같이 학습공동체를 동질성을 가진 다차원적인 구조를 가진 개념으로 수용하기 위해서는 논리적으로 해결해야 할 과제가 있다. 이는 학습공동체를 다차원적으로 확장시켜 나가는 것에 대한 논리적인 타당성과 관련된다. 그리고 그 핵심은 학습공동체로 이해될 수 있는 여러 차원의 학습집단들이 '학습을 목적으로 하는 공동체'로서의 학습공동체의 기본 속성을 가지고 있는가와 직결된다.

평생교육학 분야에서 학습공동체와 관련된 논의를 살펴보면 학습공동체를 주로 학습동아리로 대표되는 소규모의 학습집단으로 보는 관점이 지배적인 가운데 기업의 학습조직을 학습공동체로 볼 것인가에 대한 대조적 입장이 나타나고 있다. 학습공동체와 학습조직을 대립적인 것으로 파악하는 입장에 의하면 학습공동체는 주로 시민사회와 관련되어 학습자의 자율성과 자립성이 강조되는 반면, 학습조직은 기업과 관련되어 궁극적으로 기업의 효율성을 추구하기 위한 수단으로 활용된다는 점에서 학습공동체와는 성격이 다른 것으로 인식될 수도 있다(정민승, 1997). 그럼에도 불구하고 학습공동체를 주로 시민사회와 관련된 자립적, 자율적인 학습동아리 차원 중심으로 파악하는 것에는 다음과 같은 점에서 문제가 있다.

첫째, 학습공동체를 소집단차원의 학습동아리 수준으로만 인식한다면 우리 사회 전체를 바람직한 학습공동체로 변화시켜 나가고자 하는 평생교육의 이념이 매우 제한적으로만 의미를 갖게 된다. 학습동아리는 특별한 내용에 관심을 가진 개인들로 구성된 소규모의 집단이다. 학습동아리의 구성원들은 일단 특정한 일터나 조직에 몸담고 있는 조직구성원의 일원으로 학습하고 있는 것이 아니라 그러한 맥락의 규제와 통제에서 벗어나 있는 자유로운 개인의 자격으로 학습동아리에 참여한다. 만약 이러한 학습동아리만을 학습공동체의 관점에서 관심을 가진다면 사람들이 일하는 현장으로서의 일터, 공동의 목적을 위해 구성한 결사체, 살아가는 현장으로서의 지역사회 등은 학습공동체의 일차적인 관심에서 그만큼 멀어지게 된다. 학습동아리 자체도 개인 차원의 학습을 넘어 소규모의 학습집단 구성을 통해 학습공동체를 만들어 나가기 위한 하나의 시도라고 볼 수 있다. 이렇게 학습공동체를 만들어 나가려는 움직임은 작은 집단의 차원을 넘어 우리 사회 전체로 파급되고 있다. 즉, 공동체를 추구하는 인간의 기본 속성과 학습의 중요성이 더욱 커지는 평생학습사회의 도래로 인해 학습공동체의 범위와 차원은 날로 확장되고 있다. 이전에 이미 우리 사회에 학습하는 개인의 수준을 넘어 학습하는 소집단이 형성되어 온 것처럼, 최근에는 학습하는 조직, 더 나아가 학습하는 지역사회가 구현되는 단계에 이르게 되었다. 따라서 그동안 작은 학습집단의 차원, 즉 학습동아리 차원에서 학습공동체를 구현하고 논의했던 것에서 더 나아가 이제는 확장된 차원이라고 할 수 있는 여러 유형의 일반조직과 지역사회에서도 학습공동체 논의를 활발하게 시도해야 할 필요가 있는 것이다.

둘째, 학습공동체를 학습동아리 수준에서만 이해한다면 학습동아리는 학습공동체적인 성격을 가지고 있는 바람직한 것인 반면 그 이외의 학습조직이나 평생학습도시 등은 학습공동체와 대비되는 바람직하지 못한 학습집단이라는 관점이 부각될 수 있다. 이와 같이 인식될 수 있는 까닭은 학습공동체로서의 학습동아리는 학습자들의 자발적인 참여와 자율성이 보장되는 반면, 학습조직이나 평생학습도시의 경우는 조직이나 지역사회의 목적이 개인의 학습목적보다 상위에 놓이는 것으로 인식되기 때문이다.

그러나 학습동아리가 학습공동체의 본질에 비추어 학습조직이나 평생학습도시와 근본적인 차이점을 가지고 있는가에 대해서는 의문의 여지가 있다. 학습동아리가 자발적인 학습동기를 가진 '자유인'들로 구성되어 있다는 점에서 조직이나 지역사회 자체의 발전을 추구해야 하며, 조직 내에 필연적으로 위계관계를 가질 수밖에 없는 학습조직이나 지역학습공동체에 비해 보다 이상적인 학습공동체를 구현할 가능성은 충분히 있다고 볼 수 있다. 그러나 앞에서 학습공동체 개념의 이상과 현실에서 살펴보았듯이 학습동아리의 경우도 마찬가지로 바람직하지 못한 개인의 욕구와 집단내의 권력관계 등에 의해 학습의 순수성과 학습자 구성원들의 자율성이 왜곡될 소지가 있다. 모든 집단 내에는 일종의 권력관계가 형성되며 학습자들은 내재적인 학습의 동기 이외에도 다양한 동기를 가지고 학습동아리에 참여하기 때문이다. 이러한 권력관계와 동기들은 결정적인 순간에 학습동아리의 학습목적, 내용, 방법의 결정에 영향을 미치게 되며, 때로는 심각한 대립, 갈등, 반목, 강요와 굴복 등의 양상을 드러내게 한다. 이는 결코 학습공동체가 지향하는 바와는 거리가 멀다.

이와 같은 권력관계와 동기의 다양성은 학습조직이나 지역학습공동체 등과 같이 고유의 사회적 기능을 가진 조직체인 경우에는 더욱 첨예하게 나타날 가능성이 크다. 그러나 학습조직이나 지역학습공동체의 경우도 각 구성원들이 진정한 의미의 학습공동체를 구현하는 것이 모두가 더불어 살 수 있는 길이라는 인식하에 상호 협력할 가능성이 있음을 전적으로 배제할 수 없다. 그런 의미에서 학습동아리는 그 자체로 학습공동체이고, 학습조직과 지역학습공동체는 학습공동체와 성격이 다르다고 인식할 필요는 없다. 결국 중요한 것은 학습동아리이든, 학습조직이든, 지역학습공동체이든 모두 현실적으로 완전하지는 않지만 기본적으로 학습을 목적으로 하는 공동체라고 하는 기본 특성을 가지고 있다는 것이다. 따라서 이들을 전혀 별개의 것으로 파악할 것이 아니라 각각 학습공동체가 구현되어야 할 여러 차원의 장이라고 파악해야 한다. 따라서 이들을 모두 학습공동체의 개념으로 포섭함으로써 삶의 전 영역에서 통합적으로 학습공동체가 실현될 수 있도록 하기 위한 체계적인 연구와 실천 노력이 필요하다. 그와 동시에 각 차원에서 학습공동체의 구현을 방해하는 현실적인 요소들을 정확하게 인식하여 이를 극복하기 위한 노력을 기울여야 한다.

3. 학습공동체의 다차원적 구현 원리

학습공동체는 학습을 목적으로 하는 다양한 집단, 조직, 지역사회로 확장되며, 각 차원에서 고유한 제약 요인과 도전에 직면하고 있다. 이러한 제약을 극복하고 학습과 공동체성을 조화롭게 구현하기 위해서는 구체적인 노력이 필요하다. 이에 따라 학습공동체의 다차원적 구현을 위한 기본적인 원리를 다음과 같이 제시한다.

1) 차원별 학습공동체의 제약 요인

앞에서 살펴보았듯이 학습공동체는 현대 사회에서 다차원적으로 구현되고 있다. 그리고 본질적으로 각 차원의 학습공동체는 동일한 속성을 가지고 있다고 볼 수 있다. 그러나 현실적으로 각 차원의 학습공동체는 나름대로의 제약 요인을 가지고 있다. 그리고 그 구체적인 제약 요인들은 학습공동체의 차원별로 맥락에 따라 다르게 나타날 수밖에 없다. 따라서 각 차원의 학습공동체들이 가질 수 있는 현실적인 제약 요인들이 무엇인지를 살펴보고 이를 해결하기 위한 노력이 필요하다. 이런 맥락에서 관련 선행연구들의 검토를 통해 각 차원의 학습공동체에 작용할 수 있는 제약 요인들을 구체적으로 살펴보면 다음과 같다.

첫째, 소집단차원 학습공동체로서의 학습동아리에 대한 도전이다. 학습공동체를 구현하는 데 있어 학습동아리가 가질 수 있는 가장 일반적인 제약 요인은 학습동아리 구성원간의 계약적인 관계와 학습동아리 구성원 사이의 불평등한 관계라고 할 수 있다. 먼저, 학습동아리가 선택적 공동체(community of choice)로 머물러 있을 때 학습동아리는 진정한 의미의 학습공동체로 발전할 수 없다. 이른바 현대의 일반적인 공동체 형태라고 할 수 있는 선택적 공동체는 구성원들이 사회적 계약관계로 구성되어 있으며, 간단한 통보만 하고서도 그 공동체를 떠날 수 있다(Drucker, P. etc., 1998/2001:165). 선택적 공동체로서의 학습동아리는 구성원들이 자신들의 학습목적을 위해 자의로 가입했다가 도움이 되지 않는다고 생각할 때 임의로 탈퇴하며, 남에 대한 최소한의 예의를 지키는 것으로 구성원의 의무를 다하게 된다. 그러나 학습동아리가 진정한 의미의 학습공동체가 되기 위해서는 개인의 이익을 우선시하는 선택적 공동체를 초월하여 각 구성원들이 공동의 목적에 대한 강한 신념과 유대감을 갖고 상호의존하는 공동체성을 강화해야 한다.

또한 학습동아리 구성원 사이의 지적·사회적 지위의 차이로 인해 학습동아리 내의 위상이 달라질 수 있다. 학습동아리가 운영되기 위해서는 리더와 구성원 모두에게 상당한 정도의 지적·인성적 훈련이 요구된다. 이에 따라 학습동아리가 갖고 있는 중요한 의의가 자발성, 개방성, 평등성임에도 불구하고 실제 학습동아리 내에서의 위상과 역할 및 참여기회가 평등하지 않을 가능성이 많다(오혁진, 2003). 이와 관련하여 드렌논(Drennon, 2002: 61-62)은 학습동아리의 일종인 탐구집단이 갖는 이상과 실제 사이에 불연속성을 다음과 같이 말하고 있다.

- 나는 이러한 학습공동체들이 모든 구성원을 포괄할 수 있기를 기대했다. 그러나 사람들이 단지 공동의 목적을 가지고 있다는 것 때문에 사람들이 그 자체로 그리고 그들이 믿고 있는 바 그대로 존중받게 되는 상황은 주어지지 않는다.
- 비록 내가 반성적인 대화는 고무시킬 수 있었지만, 비판적인 대화를 촉진시키기는 쉽지 않다.
- 비록 내가 협동성과 협력관계를 증진시키려 노력하지만 집단 구성원들은 그들의 학습을 개별적으로 추진하기를 선호하는 것 같다.
- 나로부터 많은 부분 지시를 받고 싶어 하는 집단의 희망과, 그 집단이 그들 자신의 자율성을 주장하기를 원하는 나의 기대 사이에 종종 긴장이 있다.

이와 같이 학습동아리들이 바람직한 학습공동체를 지향하고 있음에도 불구하고 실제로는 구성원간의 갈등과 이해부족 등으로 부정적인 점이 함께 나타날 수 있음을 부인하기 어렵다.

둘째, 조직차원 학습공동체로서의 학습조직에 대한 도전이다. 앞에서 살펴본 바와 같이 조직차원의 학습공동체 중에서 가장 많이 논의된 것이 바로 학습조직이라고 할 수 있다. 많은 기업이 전 업무현장을 거대한 학습공동체로 전환시키는 학습조직 개념에 매료되어 있는 실정이다. 그럼에도 불구하고 학습조직에 대해서는 비판적인 목소리도 높다. 그 논지의 기본은 학습조직이 기업을 위한 도구주의적 학습집단으로 인식되며, 조직 내의 권력에 의해 학습조직의 원리가 왜곡될 수 있다는 것이다(정민승, 1999: 107-108; Owenby, P. H., 2002). 학습을 목적으로 하는 그 조직은 순수하게 학습을 통한 조직원들의 성장을 주목적으로 운영될 수도 있는 반면에, 그 조직의 발전을 위해 조직원들의 학습활동을 활용하기 위한 수단으로 활용될 수도 있다. 따라서 학습조직은 이 점에 대한 각별한 경계가 필요하다.

셋째, 지역차원 학습공동체로서의 평생학습도시에 대한 도전이다. 최근 평생학습도시는 교육부와 지방자치단체의 관심 속에 빠른 속도로 확산되고 있다. 주민들을 위한 평생학습의 기회를 제공하고, 평생학습의 결과를 모든 지역주민들과 공유하고자 한다는 점에서 평생학습도시가 갖는 지역학습공동체로서의 의미는 매우 크다고 할 수 있다. 그러나 모든 종류의 제도화가 그렇듯이 평생학습도시 사업도 국가와 지자체가 행정적·재정적인 수단을 통해 주민들의 삶의 현장에 개입되어 오는 과정에서 지역주민들의 참여가 수반되지 않는 현상이 나타날 수도 있다(김득영, 2004: 49). 즉, 지역공동체 실현과 소외계층을 위한 학습의 기회 제공을 우선으로 하는 지역학습공동체 운동의 전통이 국가와 지자체의 정치적·경제적 필요성에 의해 왜곡될 소지가 있는 것이다. 평생학습도시가 인간에 대한 배려와 사랑, 구성원간의 강한 유대감과 응집성을 기반으로 하지 못할 때, 단지 행정가는 학습을 지역의 경제발전을 위한 수단이나 정치적인 이익을 얻으려는 수단으로 활용할 소지를 갖게 된다. 또한 소외계층에게도 학습의 기회를 제공함으로써 개인적 성장은 물론 지역사회 차원의 사회통합을 통해 공동체를 구현하려는 전통은 사라지고, 지역의 기득권층이 지자체에서 제공하는 학습의 기회를 우선적으로 차지하는 불평등의 심화가 일어날 수 있다.

이상의 내용을 바탕으로 각 차원의 학습공동체에 대한 제약 요인을 정리하면 다음의 〈표 8-1〉과 같다.

〈표 8-1〉 각 차원의 학습공동체에 대한 제약 요인

차 원	학습공동체의 구현 양상	학습공동체에 대한 제약 요인
소집단	학습동아리	구성원간의 계약적 관계, 집단 내 불평등성
조직	학습조직	조직(기업)의 효율성 우선주의, 조직 내 권력관계
지역사회	지역학습공동체 (평생학습도시)	정치적·경제적 목적 우선주의, 지역 내 권력관계

2) 학습공동체의 다차원적 구현을 위한 원리

이상에서 살펴본 바와 같이 각 차원의 학습공동체들은 각각의 제약 요인들을 갖고 있다. 그러나 그 공통점은 학습공동체를 통해 '학습'과 '공동체'를 동시에 추구하는 것이 아니라 학습을 위해 공동체를 수단으로 활용하거나, 공동체를 위한다는 명목으로 학습을 사유화하는 것이라고 볼 수 있다. 이와 같은 현상이 나타나는 이유는 각 차원의 학습공동체가 학습의 필요성 때문에 만들어지긴 했으나 아직 바람직한 공동체로 성숙하지 못한 까닭이다. 이렇게 공동체성이 충분히 성숙하지 못한 채 학습을 통해 이득만을 경쟁적으로 추구하려는 과정에서 필연적으로 권력문제가 개입한다. 즉, 학습동아리이든, 학습조직이든, 지역학습공동체(평생학습도시)이든 모두 공동체성이 충분히 성숙되지 못할 때 구성원 간의 첨예한 이해대립이 발생하며, 그 과정에서 권력이 개입되어 이익을 우선적으로 확보하고자 하는 왜곡 현상이 나타난다. 그리고 그 필연적인 결과는 학습기회의 불평등, 학습활동의 폐쇄성과 경직성, 구성원간의 갈등 등과 같이 학습의 생산성 저하와 공동체성의 파괴라고 볼 수 있다.

이런 점에서 볼 때 학습공동체는 저절로 생성되는 것이 아니라, 방해요인들과의 끊임없는 갈등을 통해 이루어진다고 볼 수 있다. 어떤 경우나 마찬가지로 차원별 학습공동체의 확산 과정은 학습의 기회를 보편적으로 제공하고 이를 통해 공동체성을 향상하려는 측과, 학습공동체를 개인의 이익을 위해 사유화하려는 이들과의 갈등의 역사라고 볼 수 있다. 따라서 우리 사회에서 학습공동체를 구현하기 위해서는 각 차원의 제약 요인들을 경계하며 학습공동체의 가치를 지켜내기 위한 노력이 필요하다. 이를 위한 기본 원리를 보다 자세히 살펴보면 다음과 같다.

첫째, 각 차원의 학습공동체는 학습을 목적으로 하는 공동체라고 하는 학습공동체의 본질에 충실해야 한다. 앞에서 살펴본 바와 같이 학습동아리, 학습조직, 지역학습공동체는 모두 평생교육의 입장에서 학습공동체로 발전시켜야 할 대상들이다. 각각의 특징은 다르지만 공통점은 역시 학습을 목적으로 하는 공동체라는 점이다. 따라서 공동체 안에서 우연히 학습이 이루어지는 것에 머무르는 것이 아니라 학습을 주요한 목적으로 표방해야 한다. 그와 동시에 집단구성원 간의 관계가 계약적인 차원을 넘어 다른 구성원에 대한 존중과 배려, 봉사의 정신으로 결집된 공동체적 관계를 형성할 수 있도록 해야 한다. 차원별 학습공동체의 성패는 학습의 추구와 공동체의 구현이라는 이 두 가지 조건이 얼마나 잘 충족되느냐에 달려 있다. 이러한 조건들의 충족을 위해서는 두 가지 경로가 가능하다. 하나는 이미 공동체적 성격을 가진 집단, 조직, 지역사회가 점차 필요를 위해 학습을 주요 활동으로 강화하는 것이고, 다른 하나는 이미 학습의 필요를 위해 구성된 집단, 조직, 지역사회가 장기적인 상호작용을 통해 공동체성을 강화하는 것이다. 그러나 이 두 가지 경로는 서로 상승작용을 일으키기도 한다. 즉, 학습경험을 통해 공동체성이 강화되기도 하고, 공동체성이 강화됨에 따라 학습이 보다 원활하게 이루어지기도 하는 것이다. 따라서 각 차원의 학습공동체는 각각 학습을 추구하는 목적성과 공동체성 모두를 중시하면서 이 두 가지 요건이 서로 상승작용을 일으킬 수 있도록 하기 위한 구체적인 방안을 모색해야 한다.

둘째, 집단, 조직, 지역사회 내부의 교육자들이 현명한 판단력을 가지고 각 차원의 학습공동체의 제약 요인들에 대해 적극적으로 대응하는 것이다. 학습동아리 내의 리더는 동아리 내로 침투해 들어올 수 있는 개인의 이기적 태도를 경계해야 한다. 또한 학습조직의 경우 기업의 교육자, 훈련자, 컨설턴트들은 공식적인 역할 이외에 건강한 학습조직을 위해 학습조직 내에 숨겨진 권력관계를 들추어내고 과잉통제를 제거하기 위해 노력해야 한다(Owenby, P. H., 2002: 58-59). 즉, 조직 내에서 순수한 학습공동체로서의 학습조직이 구현될 수 있는 사회적 공간을 확보하고 지켜내기 위한 안목과 신념이 필요한 것이다. 평생학습도시를 비롯한 지역학습공동체의 경우도 학습공동체의 성격이 지역 권력자들의 의도에 의해 왜곡되지 않도록 유의할 필요가 있다.

셋째, 각 차원의 학습공동체들이 수평적·수직적으로 서로 연대하고 통합될 수 있도록 노력해야 한다. 우리 사회를 거대한 학습공동체로 변화시키는 효율적인 방법은 학습동아리, 학습조직, 지역학습공동체들이 개별적·산발적으로 운영되는 것이 아니라 각 차원에서 학습공동체들이 서로 수평적으로 연대하고, 같은 지역, 또는 조직내에 존재하는 각 차원의 학습공동체들이 서로 수직적으로 통합하도록 하는 것이다. 즉, 하나의 학습동아리가 다른 학습동아리들과, 하나의 학습조직이 다른 학습조직들과, 하나의 지역학습공동체가 다른 지역학습공동체와 수평적으로 연대함과 동시에 같은 지역학습공동체 내의 학습조직 및 학습동아리 그리고 같은 학습조직 내의 학습동아리들도 서로 수직적으로 연계함으로써 지역사회 내부 전체를 통합된 지역학습공동체로 변화시키는 데 기여해야 한다. 즉, 우리 사회를 포괄적인 학습공동체로 변화시킨다는 큰 그림 속에서 자신이 속한 곳부터 학습공동체로 변화시켜 나감과 동시에 학습공동체에 대한 포괄적인 안목을 가지고 다른 영역과 다른 차원의 학습공동체와도 연계성을 가지고 함께 협력하는 자세가 필요한 것이다. 그리고 이를 실현하기 위한 구체적인 실천 방안도 개발되어야 할 것이다.

4. 학습공동체의 발전과제

이상에서 살펴본 바와 같이 학습공동체는 인간 사회의 여러 차원에서 구현된다. 각 개인의 목적과 학습의 만남인 학습동아리, 조직의 경영과 학습의 만남인 학습조직, 행정과 학습의 만남인 평생학습도시가 바로 각 차원에 해당하는 학습공동체의 모습들로 볼 수 있다. 학습공동체의 다차원적 성격은 학습공동체에 대한 보다 포괄적인 이해를 통해 각 차원에서 구현해야 할 학습공동체의 성격이 본질적으로 동일하며 이를 위해 각 차원의 학습공동체들이 서로 유기적인 관계 속에서 서로 협응해야 한다는 시사점을 제공한다. 또한 차원별 학습공동체의 제약 요인을 인식하게 함으로써 우리 사회를 포괄적 · 체계적인 학습공동체로 변화시키는 데 필요한 근본적이고 구체적인 대응 전략을 마련하는 데 기여한다.

각 차원의 학습공동체들은 복잡다단한 현실 세계 속에서 여러 가지 도전을 받고 있다. 이러한 다차원적 학습공동체들이 학습을 통한 개인의 성장과 공동체적 유대관계를 발전시키지 못할 때 학습공동체는 단지 개인, 조직, 지역사회의 수단으로 전락할 위험이 커진다. 각 차원의 학습공동체를 왜곡하는 제약 요인들의 구체적인 모습은 다르지만 공통적으로 학습과정이 특정인이나 집단에 의해 통제되며, 그들의 사적인 이익을 위한 수단으로 전용된다는 점에서 공통점을 가지고 있다.

　현대사회에서 각 차원의 학습공동체가 올바르게 구현되도록 하기 위해서는 차원별로 지나친 낙관과 비관을 지양하고, 이러한 제약 요인들에 대한 끊임없는 경계와 각성 그리고 극복을 위한 적극적인 참여와 노력이 요구된다. 학습공동체는 평생학습사회의 순류를 타고 우리 사회 속에서 저절로 구현되는 것이 아니라 우리 사회의 각 차원에서 이러한 제약 요인들을 극복하고 수평적·수직적으로 서로 연대하려는 노력을 통해 구현된다. 이런 의미에서 현실 세계의 여러 가지 어렵고 교묘한 제약과 유혹 속에서 학습공동체를 확장시켜 나가고자 하는 평생교육자들은 '비둘기처럼 순수하고, 뱀처럼 지혜로워야' 할 것이다. 아울러 앞으로 각 차원의 학습공동체들이 어떠한 구체적인 요인들로 인해 도전받으며 그 양상이 어떠한지 그리고 그러한 제약 요인들을 극복하기 위한 구체적인 방안이 무엇인가에 대한 실증적·실천적 연구들이 요구된다.

📖 요약

1. 학습공동체는 학습을 목적으로 하는 공동체로서 현대 평생학습사회에서 추구해야 할 가장 이상적인 형태의 학습집단으로 인식된다. 현대사회에서 학습공동체는 학습동아리, 학습조직, 지역학습공동체의 형태로 다차원적으로 발전하고 있으며, 각 차원의 학습공동체는 모두 현실 속에서 나름대로의 가능성과 제약 요인을 동시에 가지고 있다.

2. 각 차원의 학습공동체들은 근본적으로 집단적인 학습을 통한 구성원의 성장과 공동체적 유대를 강화하기 위한 목적을 추구하고 있으나, 학습공동체를 사적인 이익을 추구하기 위한 수단으로 전용하려는 권력에 의해 왜곡된다. 학습공동체의 구현을 통해 개인의 능력 신장과 공동체의 가치를 추구하려는 운동가의 가치가 제도화되는 과정에서 필연적으로 집단, 조직, 지역사회, 더 나아가 국가의 지원을 필요로 하게 된다. 이 과정에서 개인은 공동체에 이바지하려는 공동선 추구보다는 개인의 발전을 위해 이러한 지원을 이용하려

는 의도를 가질 수 있고, 각 지원주체들은 학습자 개인의 성장 그 자체보다는 그들 자신의 이해를 충족시키고자 하는 경향을 나타낼 수 있다. 그리고 이러한 요인들의 필연적인 결과는 학습기회의 불평등과 공동체성의 파괴이다.

3. 현대사회의 각 영역에서 학습공동체가 보다 올바르게 구현되도록 하기 위해서는 집단, 조직, 지역사회 내부의 교육자들이 학습공동체의 본질에 대해 인식하고 아울러 학습공동체 제약 요인을 극복하기 위해 현명하게 판단하며 공동 대응해야 한다. 또한 학습공동체의 자율성과 자립성을 최대한 보장하며 학습공동체 구성원 간의 공동체성을 강화하기 위한 노력이 요구된다.

🎓 연구문제

1. 학습공동체의 관점에서 현대사회 학교의 현황을 분석하고 발전과제를 제시하시오.
2. 일반적인 집단이나 조직이 학습공동체로 성장해 가는 사례를 찾아 그 원리를 분석하시오.
3. 우리나라 기업에서 이루어지고 있는 학습조직차원의 학습공동체 실현 사례를 찾아 그 현황과 발전과제를 제시하시오.
4. 우리나라 평생학습도시의 현황을 학습공동체의 관점에서 분석하시오.

🏛 참고문헌

강대기(2001). 현대사회에서 공동체는 가능한가. 아카넷.

김득영(2004). 일본 농촌지역 평생학습도시사업의 전개. '학습공동체형성을 위한 지역사회의 기능활성화'. 2004년도 한국평생교육총연합회 춘계연차대회 자료집.

김민호(2004). 학습공동체를 통한 지역혁신. '지역학습력 향상, 평생교육이 해법이다'. 2004년 제3차 평생교육포럼자료집. 한국교육개발원 평생교육센터.

김수원, 주용국(2004). 기업의 학습공동체 구축을 위한 국내 사례 분석. 기업교육연구, 6(1), 5-39.

김승주(1999). 성인학습의 관점에서 본 학습조직론 분석. 평생교육연구, 5(1), 77-97.

송재룡(2001). 포스트모던시대와 공동체주의. 철학과현실사.

오혁진(2003). 학습동아리의 개념과 성격에 관한 재고찰. 동의논집, 38. 동의대학교.

윤창국(2002). 학습공동체논의의 유형과 특성에 관한 연구. 서울대학교 대학원 석사학위
　　　논문.

이순형(1989). 교육적 사회론. 양서원.

이정훈(2003). 학습공동체로서의 작은 학교 운동에 관한 연구 분석. 초등교육연구, 16(1),
　　　23-43.

이지헌, 김선구(1997). 개인, 공동체, 교육. 교육과학사.

이지혜(1994). 학습공동체를 통한 학습권의 실현. 사회교육연구, 19(1), 248-259,

정민승(1997). '학습공동체' 개념 구안을 위한 시론. 평생교육연구, 3(1), 75-90.

정민승(1999). 학습집단의 두 경향. 평생교육연구, 5(1), 99-119.

최성우(2004). 대학에서의 학습공동체 활성화 방안 탐구. *Andragogy Today, 7*(2),
　　　71-91.

한숭희(2001). 평생학습과 학습생태계. 학지사.

DEMOS (2000). *Learning Communities : Strengthening Lifelong Learning through
　　　Practice*. Learning and Skills Development Agency.

Drennon, C. (2002). "Negotiating power and politics in practitioner inquiry communities."
　　　In D. S. Stein (Ed.), Adult Learning in Community. *New Direction for Adult and
　　　Continuing Education, 95*, 61-71.

Drucker, P. (1998). *Peter Drucker on the Profession of Management*. Published by
　　　Harvard Business Review Book.

Drucker, P. (2001). 미래의 공동체. (*The community of the future*). (이재규 역). 21세기
　　　북스.

Drucker, P. (2001). *Management Challenges for the 21st Century*. HarperBusiness.

Gastil, J., & Dillard, J. P. (1999). *The aims, methods, and effects of deliberative civic
　　　education through the National Issues Forums*. Communication Education.

Jarvis, P. (1987). *Twentieth Century Thinkers in Adult Education*. Croomhelm.

Long, H. B. (1991). *Early Innovators in Adult Education*. Routledge.

Oliver, L. P. (1987). *Study Circles*. Seven Locks Press.

Owenby, P. H. (2002). "Organizational learning communities and the dark side of the
　　　learning organization." In D. S. Stein (Ed.), Adult Learning in Community. *New
　　　Direction for Adult and Continuing Education, 95,* 51-60.

Palmer, P. (2000). 가르침과 배움의 영성 (*To know as we are know*). (이종태 역). IVP.

(원저는 1993년에 출판).

Sergiovanni, T. J. (2004). 학교공동체 만들기 (*Building Community in Schools*). (주철안 역). 에듀케어. (원저는 1994년에 출판).

Sergiovanni, T. J. (2004). Collaborative Cultures and Communities of Practice. *Principal Leadership, 5*(1). 48-52.

제9장

학습동아리의 활용원리

요즘 우리나라에도 학습동아리 활동이 요원의 불길처럼 번져가고 있다. 여러 분야의 평생교육 기관이나 사회단체에서 학습자나 회원들을 대상으로 학습동아리를 운영하는 것이 점차 일반화되고 있다. 학습동아리는 이른바 평생학습의 시대, 학습자 주도의 시대에 매우 중요한 수단으로 점차 그 중요성이 부각되고 있다.

그러나 이러한 의의에도 불구하고 평생교육 차원에서 학습동아리에 대한 진지한 학문적 접근은 아직 미흡한 실정이다. 최근 학습동아리는 개별화되어 가는 현대의 학습자들에게 공동체성을 유지시켜 주는 중요한 기제로 부각되면서 '학습공동체'와 혼동되어 쓰이고 있다. 그러나 '학습동아리'가 그 자체로 '학습공동체'인가에 대해서는 의문의 여지가 있다. 왜냐하면 '학습동아리'가 갖는 공동체적 속성과 요건에 대해서는 심도 있는 논의가 진행되지 못했기 때문이다. 이에 따라 자칫하면 학습공동체의 개념이 일반 학습모임과 별반 구별되지 않는 부작용을 낳을 가능성이 있다. 이른바 학습공동체의 개념적 인플레이션이 우려되는 것이다. 따라서 이 글에서는 점차 우리 주변에서 확산되어 가기 시작하는 학습동아리의 성격을 규정하고 그 의의와 한계를 살펴봄으로써 학습동아리가 진정으로 학습공동체로서의 기능을 다하기 위한 조건과 방법이 무엇인지 살펴보고자 한다.

■ 학습목표

1. 학습동아리의 개념과 의의에 대해 설명할 수 있다.
2. 학습동아리 운영의 현실적인 문제점과 학습공동체적 한계에 대해 이해한다.
3. 학습공동체 구현을 위한 학습동아리의 요건과 발전과제를 설명할 수 있다.

1. 학습동아리의 개념과 의의

학습동아리는 평생교육의 핵심적인 학습형태로, 이 절에서는 그 다양한 의미와 가치를 중심으로 개념과 의의를 탐구하고자 한다. 우선 스웨덴의 'study circle'이 지닌 역사적·사회적 배경을 고려하여 적절한 번역과 개념 구분을 통해 우리나라 학습동아리의 개념을 명확히 정의한다. 또한 사회문제 해결이라는 평생교육의 원형회복을 전개하기 위한 개인, 조직, 지역사회 및 국가적 차원에서 학습동아리가 가지는 의의와 활용 방안을 제시한다.

1) 스터디 서클과 학습동아리와의 관계

여기서는 먼저 학습동아리의 개념부터 다시 검토해 보고자 한다. 학습동아리 개념을 살펴볼 때 필수적으로 다루어야 할 유관 용어로서 '스터디 서클(study circle)'을 들 수 있다. 현재 한국에서는 'study circle'과 '학습동아리'가 동일한 개념으로 사용되는 경우가 많다. 본래 'study circle'은 스웨덴에서 비롯되어 그 후 여러 나라에 퍼져나간 특정한 형태의 학습모임을 말한다. 그런데 이 용어가 우리나라에 소개되는 과정에서 '학습동아리'라는 용어로 번역된 것이다. 그러한 예들을 살펴보면 다음과 같다.

'학습동아리'는 스웨덴의 대표적인 성인교육 형태로 북구를 중심으로 유럽, 미국, 탄자니아 등 아프리카 국가를 비롯해 세계 각지 평생교육에 많은 영향을 미쳤다. 학습동아리를 정의하자면 '친구나 동료들이 함께 모여 미리 정한 주제나 문제 영역에 대하여 공동이 계획된 학습을 하는 모임'이라고 할 수 있다(이지혜, 1994: 249).

스웨덴의 학습동아리(study circle)의 경우 11개의 협회에서 매년 약 300만 명이 참여하는 35만 개의 study circle을 조직·관리하고 있다(교육인적자원부, 2002: 22).

인용문에 나타난 바와 같이 앞에서 언급된 '학습동아리' 용어는 모두 'study

circle'을 의미한다. 이와 같이 'study circle'을 '학습동아리'라는 용어로 번역하여 사용하는 배경에는 우리나라 대학에서 학생들이 기존의 '서클(circle)'이라는 용어를 '동아리'로 바꿔 사용해 왔던 것과 맥을 같이한다. 이는 결국 '서클'이 우리나라 상황에서 '동아리'로 자연스럽게 번역될 수 있음을 의미한다. 여기에 '공부'나 '연구' 등을 의미하는 'study'가 평생학습을 강조하는 시대적 맥락에 맞추어 '학습'으로 번역됨으로써 'study circle'이 자연스럽게 '학습동아리'로 번역되었다고 볼 수 있다.

이유야 어떻든 스웨덴에서 비롯된 'study circle'은 우리나라에서 '학습동아리' 개념이 생성되고 널리 보급되는 데 결정적인 영향을 미쳤음에 틀림없다. 그러나 과연 'study circle'을 곧 '학습동아리'로 번역할 수 있는가에 대해서는 조심스러운 접근이 필요하다. 특정용어의 올바른 번역을 위해서는 역사적·사회적 맥락을 충분히 고려할 필요가 있다. 현실적으로 북유럽 및 미국에서 사용되는 용어인 'study circle'과 최근 우리나라에서 일반적으로 쓰이고 있는 '학습동아리' 사이에는 다소간의 개념적 차이가 있다. 이를 구체적으로 살펴보면 다음과 같다.

본래 스웨덴을 비롯하여 미국 등지에서 사용되고 있는 'study circle'이라는 용어는 민주적·협동적인 방식으로 사회적 또는 정치적 이슈를 해결하기 위하여 5~15명의 사람들이 4~5회 정도 모여 토론하는 모임을 말한다(Oliver, 1987). 그리고 의도적·주제 중심적·한시적·공공적 성격이 매우 강하다. 이러한 특성을 가진 study circle은 스웨덴에서 비약적으로 발전하여 다른 나라에 파급되었지만 그 원형은 이미 오래전부터 여러 나라에서 존재해 왔다고 볼 수 있다. 특히 미국의 경우는 19세기 'Chautauqua movement' 과정에서 'study circle'이라는 용어가 처음으로 사용되었다. 당시의 미국인들은 대중강연을 들은 후 공적 이슈를 토론하고 소집단 학습에 참여하기 위해 가정 study circle에 가입하였다. 세기가 바뀔 무렵에는 사회적·경제적·정치적 이슈를 집단으로 토론하기 위한 가정 study circle이 전국적으로 15,000개에 이르렀던 것으로 보인다.

이러한 역사적 전통을 가진 study circle은 스웨덴에 건너가 현대적 의미에서 스웨덴 평생교육제도의 기반으로 자리를 잡게 되었다. 미국의 경우 study circle이 주로 민간 차원에서 퍼져나간 반면 스웨덴의 경우 국가적인 차원에서 'study circle'을 지원했다는 점에서 차이가 있다. 스웨덴의 경우 'study circle'은 19세기 후반부터 민주주의를 일상생활 속에서 구현하는 주요 수단으로 기능했다. 즉, 사회단체들이 효율적인 시민운동의 전개를 위해 'study circle'을 조직하여 운영하였던 것이다. 그 후 정부가 이러한 사회단체 소속의 'study circle'을 국가적인 차원에서 지원하게 됨에 따라 스웨덴은 가히 'study circle'의 천국이자 이를 대표하는 나라가 된 것이다. 특히 1963년에는 스웨덴 정부가 'study circle 민주주의'를 국가적으로 선언함으로써 'study circle'은 국민들의 일상생활 속에 깊이 침투되었다. 그 후 'study circle'이 발전함에 따라 사회운동적 성격이 다소 약해지고 보다 교양중심, 전문성 중심의 다양한 'study circle'이 늘어나고 있지만 기본 메커니즘과 성격은 국가 및 사회단체 중심의 토론이 그 기조인 것이다. 따라서 우리는 'study circle'을 보다 특수한 성격을 가진 역사적 산물로 인식하는 것이 바람직하다고 볼 수 있다.

'study circle'은 다시 이웃 나라들은 물론 멀리 아프리카에까지 파급되어 나갔다. 특히, 미국에서는 2차 대전 이후 다시 스웨덴으로부터 'study circle'의 영향을 되받게 되어 여러 가지 성격의 'study circle'이 구성되었다. 외교문제에 대한 토론을 주로 하는 study circle인 'Great Decision'이 조직되었으며, 케터링 재단(Kettering Foundation)의 후원을 받고 "Domestic Policy Association"이 주관하는 'Nation Issues Forum'이 구성되었다(Gastil and Dillard, 1999). 이러한 모임들은 국가적인 차원의 문제에 대해 면대면 시민포럼을 증진시키기 위하여 구성되었다. 특히 1989년에는 탑스필드 재단(Topsfield Foundation)에 의해 SCRC(Study Circle Resource Center)가 구성되었다. 이 기구의 목적은 국민들이 지역사회에서 중요한 정치적·사회적 문제들에 대해 정기적으로 만나 민주적인 토론을 할 수 있도록 지원하기 위한 것이다. 이 기구를 떠받치고 있는 신념은 강한 민주주의를 위해서는 자신의 표현과 신념, 경험을 공유할 수 있는 참여 과정이 필요하다는 것이다.

이러한 사례들을 종합해 볼 때 'study circle'은 공적인 문제와 관련된 학습을 하기 위한 작은 집단으로서 자발성을 특징으로 하며, 그 방법은 주로 토론에 의존한다고 볼 수 있다. 'study circle'은 시민들이 공적인 문제, 즉 정치적·사회적·경제적 이슈를 토론하기 위한 모임이었던 것이다. 그런 의미에서 'study circle'은 사회변화와 사회문제 해결을 지향하는 평생교육의 가장 전형적인 학습형태이자 교육방법이라고 할 수 있다. 우리가 일상생활 속에서 사용하는 학습동아리의 개념에는 '학습'과 '동아리'의 복합적 성격을 포함할 수밖에 없음을 고려할 때 스웨덴과 미국을 중심으로 확산되고 있는 'study circle'은 우리가 일반적으로 인식하고 있는 학습동아리 개념과 일치한다고 보기는 어렵다. 토론도 넓은 의미에 학습에 포함된다고 볼 수 있으나 우리가 일상생활에서 쓰는 학습의 의미를 모두 포함하는 것은 아니다. 우리가 일상생활에서 쓰는 '학습'이란 용어는 비의도적·비한시적·개인적인 것도 포함하는 넓은 의미의 것이기 때문이다. 따라서 'study circle'을 '학습동아리'로 번역하기보다는 '토론학습동아리'나 그대로 '스터디 서클'이라고 번역하는 것이 평생교육의 맥락에서 보다 바람직할 것이다.

2) 학습동아리의 의미와 성격

그렇다면 우리나라에서 일반적으로 사용되고 있는 '학습동아리'의 개념은 무엇인가? 우리나라에서 최근에 일반적으로 쓰이고 있는 '학습동아리' 개념은 앞에서 언급된 'study circle'보다는 훨씬 넓은 의미를 포함한다. 즉, 여기서 말하는 '학습'은 단순한 '토론'보다는 모든 유형의 인식작용과 관련된 광범위한 용어라고 볼 수 있다. 한편 동아리의 개념은 이러한 학습이 개인적인 차원에서 이루어지는 것이 아니라 타인들과 더불어 이루어짐을 반영한다. 동아리의 의미에 대해 좀 더 살펴보면 다음과 같다. 다음의 인용문은 대학에서 일반적으로 사용되는 동아리의 의미를 표현한 글이다.

국어사전[1]에 의하면 '동아리'란 '(주로 대학생끼리) 같은 뜻이나 목적을 가진 모임'을 말한다. 좀 더 구체적으로 말하자면 동아리는 '같은 목적으로 하나의 패를 이룬 무리'라는 뜻의 순우리말로서 공통된 관심사를 가진 이들이 집단을 구성하여 지속적인 활동을 하는 자주

---

1) http://cc.knue.ac.kr/~knuenewsi/1aus-3.htm

적 집단이다. 특히 대학이라는 공간에서 동아리는 '닭장' 같은 교실에서 주입식 교육을 받아온 학생들에게 '대학 문화'라고 특징 지워지는 세계로 들어가는 중요한 수단이다. 이곳에서 학생들은 주어진 길을 가는 것이 아니라 스스로 선택한 길을 더불어 함께 만들어 가는 법에 대해 배우게 된다.

학습동아리는 학습자들이 자발적으로 학습을 위하여 결성한 집단 혹은 학습하고자 하는 주제가 동일한 사람들이 모여 자기들끼리 학습조직을 운영하는 모임이다. 그리고 학습동아리는 학습자의 자발성, 학습자 중심, 민주적 풍토, 솔직함 등을 포함하고 참여자는 구성원, 리더, 학습 자료와의 상호작용을 통해서 학습한다. 학습동아리의 참여자들은 스스로 배우며 서로 가르치며 배운다. 그들은 각자 자신의 생각과 경험을 공유함으로써 서로를 가르치는 것이다(홍숙희, 2001: 10-11).

학습동아리란 스웨덴이나 미국에서 study circle 또는 호주의 학습서클(learning circle) 또는 일본의 자주학습조직과 유사어로서 같은 주제에 관심 있는 성인들이 함께 모여 공부하는 소모임을 지칭한다. 특히 정지웅은 학습동아리의 영어식 표현과 아울러 그 유형 및 우리말의 어원 등에 대해 다음과 같이 언급한다.

학습동아리란 말은 영어로 'learning circle'로 과거에 학습모임, 연구회, 스터디 그룹, 학생학회, 학습서클 등으로 불리어지던 주로 학습을 목적으로 하고 당면문제를 해결하고자 하는 소규모 자생적 집단이다. '동아리'란 말을 처음 쓰게 된 것은 정확하지는 않으나 1980년대 후반에 서울대학교의 한 학생단체가 종래의 '서클'이란 용어를 대신하여 우리말로 '동아리'로 쓰면서부터였는데 이제는 학자들까지도 회(會)나 어떤 외래어보다 많이 쓰는 보편적인 용어가 되기에 이르렀다(정지웅, 2001: 9).

여기에서는 학습동아리를 'study circle'이 아닌 'learning circle'에 해당되는 용어로 본다는 점에서 특이하다. 현재 영미권에서는 일반적인 학습모임을 지칭하는 용어로 'learning circle'이라는 용어도 쓰이고 있다. 한편 호주의 경우에는 'learning circle'이라는 용어가 스웨덴이나 미국에서 사용되는 'study circle'을 지칭한다. 이런 점에서 볼 때 영미권의 경우도 'learning circle'의 개념이 우리나라의 '학습동아리' 용어만큼 정형화된 의미를 가진 것으로 보기는 어렵다. 그러나 확실한 것은 영미권에서 'learning circle'이라는 용어가 어떤 의미로 쓰이고 있는가와 상관없이 우리나라에서 사용되고 있는 '학습동아리'의 의미는 이미 'study circle'의 개념적 범위를 훨씬 넘어선다는 것이다. 즉 우리나라의 '학습동아리' 개념에는 'study circle'에 포함된 공적 이슈에 대한 토론이 핵심적인 요소라고 보기 어렵다.

이러한 모든 점을 고려해 볼 때 학습동아리의 개념에 대해 다음과 같이 정리할 수 있다. 일반적으로 학습동아리에는 소수의 학습자 자신들이 자발적으로 모임을 구성하여 참여하게 된다. 또한 교사가 없는 대신에 학습의 초점이 참여자들에 의해 선택된 방향에서 벗어나지 않고 지속적으로 나아가게 하는 조력자가 있다. 그리고 구성원들 사이의 의사소통관계는 이른바 순환적 의사소통의 형태를 취하게 된다. 전통적인 학교교육이 일반적으로 교수자에서 학습자로의 수직적인 의사소통 관계를 가지고 있었다면 일반적인 평생교육기관은 학습자들의 요구를 중시하고 그들의 참여를 적극적으로 보장한다는 점에서 '수평적 의사소통'의 형태를 취하고 있다고 볼 수 있다. 그런데 학습동아리는 여기서 더 나아가 학습자들이 상황에 따라 교수자와 학습자의 역할을 바꾸어 수행하는 의사소통의 형태를 취하게 된다. 이것을 가리켜 '순환적 의사소통'이라고 할 수 있다.

우리나라에서 일반적으로 사용되고 있는 '학습동아리'란 이러한 성격을 가진 학습모임의 총체라고 볼 수 있다. 즉, 스웨덴의 'study circle'은 물론이고 우리나라에서 그 동안 일상용어로 사용되어 왔던 '스터디 그룹' '독서모임' '소그룹' '작은 모임' '분임조' '연구모임' 등이 포함된다고 볼 수 있다. 이러한 모임들의 구체적인 성격은 다소 다르지만 학습자가 단순히 교육기관의 수강생이 아닌 주도적인 학습참여자로 인식된다는 점과 학습자 사이의 목적의식이 공유되고 인간적인 관계가 중시되고 있다는 점에서 '학습동아리'에 포함된다고 볼 수 있다.

〈표 9-1〉 study circle과 학습동아리의 비교

구분	study circle	학습동아리
대응어	민주토론모임, 스터디 서클	learning circle 등
성격	민주적 · 공익적 성격이 강함 학습동아리의 한 형태	자발적 · 주기적 · 형식적인 학습 집단
대표적인 사례	스웨덴의 study circle, 미국의 National Issues Forums 등	각종 스터디 서클, 스터디 그룹, 소모임, 토론회, 연구회 등

3) 학습동아리의 의의와 활용 방안

앞서 학습동아리의 개념에 대해 살펴보았다. 이러한 학습동아리는 평생교육의 차원에서 매우 큰 의의를 가지고 있다. 이러한 학습동아리의 의의는 지금까지 주로 학습자 개인의 차원에서 인식되어 왔다. 그러나 학습동아리의 유용성이 더욱 크게 인식됨에 따라 그 지평도 넓어지고 있다. 즉, 학습동아리의 유용성은 개인학습의 차원, 조직운영의 차원 그리고 지역사회 더 나아가 국가적 차원에서도 살펴볼 수 있다. 이를 구체적으로 살펴보면 다음과 같다.

첫째, 학습동아리는 학습자 개인의 차원에서 볼 때 자기발전을 이룰 수 있는 매우 효율적인 학습수단이자 현대인의 요구에 맞는 최적의 공동체라고 할 수 있다. 이는 지식의 습득, 소속감의 충족, 사회봉사의 실천 등으로 나타난다. 평생학습이 절실히 요구되는 시대에 현대인들은 공식적인 교육만으로는 필요한 지식을 충분히 획득하기 어렵다. 그리고 모든 지식을 자기주도학습만을 통해서 얻을 수도 없는 것이다. 이러한 측면에서 볼 때 학습동아리는 개인학습자로 하여금 그들이 필요로 하는 지식과 경험을 효율적으로 습득할 수 있는 좋은 계기가 된다. 즉, 학습자들은 학습동아리 활동을 통해 짧은 시간 내에 타인이 가진 지식과 경험을 나누며 아이디어를 구할 수 있다. 학습동아리 안에서 모든 참가자는 동등한 참여기회를 가지며 다양한 관점에 대하여 심각하게 고려하기 때문에 모든 구성원의 독특한 경험과 지혜를 활용할 수 있는 것이다. 뿐만 아니라 학습동아리의 구성원들은 날로 원자화되는 현대사회 속에서 느낄 수 있는 소외감을 학습동아리 활동 참여를 통해 극복할 수 있다. 더 나아가 학습동아리 구성원들은

학습동아리 활동을 통해 타인과 사회를 위한 봉사의 기회를 얻을 수도 있다. 이런 점들이 모두 종합적으로 작용함으로써 학습자들은 학습동아리 활동을 통해 자기발전을 할 수 있는 좋은 기회를 얻게 되는 것이다.

둘째, 조직의 차원에서 볼 때에도 학습동아리는 매우 큰 의의가 있다. 학습동아리를 구성·운영하는 조직의 입장에서 볼 때 학습동아리는 그 구성원 개인뿐만 아니라 그 모조직에도 커다란 이득을 제공한다. 이는 평생교육기관의 경우와 기업을 비롯한 일반조직의 경우가 모두 포함된다. 먼저 평생교육기관의 차원에서 평생교육기관과 학습동아리의 연계는 상호학습과 민주적인 운영을 통해 학습자의 학습능률 향상과 민주적 가치의 내면화라는 교육기관의 목적 실현에 이바지할 수 있다. 또한 평생교육기관은 공통관심을 가진 사람들이 자발적으로 학습동아리를 만들어 운영할 수 있도록 지원하는 것만으로 프로그램의 다양성을 확보할 수 있다. 또한 교육기관에 소속된 학습동아리의 구성원들은 기관의 사명 수행에 밑거름이 되는 적극적인 후원자 및 자원봉사자 조직으로 자연스럽게 발전할 수 있다는 점에서도 매우 유익하다. 이러한 학습동아리의 유용성은 교육기관뿐만 아니라 기업을 비롯한 일반조직의 경우에도 마찬가지로 적용된다. 일반조직의 경우 조직구성원들의 학습동아리 참여는 그 조직을 학습조직으로 변화시켜 나갈 수 있는 지름길이 될 수 있다. 조직의 구성원들이 학습동아리에 참여하여 새로 지식을 얻고 서로 경험을 공유하게 될 때 그 조직은 직접적·간접적으로 학습조직의 혜택을 누리게 될 것이다.

셋째, 지역사회 및 국가적인 차원에서 볼 때 학습동아리는 지역사회 문제 해결 및 국가적 통합을 위한 효과적인 수단이 될 수 있다. 이 점이 평생교육 차원에서 특별히 큰 의미를 갖는다. 앞에서 언급했듯이 스웨덴이나 미국 등에서는 'study circle'을 활용하여 지역사회나 국가적인 문제를 토론하는 프로그램들이 활발하게 이루어지고 있는 실정이다. 과거 대부분의 학습동아리는 단일조직 내에서 발생했으나 최근에는 지역사회에 대한 관심과 참여의 증대로 인해 범 지역사회 학습동아리 토론 프로그램(community-wide study circle program)이 요구되고 있다(Barrett, 2001). 범 지역사회 학습동아리 토론 프로그램은 여러 학습동아리가 참가하는 대규모의 광범위한 토론 프로그램이다. 이 프로그램의 조직 모

델은 다양하지만 기본적으로 공동의 목적을 위한 지역사회 기구들 간의 광범위
한 협동, 즉 중요한 문제에 대한 열린 토론의 장에 지역사회의 모든 부문의 시민
이 참가한다는 점에서 공통점을 갖는다. 단일조직의 학습동아리가 지역사회에
서 다른 학습동아리들과 연계됨으로써 범 지역사회 학습동아리 네트워크로 발
전할 수 있는 것이다. 특히 공적 문제에 대한 토론을 중시하는 'study circle'의 전
통은 단위 학습동아리가 이런 차원으로 발전하는 데 좋은 모델이 된다. 이는 학
습동아리가 보다 거시적인 차원에서 학습공동체를 만드는 수단으로 활용될 수
있음을 의미한다. 이를 의식화와 조직화의 관점에서 표현하면 학습동아리, 특히
스터디 서클은 의식화와 조직화를 적절하게 통합할 수 있는 최선의 형태라고 할
수 있다. 이를 그림으로 표현하면 다음과 같다.

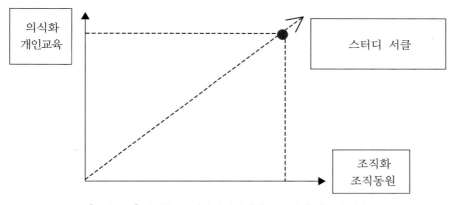

[그림 9-1] 의식화 · 조직화의 관점에서 본 스터디 서클의 의의

　지금까지 학습동아리의 의의를 개인적 차원, 조직적 차원, 지역사회 및 국가
적 차원에서 살펴보았다. 이를 종합해 볼 때 학습동아리는 현대사회에서 그 중
요성이 점차 커지고 있다. 특히 학습동아리는 사회변화를 지향하는 원형적 평생
교육의 차원에서 매우 유용한 학습형태라고 할 수 있다. 사회문제 해결을 위한
유용한 토론 및 연구모임으로서의 학습동아리는 곧 과거부터 존재해 온 'study
circle'의 모습을 회복하는 것이다. 이는 곧 평생교육의 원형을 회복하는 것과도
같은 의미를 갖는다. 즉, 평생교육의 원형회복이 이루어지는 모습 중의 하나는

단순한 '학습동아리'가 역사상의 'study circle'의 성격을 회복하는 것과 맥을 같이 한다고 볼 수 있다. 따라서 학습동아리를 평생교육 차원에서 더욱 발전시키기 위한 노력이 필요하다.

2. 학습동아리 운영의 문제점과 학습공동체적 한계

학습동아리는 운영 과정에서 복합적인 요인이 작용함에 따라 이상적인 형태로 운영되는 데 있어 어려움을 직면하고 있다. 이에 이 절에서는 학습동아리 운영에서 나타나는 주요 문제를 분석하고, 학습공동체로서의 역할과 한계를 살펴본다. 이를 통해 학습동아리가 진정한 학습공동체로 발전할 수 있는 방안을 모색할 수 있다.

1) 학습동아리 운영상의 문제점

앞에서 학습동아리의 기본 성격과 의의에 대해 살펴보았다. 이러한 기본 성격과 의의를 고려해 볼 때 학습동아리는 가히 이 시대의 가장 이상적인 학습형태이자 조직매체라고 할 수 있을 것이다. 그러나 이러한 의의만을 염두에 둔 채 학습동아리를 무비판적으로 조직·운영하고자 하는 것에는 신중한 검토가 필요하다. 왜냐하면 그것이 갖는 의미가 큰 만큼 학습동아리를 구성하고 운영하기 위한 조건은 매우 까다로운 편이기 때문이다. 일반적으로 학습동아리는 평등과 민주주의의 원리, 구성원의 경험 공유와 능력 발휘의 원리, 협업 교우의 원리, 자유로운 목표 설정의 원리, 지속성과 계획성의 원리, 주체적 참여의 원리 등에 의해 움직이는 것으로 인식된다. 그러나 이것은 학습동아리의 이상적인 모습이고 실제로는 성숙도 면에서 많은 차이가 있기 마련이다. 학습동아리는 처음부터 완벽한 모습의 조직이라 할 수 없으며 상당히 성숙한 수준에 오른 후에도 처음에 의도하지 않았던 부정적인 면이 드러날 수도 있는 것이다. 이런 점들을 보다 자세히 살펴보면 다음과 같다.

첫째, 학습동아리가 운영되기 위해서는 각 구성원이 상당한 정도 검증된 사람이어야 한다. 인격적인 면에서도 조직에 잘 적응하고 협력할 수 있는 인성이 요구된다. 학습자들의 목적은 서로 갈등을 일으킬 수 있을 뿐만 아니라 학습의 정도도 상이하기 때문이다. 그러므로 이러한 점을 극복할 수 있는 지적·인격적인 조건이 갖추어져 있어야 한다. 이와 관련된 학습동아리 연구의 내용을 살펴보면 다음과 같다.

> 학습동아리가 활성화되기 위해서는 학습욕구, 학습동아리에 대한 애착, 다른 구성원들에 대한 이해와 배려와 같은 구성원의 자질이 상당 부분 중요하다는 사실이다. 이는 단순히 학습동아리 뿐만 아니라 모든 집단이 활발하게 운영되기 위한 필수조건인 동시에 집단이 추구해야 할 목표이기도 하다(이지혜 외, 2001: 170-171).

둘째, 이러한 기본 자질을 갖추기 위해 별도의 선수학습이 필요한 경우가 많다. 학습동아리가 성공적으로 운영되기 위해 필요한 구성원의 선수학습을 언급한 내용을 보면 다음과 같다.

> 구성원의 자질을 확보하기 위해서는 일정 정도의 훈련 프로그램이 필요하다는 점이다. 좋은 가정만들기의 구성원들은 대화기법이라든가 부모역할훈련 과정을 이수한 사람들이다. 따라서 이들은 인간관계를 어떻게 맺고 유지해야 하는가에 대해 어느 정도 이해를 하고 있는 상태이다. 이미 어느 정도 훈련된 사람들은 집단에서 자신이 해야 할 일에 대한 명확한 이해를 할 수 있으며 집단에서의 인간관계가 어떻게 구성되는가에 대해서도 이해하고 있다(이지혜 외, 2001: 171).

이를 통해 볼 때 우선적으로 학습동아리는 상당한 정도 자율적인 학습능력이 있는 사람들로 구성·운영될 수밖에 없음을 알 수 있다. 이러한 능력을 갖추지 못한 학습자들은 학습동아리에 참여하여 지속적으로 활동하기가 사실상 어려운 것이다.

셋째, 원론적으로는 학습동아리의 모든 구성원이 똑같은 리더로서의 역할을 수행할 수 있지만 현실적으로 학습동아리를 성공적으로 운영하기 위해서는 상당한 정도의 전문성을 갖춘 리더가 필요하다. 물론 그 리더는 반드시 학습할 내용의 전문가일 필요는 없다. 그러나 그 리더는 모임을 잘 이끌어나갈 수 있는 회의진행법, 토론운영법 등 '사람 다루는 법'에 능통해야 한다. 일반적으로 소집단 내에서 광범위한 요구와 능력들을 조절하는 것은 매우 어려운 작업이다. 이는 역설적으로 이러한 사람 다루는 법에 의해 잘 통제되지 않는 사람은 그 학습동아리에서 수용될 수 없음을 의미한다.

앞에서 언급된 모든 요인들을 종합해 볼 때 학습동아리는 그리 쉽게 형성될 수 있는 조직이 아니다. 학습동아리가 구성되어 운영되고 있다는 것 자체는 이미 상당한 정도의 수준을 반영한다. 학습동아리가 운영되기 위해서는 리더와 구성원 모두에게 상당한 정도의 지적 · 인성적 훈련이 요구된다. 그런데 이러한 학습동아리의 요건이 까다로울수록 점차 학습동아리가 특별한 사람만의 학습모임이 될 수 있다. 즉, 뜻이 맞는 사람들끼리 만나 학습동아리를 만들기도 쉽지 않지만 이미 만들어진 모임에 새로운 구성원이 참여하는 것은 현실적으로 그리 쉽지 않다. 물론 명목상으로는 모든 사람에게 개방되어 있다고 하더라도 현실적으로 학습동아리 참여에 필요한 지적 · 인성적 · 정서적 요건으로 인해 현실적으로는 참여가 그리 쉽지 않은 것이다. 또한 점차 학습동아리가 체계를 갖추고 학습 내용이 진전됨에 따라 구성원들에게 요구되는 능력이나 요건이 강화될 수 있다. 따라서 학습동아리에 새롭게 참여할 수 있는 기회가 원천적으로 제한될 소지가 있는 것이다. 이에 따라 학습동아리가 갖고 있는 의의 중의 하나가 융통성과 개방성임에도 불구하고 실제적으로는 이미 상당한 정도의 폐쇄성도 동시에 가지고 있다고 볼 수 있다.

2) 학습공동체로서의 학습동아리의 의의와 한계

앞에서 학습동아리 운영과정에서 발생할 수 있는 문제점들에 대해 살펴보았다. 이러한 문제와 관련하여 좀 더 깊이 생각해 볼 수 있는 문제 중의 하나는 '과연 학습동아리가 교육분야에서 논의되고 있는 학습공동체의 기능을 제대로 수행할 수 있는가?'라는 점이다.

최근 '학습공동체'라는 용어는 교육분야에서 추구해야 할 일종의 이상적인 조직을 나타내는 것으로 언급되고 있다. 공동체에 대한 논의는 교육의 역사상 중요한 위치를 차지하고 있다. 역사상 위대한 교육자들은 교육을 통해 공동체를 실현하고자 하는 이상을 꿈꾸어 왔으며, 이를 위해 일부 교육자들은 교육의 장 자체를 공동체로 만들기 위한 노력도 기울여 왔다. 특히 평생교육의 경우는 교육의 목적, 내용, 방법의 모든 측면에서 공동체를 강조해 왔다. 그런데 학습자 중심의 관점에서 학습자의 주체적인 참여와 상호작용을 강조하는 '학습공동체'를 논의하기 시작한 것은 비교적 최근의 일이다. 즉, 이전까지의 공동체 논의가 학습의 결과로서의 공동체를 실현하는 데 주로 관심이 있었다면 최근의 학습공동체 논의는 학습의 과정 자체가 공동체의 원리에 의해 구현되어야 함을 강조한다. 이러한 양상은 전통적인 학교교육은 물론 평생교육의 분야에도 마찬가지이다. 그런 의미에서 학습공동체 논의는 교육분야에서 공동체 논의의 새로운 지평을 열어가고 있다고 볼 수 있다.

그런데 학습동아리는 일반적으로 학습공동체의 전형으로 인식된다(이지혜, 1994; 정민승, 1999). 이지혜(1994: 249)는 학습공동체를 외현 속성을 중심으로 '학습자들이 자발적으로 학습을 위하여 결성한 집단 혹은 모임'이라고 규정한다. 그리고 그는 학습공동체의 유형을, ① 스웨덴의 '학습동아리'(study circle)와 같이 국가가 지원하는 학습공동체, ② 생협운동에서의 학습공동체와 같이 사회운동 조직의 지원을 받는 학습공동체, ③ 컴퓨터 동호회 등과 같은 학습자에 의한, 학습자를 위한 학습자 공동체, ④ 기업의 학습조직과 같이 생산공동체와 학습공동체의 통합형의 4가지로 분류한다. 또한 정민승(1999)은 학습공동체의 사례로서 스터디 서클과 신사회운동조직을 든다. 앞에서 언급된 모든 학습집단이 광의의 학습동아리의 유형들이라고 볼 때 학습동아리는 거의 학습공동체와 같은 의미로 사용되고 있다고 볼 수 있다.

그러나 학습동아리를 학습공동체와 일치하는 것으로 받아들이는 것이 타당한가에 대해 의심의 여지가 있다. 학습동아리의 대표격이라고 할 수 있는 스웨덴의 스터디 서클은 매우 의도적이고 한시적인 모임이기 때문에 이를 곧바로 학습공동체라고 말하기에는 무리가 따른다. 앞에서 살펴보았듯이 적어도 스터디 서클의 경우 일상적인 의미의 공동체라기보다는 특정한 목적을 위한 토론모임이라고 볼 수 있다. 스터디 서클의 구성원들은 특정한 문제나 주제에 대한 관심을 가지고 모였기 때문에 그 문제가 해결되거나 토론의 결말에 이르게 되면 그 모임을 떠나는 것이 자연스럽다. 또한 그 모임에서 원하는 바를 얻을 수가 없다면 언제든지 탈퇴하는 것이 자연스럽다. 이것이 곧 스터디 서클의 운영원리 중의 하나인 개방성과 융통성인 것이다. 이러한 성격은 모든 유형의 학습동아리와 대동소이하다고 볼 수 있다. 이런 맥락에서 스터디 서클은 이른바 '선택적 공동체'의 관점에서 살펴볼 필요가 있다. 선택적 공동체의 의미와 성격을 살펴보면 다음과 같다.

> 미래의 많은 공동체는 전혀 다른 특성을 갖게 될 것이다. 미래의 공동체는 선택적 공동체(community of choice)일 것이다. 선택적 공동체의 구성원은 개인적으로 비용이 매우 적게 드는 간단한 통보만 하고서도 그 공동체를 떠날 수 있다. 그들은 어떤 공동체의 구성원이 될 것인지 선택할 수 있다. 결코 강요당하지 않는다. 선택적 공동체에서 세력 균형점은 상당히 다르다. 공동체는 이제 구성원이 자신의 가치를 공동체에 증명해야 하는 만큼, 또는 그 이상으로 공동체의 가치를 그 구성원에게 증명해 보여야 한다(Drucker, etc, 2001: 165).

이런 맥락에서 볼 때 학습동아리는 이 시대의 가장 대표적인 선택적 공동체의 하나라고 볼 수 있다. 이러한 공동체의 모습은 사실상 자신의 이익을 위해 잠시 다른 사람의 참여를 이용하는 '합리적 이기주의 집단'의 모습이기도 하다. 이것이 그나마 현대 시민사회를 지탱하는 원리가 될 수 있을지 몰라도 이것이 곧 가장 이상적인 상태에서의 공동체 원리라고 보기는 어렵다. 더욱이 이렇게 서로의 이익을 극대화하기 위해 오히려 상대방의 이익을 존중하는 식의 합리적인 계약관계는 우리가 전통적으로 인식하고 있는 '공동체'의 성격과는 거리가 멀다. 우리가 일상생활 속에서 생각하는 전통적인 의미의 공동체는 '자기의 소유를 다 팔아서' 유무상통하며, 때로 자신이 희생을 치르더라도 타인과 조직의 안녕을 바라는 모임이다. 즉, 전통적인 지배와 복종 관계에 기초한 조직도 아니고

자유로운 거래와 구매행위에 기초한 조직도 아니라 보답을 바라지 않고 베풀며 도와주는 관계에 기초한 조직인 것이다(피터 드러커 외, 2001: 188-189). 이러한 공동체의 경우는 누구든 그 공동체에 가장 많이 기여한 자에게 높은 지위가 부여된다. 즉, 가지는 것이 아니라 주는 것으로 지위가 획득되는 것이다. 이는 전통적으로 교육의 분야에서는 더욱 그러하다. 이와 관련하여 교육철학자인 팔머(Palmer, P.)는 교육부문에서 기존의 합리적 교환관계에 기초한 공동체 논의의 한계를 다음과 같이 지적한다.

> 교육에서의 공동체의 토의에 흔히 등장하는 이미지 중의 하나는 시민적 공동체(civic community)이다. 시민적 공동체의 관심은 친밀감이 아니다. 그것의 관심은 서로에 대해 결코 깊이 알지 않지만 흩어지면 안 되기 때문에 뭉치는 법을 배워야 하는 낯선 사람들 사이의 관계에 대한 것이다. 그러한 공동체가 추구하는 바는 타협하는 법을 배우는 것이며 그러한 공동체 내의 관계를 위한 규범은 관용과 공적 예의(civility)이다. 물론 공적 예의는 좋은 것이고 가치 있는 것이다. 그렇다면 그것은 교육의 목적에 가장 잘 부합하는 공동체인가? 나는 그렇지 않다고 생각한다. 앎, 가르침, 배움에 어느 정도 공적 예의가 요구되긴 하지만 그렇다고 공적 예의가 교육의 궁극적 규범이 된다면 교육은 왜곡되고 말 것이다(Palmer, 2000: 184).

이런 맥락에서 볼 때 진정한 의미의 학습공동체는 현대의 많은 학습동아리처럼 알고 싶은 것을 얻기 위해 상대방에게 서로 피해를 주지 않으면서 효율적인 학습을 하기 위한 규칙과 예절을 지켜가며 자신의 이득을 추구하는 것에 머무르는 집단이 아니다. 진정한 의미의 학습공동체는 여기서 더 나아가 구성원을 한 인격으로 있는 그대로 인정하고, 때로 다른 구성원이 자신의 학습에 도움이 안 되고 오히려 방해가 된다고 할지라도 수용하고 같이 성장하기 위해 도와주고 이끌고 나가는 조직이다. 그런 의미에서 진정한 의미의 학습공동체는 동문수학하며 서로 인격적인 교감으로 교유하는 동양적 전통에 보다 가깝다고 볼 수 있다. 따라서 '공동체'의 조건을 어느 수준에서 파악할 것인가가 문제가 되기는 하지만 학습동아리는 그 자체로 학습공동체라기보다는 바람직한 학습공동체가 될 수 있는 가능태로 봐야 할 것이다. 현실적인 필요에 의해 학습동아리가 활성화되고 있지만 학습동아리가 선택적 공동체의 수준을 넘어 진정한 의미의 학습공동체가 될 수 있도록 하기 위한 노력이 계속되어야 할 것이다.

3. 학습공동체 구현을 위한 학습동아리의 요건과 발전과제

학습동아리가 진정한 학습공동체로 자리 잡기 위해서는 단순한 지식 습득을 넘어 구성원의 유대와 사회적 기여를 바탕으로 지속적으로 성장할 수 있는 구조를 갖추는 것이 중요하다. 이 절에서는 이러한 학습동아리의 핵심 요건과 발전을 위한 과제를 살펴보고자 한다.

1) 학습공동체 구현을 위한 학습동아리의 요건

앞에서 학습동아리가 가지고 있는 운영상의 문제점과 학습공동체로서의 한계를 살펴보았다. 여기서는 학습동아리가 이러한 문제점을 극복하고 진정한 의미의 학습공동체를 구현하기 위한 요건에 대해 논의해 보고자 한다.

첫째, 학습동아리가 학습공동체가 되기 위해서는 지식을 추구한다는 점에서 치열함이 있어야 한다. 이는 지식 추구의 궁극적 목적이 진리 자체의 추구이든 아니면 문제해결을 위한 방편을 찾는 것이든 마찬가지이다. 이것은 때로 고통스러운 작업이 될 수도 있다. 그런 점에서 학습동아리는 엄밀한 진리를 추구하기 위해 애쓰는 학자들의 모임과 본질상 차이가 없다고 볼 수 있다.

둘째, 학습동아리가 진정한 의미의 학습공동체가 되기 위해서는 진리를 추구하는 목적 이외에 인간적인 긴밀성과 교제가 뒷받침되는 공동체가 되어야 한다. 학습동아리가 진리 그 자체만을 추구하는 학자들의 모임과 다른 점은 그 속에 강한 공동체적 덕목이 있어야 한다는 것이다. 저명한 사회학자인 니스벳(Robert A. Nisbet)에 의하면 공동체란 단순히 특정의 관습을 공유하면서 상호의존관계에 있는 일단의 사람들이 모여 함께 토의하고 의사결정에 참여하는 단위가 아니다.

그런 단위는 단지 다수의 인간이 모여 만들어진 집합체에 지나지 않는다. 진정한 의미의 공동체는 이런 형식적 관계를 엮어줄 수 있는 차원, 곧 개인적 친교, 정서적 심오함, 도덕적 헌신, 사회적 응집력, 시간적 영속성 등을 총괄하는 단위이다(송재룡, 2001: 112에서 재인용). 따라서 학습동아리가 진정한 의미의 학습공동체가 되기 위해서는 이러한 인간적 유대감이 기본이 되어야 한다. 이러한 인간적 유대감은 보다 엄격한 지적 추구를 위해서도 도움이 된다. 이와 관련하여 팔머는 다음과 같이 말하고 있다.

> 교육개혁에 대한 토의는 종종 '엄격한' 지적 덕목들을 강조하는 사람들과 부드러운 정서적 덕목들을 강조하는 사람들로 양극화되곤 한다. 이는 간단한 사실 하나를 간과하고 있기에 아무런 열매를 맺지 못하는 논쟁이다. 교실에서 지적인 엄격함을 실천하기 위해서는 반드시 신뢰와 용납의 분위기가 필요하다는 사실이 바로 그것이다. 지적인 엄격함은 정직한 반론 제기, 상대의 생각을 수긍할 줄 아는 자세에 달려 있는데 이런 것들은 공동체의 '부드러운' 가치들이 부족할 때는 생겨날 수 없다. 공동체적 덕목이 결여되어 있을 때 지적 엄격성은 지적 '경직'이 되기 쉽다(Palmer, 2000: 189).

즉, 인간적인 유대는 공동체의 기본 요건임과 동시에 학습공동체의 '학습효과'를 증진시키는 데 있어서도 핵심적인 요건인 것이다. 그러므로 학습동아리가 진정한 학습공동체로 성숙하지 못할 때 구성원간의 유대가 약해지는 것은 물론 궁극적으로 학습의 효과도 떨어지게 된다.

셋째, 학습동아리가 진정한 의미의 학습공동체가 되기 위해서는 학습활동을 통해 자연스럽게 구성원들은 물론 사회에 이바지하기 위한 봉사가 수반되어야 한다. 즉, 개인의 자아실현을 위한 학습동아리에서 사회봉사를 위한 학습동아리로 발전해야 하는 것이다. 이는 자기가 학습한 바를 남들과 공유하려는 교육의 속성과 관련된다. 단지 그 공유의 범위가 학습동아리 내부 구성원들뿐만 아니라 일반 사회에까지 확장되는 것이다. 예를 들어, 축구를 좋아해서 모인 사람들이 점차 축구를 통한 사회봉사에 눈을 뜨는 것, 산이 좋아 정보를 교환하기 위해 모인 사람들이 환경보호활동에 나서는 것 등의 예는 처음부터 사회적 의식이 생기는 것은 아니지만 인간은 사회를 떠나서 살 수 없으며 자연스럽게 상호작용을 통해 사회적 의식이 성장하게 됨을 보여 준다. 이는 학습동아리가 사회적 가치와 개인의 학습욕구를 통합시키기 위한 가장 적절한 방법이라는 사실을 시사한다.

이런 맥락에서 학습동아리가 학습공동체로서 갖추어야 할 요건들을 제시하면 다음과 같다.

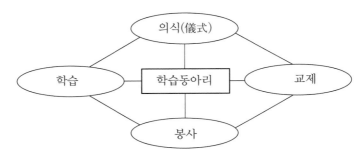

[그림 9-2] 학습공동체로서의 학습동아리의 구성 요소

첫째, 의식(儀式)이다. 이는 조직의 모집단, 목표, 가치에 대한 재인식을 하기 위해 실시된다. 사명선언문 낭독, 구호제창, 선서, 조직 노래 부르기, 집단적 명상의 시간 등 공동으로 조직의 목적을 재인식하는 공식적인 활동을 말한다.

둘째, 학습이다. 이는 진리를 추구하는 공동체의 구성원으로서의 엄밀한 지적 탐구자의 역할을 수행하는 것이다.

셋째, 교제이다. 이는 구성원간의 서로 긴밀한 유대관계를 유지하는 것이다.

넷째, 봉사이다. 이는 공동체가 가지고 있는 역량을 사회를 위해 발휘하는 것을 말한다. 이는 곧 개인의 자아실현이 아닌 공동체의 자아실현을 의미한다.

모든 공동체가 이러한 요소들을 갖추어야 하지만 학습동아리의 경우는 특히 학습 요소가 강조되는 공동체라고 할 수 있다. 그러나 나머지 요소들도 모두 중요하다. 나머지 요소가 결여될 때 학습동아리는 단순한 학습집단은 될 수 있을지 몰라도 진정한 의미의 학습공동체가 될 수는 없는 것이다.

2) 학습동아리의 발전과제

최근 들어 학습동아리가 각광받고 있다. 학습동아리는 분명 평생학습사회에 매우 유용한 학습형태이다. 즉, '교육의 시대'에서 '학습의 시대'로, 또는 '교육주의' 시대에서 '학습주의' 시대로의 변화 양상을 가장 잘 반영하는 형태라고 볼 수 있다. 더 나아가 학습동아리는 정보사회에서 간과되기 쉬운 공동체적 학습의 가치를 부각시켰다는 점에서도 의의가 있다. 즉, 정보사회에서 원자화되어 가는 학습자들로 하여금 인간 본연의 욕구인 소속감을 느낄 수 있게 해주는 기제로 작용할 수 있다는 것이다. 그런 의미에서 학습동아리는 평생학습사회에서 학습의 효율성이라는 교육적 가치는 물론 공동체 구현이라는 사회적인 가치도 구현하는 매우 유익한 학습형태이다. 이는 평생교육 차원에서 매우 큰 의미를 갖는다. 그러나 학습동아리가 갖는 긍정적인 면만이 너무 지나치게 부각될 때 자칫 학습동아리가 가질 수 있는 한계에 대해서는 미처 인식하지 못하는 우를 범하게 된다. 이것은 학습동아리의 가치를 극대화하는 데도 장애가 된다.

학습동아리의 한계를 분석하는 데 있어 우선적으로 인식해야 할 점은 학습동아리 자체가 곧 학습공동체는 아니라는 점이다. 학습동아리는 우리 사회에서 현실적으로 여러 가지 문제점을 가지고 있는 것 또한 사실이다. 중요한 것은 학습동아리가 진정한 학습공동체가 될 수 있도록 끊임없이 노력해야 한다는 것이다. 학습동아리가 학습공동체가 되기 위해서는 학습의 효율성뿐만 아니라 공동체성도 동시에 추구해야 한다. 공동체란 '좋아하는' 사람뿐만 아니라 '싫어하는' 사람과도 같이 지낼 수 있는 것을 말한다. 학습공동체는 같이 학습하기 싫어하는 사람과도 더불어 학습하는 조직을 말한다. 학습을 싫어하는 사람, 성격적으로 결함이 있는 구성원까지도 모두 보듬어 서로 성장을 도와가며 조직의 성장과 더불어 개인적인 성장도 같이 구현해 가는 것, 그것이 진정한 의미의 학습공동체인 것이다. 단지 개인적으로 필요한 지식의 습득만을 목적으로 참여하고 그 기준으로만 모임을 평가하는 것이 아니라 지식외적인 면에서도 만족을 얻고 도움을 주는 그런 집단인 것이다. 말하자면 단순히 '학습동아리'인 줄 알고 쉽게 들어와 언제든지 필요한 때 떠나려고 했지만 점차 인간관계가 성숙해짐에 따라 떠날 필요성을 느끼지 못하는 그런 모임인 것이다. 따라서 학습동아리가 진정으로 학습공동체가 되기 위해서는 단지 학습의 효율성을 제고하기 위한 형식적 · 계약적 성격을 초월하여 무형식적, 인간관계 중심적인 공동체의 성격을 회복하려는 노력이 필요하다. 그럴 때 학습동아리는 진정한 의미에서 학습공동체를 추구하기 위한 평생교육의 유용한 실천방법이 될 수 있다.

📋 요약

1. 미국과 스웨덴을 중심으로 확산되는 'study circle'은 우리가 일반적으로 인식하는 학습동아리의 의미보다는 시민들이 공적인 문제를 토론하기 위한 모임으로 사회변화와 사회문제 해결을 지향하는 평생교육의 가장 전형적인 학습형태이자 교육방법으로 이해할 수 있다. 우리나라에서 사용되는 학습동아리는 'learning circle'에 해당되는 의미로 소수자의 학습자들이 자발적으로 모임을 구성하고, 순환적 의사소통이 이루어지는 주도적 학습집단으로 이해할 수 있다. 학습동아리는 평생교육차원에서 개인의 차원에서는 자기발전을 이룰 수 있는 학습수단이자 최적의 공동체이며, 조직의 차원에서는 개인뿐만 아니라 그 조직의 차원에서도 함께 성장할 수있다. 마지막으로, 지역사회 및 국가적 차원에서 학습동아리는 지역사회의 문제해결 및 국가적 통합을 위한 효과적인 수단이 될 수 있다는 점에서 중요성이 강조되고 있다.

2. 학습동아리는 효과성에 비하여 학습자들의 조건이 갖추어져야 하고. 기본자질을 갖추기 위한 선수학습이 필요한 경우가 많으며, 효과적 운영을 위한 전문성 갖춘 리더가 필요하기 때문에 운영상에 어려움이 많다. 또한 학습동아리는 일반적으로 학습공동체의 전형으로 인식되지만 전통적으로 인식하고 있는 공동체의 성격과는 거리가 멀다. 이러한 맥락에서 진정한 의미의 학습공동체가 되기 위하여 학습동아리는 첫째, 지식을 추구하든 문제해결을 위한 방편을 찾든 치열하게 진행되어야 하며, 둘째, 진리를 추구하는 목적 이외에 인간적인 긴밀성과 교제가 뒷받침되는 공동체가 되어야한다. 셋째, 학습활동을 통해 자연스럽게 구성원들은 물론 사회에 이바지하기 위한 봉사가 수반되어야 한다.

3. 학습동아리는 평생학습사회에서 교육적 가치와 사회적 가치를 구현한다는 점에서 매우

유익한 학습형태이다. 그러나 학습동아리 자체가 학습공동체는 아니기 때문에 학습동아리가 진정한 학습공동체가 되기 위해 학습의 효율성 뿐만 아니라 공동체성도 동시에 추구하여야 한다. 지식 습득 이외에 만족을 얻고 도움을 줄 수 있을 때, 학습동아리는 진정한 의미에서 학습공동체를 추구하기 위한 평생교육의 유용한 실천방법이 될 수 있다.

🎓 연구문제

1. 우리나라 역사에 나타난 학습동아리의 사례를 찾아 소개하시오.
2. 자신이 참여한 바 있는 학습동아리의 경험을 제시하고 그 경험을 통해 발견한 학습동아리의 활성화 및 침체 원인을 제시하시오.
3. 평생교육기관이나 사회단체에서 운영되고 있는 학습동아리 활동을 찾아 그 특징을 설명하시오.

📖 참고문헌

교육인적자원부(2002). 평생학습진흥종합계획.

김승주(1999). 성인학습의 관점에서 본 학습조직론 분석. 평생교육연구, 5(1). 서울대학교 사범대학 교육연구소.

송재룡(2001). 포스트모던시대와 공동체주의. 철학과현실사.

이지헌, 김선구(1997). 개인, 공동체, 교육. 교육과학사.

이지혜(1994). 학습공동체를 통한 학습권의 실현. 사회교육연구, 19. 한국사회교육협회.

이지혜(2001). 성인여성의 학습동아리 활동 시범 지원방안에 관한 연구. 교육인적자원부 정책연구과제.

정민승(1999). 학습집단의 두 경향. 평생교육연구, 5(1). 서울대학교 사범대학 교육연구소.

정지웅(2001). 지역주민자치와 성인학습동아리. 한국지역사회교육협의회 제19차 평생교육심포지움 자료집.

한숭희(2001). 평생학습과 학습생태계. 학지사.

홍숙희(2001). 학습동아리의 활성화 방안에 관한 연구. 연세대학교 교육대학원 석사학위논문.

Barker, S., & Nicholas, R. (1986). 소그룹 운동과 교회성장 (*Good things come in small groups*). (신재구 역). IVP. (원저는 1985년에 출판).

Barrett, M. H. (2001). *Organizing community-wide dialogue for action and change : a step- by-step guide*. SCRC.

Drucker, P. (2001). 미래의 공동체 (*Community of the future*). (이재규 역). 21세기북스.

Gastil, J., & Dillard, J. P. (1999). The aims, methods, and effects of deliberative civic education through the National Issues Forums. *Communication Education*.

Long, H. B. (1991). *Early Innovators in Adult Education*. Routledge.

Oliver, L. P. (1987). *Study Circles*. Seven Locks Press.

Palmer, P. (2000). 가르침과 배움의 영성 (*To know as we are known*). (이종태 역). IVP. (원저는 1993년에 출판).

평생교육 관련 법과 정책

제10장

평생교육 관련 법과 정책에 대한 이해

평생교육의 제도화는 법적인 기반을 통해 이루어진다. 우리나라에서는 평생교육의 제도화와 함께 다양한 평생교육 관련 법률이 제정·개정되면서 활성화 되었다. 평생교육법과 정책은 평생교육이 사회에서 어떤 역할을 해야 하고, 어떤 기능을 수행해야 하는지를 규정하며 시대에 따라 평생교육의 역할이 어떻게 변화해 왔는지를 이해할 수 있다.

여기에서는 먼저 우리나라의 교육관련 법규의 구성을 살펴보고, 평생교육법의 주요 내용 및 평생교육 관련 법규의 종류를 살펴보고자 한다. 아울러 평생교육법을 기반으로 시행되는 평생교육 정책의 개념에 대해 익히고 평생교육정책의 유형과 현황에 대해서 학습하고자 한다. 마지막으로는, 평생교육이 시행되는 데 필요한 추진체제와 평생교육을 시행하는 기구들에 대해 알아보고자 한다.

■ 학습목표

1. 우리나라의 주요 평생교육 관련 법의 현황을 이해한다.
2. 평생교육정책의 개념과 유형에 대해서 이해한다.
3. 우리나라의 평생교육정책의 현황에 대해서 이해한다.
4. 우리나라 평생교육의 추진체제와 기구에 대해 이해한다.

1. 한국 평생교육 관련 법규의 현황

평생교육정책은 평생교육법에 의해 영향을 받는다. 평생교육의 근간인「평생교육법」은 헌법을 비롯한 교육기본법의 영향을 받으며 시행되고 있으며, 평생교육 분야 이외의 많은 법규와의 관계 속에서 시행된다. 이 절에서는 우리나라 평생교육 관련 법규의 현황을 알아보기 위해 평생교육법의 내용과 관련 법령들과의 관계를 살펴보고자 한다.

1) 교육 관련 법규의 구성

우리나라의 평생교육 관련 법규는 헌법의 관련 조문을 비롯하여, 법률, 대통령령, 교육부령, 조례, 교육 규칙, 훈령, 규칙 등의 다양한 형태로 존재한다. 먼저 우리나라 교육 관련 법체계 속에서「평생교육법」의 위치를 살펴보면 다음 [그림 10-1]과 같다.

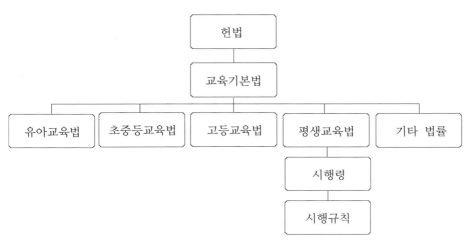

[그림 10-1] 한국의 교육 관련 법체계

「평생교육법」은 국민의 기본 권리를 보장하는 헌법과 교육제도에 관한 사항을 정한 교육기본법에서 규정한 평생교육 진흥에 대해 국가와 지방자치단체의 책무와 기본적 내용을 규정하는 것을 목적으로 한다.

「헌법」 제31조 제1항에서는 '모든 국민은 능력에 따라 균등하게 교육을 받을 권리를 가진다'고 기재하고 있으며 동법 제31조 제5항에서는 '국가는 평생교육을 진흥하여야 한다'고 기재하여 국가의 평생교육 진흥에 대한 책무를 규정하고 있다. 평생교육 진흥 책무를 이행하기 위해 1982년 「사회교육법」이 제정, 시행되다가 1999년 「사회교육법」을 전부 개정하여 「평생교육법」으로 대체 되어 지금의 평생교육법 형태를 갖추었다.

평생교육법이 제정된 배경에는 1995년 5 · 31 교육개혁 이후 「교육법」이 폐기되고, 1997년 「교육기본법」 아래 「초 · 중등교육법」, 「고등교육법」, 「사회교육법」을 병립하게 되면서 나타난다. 「교육기본법」 제3조에서는 '모든 국민은 평생에 걸쳐 학습하고, 능력과 적성에 따라 교육 받을 권리를 가진다'고 국민의 학습권을 강조하였으며, 동법 제10조에서는 '국민의 평생교육을 위한 모든 형태의 사회교육은 장려되어야 한다'고 규정하여 국민들의 평생교육 참여 확대를 위한 국가의 책무를 강조하였다. 이에 1999년 헌법 및 교육기본법의 규정에 따라 「사회교육법」이 「평생교육법」으로 개정되어 대체되었다. 마지막으로, 2004년 「유아교육법」이 입법되면서 현재의 교육 관련 법규의 체계를 갖추게 된 것이다.

2) 「평생교육법」의 주요 내용

「평생교육법」은 평생교육의 진흥에 대한 국가 및 지방자치단체의 책임과, 평생교육제도와 운영에 관한 기본적인 사항을 정하고 있다. 평생교육법은 2000년 시행된 이후 국가 및 지방자치단체의 평생학습 진흥정책에 대한 책무 강화, 중앙 · 광역 · 기초 자치단체 단위의 평생교육 추진체제 정비, 교육 소외계층에 대한 지원 강화 등을 이유로 2007년 전부개정되었으며, 평생교육법 시행령과 평생교육 시행규칙은 2008년 공포되었다.

「평생교육법」은 이후에도 모든 국민이 평생에 걸쳐 학습하고 교육을 받을 수 있는 권리를 보장함으로써 국민의 삶의 질 향상 및 행복을 추구하며 평생교육의 발전을 위해 다양한 제도들을 수정 · 보완되며 시행되고 있다.

「사회교육법」이 근간이 된 「평생교육법」은 급속도로 변화하는 인구구조, 디지털 전환, 평생교육 수요에 대한 정비 및 지원 강화를 위해 2023년까지 총 29번 제정 및 일부 개정되었다. 이러한 법의 제정·개정은 법의 작동 과정에서의 미비점과 그로 인한 문제점이 나타날 때마다 이를 해결하기 위해 진행된 것으로 국민들의 평생교육 참여기회를 보장하고, 평생교육을 진흥하기 위함으로 이해될 수 있다. 다음 〈표 10-1〉은 1980년대부터 시행된 「평생교육법」의 주요 제정·개정 내용을 정리한 것이다.

〈표 10-1〉 「평생교육법」 주요 제정·개정 내용

시기	「평생교육법」 주요 제정·개정 내용
1980~1999년	1980년 헌법에 '국가의 평생교육진흥 의무' 명문화 1982년 사회교육법 제정 공포 1990년 정부조직법 개편, 교육부 장관에게 평생교육 관련 업무 수행 의무 명시 1990년 독학에 의한 학위취득에 관한 법률 제정 1997년 학점인정 등에 관한 법률 제정 1999년 「사회교육법」에서 「평생교육법」으로 전부 개정
2000~2007년	2007년 「평생교육법」 전부 개정
2008~2012년	2009년 「평생교육법」 일부 개정 - 2009년 평생학습계좌제 기반 마련
2013~2017년	2012~2017년 「평생교육법」 일부 개정 - 2013년 평생교육사 자격제도 운영 일원화 - 2014년 문해교육 개념 확장·지원 근거 마련 - 2015년 지자체의 학교형태 평생교육시설 보조금 지원 근거 마련 - 2016년 문해교육 지원체계 및 국가문해교육센터 설치 근거 마련 - 2017년 장애인 평생교육 지원 및 국가장애인평생교육진흥센터 설립 근거 마련
2018~현재	2018~2023년 「평생교육법」 일부 개정 - 2019년 장애인 평생교육 체계적 추진을 위한 국가-지방자치단체 협조체계 구축 등 현행 제도 보완 - 2020년 평생교육사 자격증 대여·알선방지 관련 조항 마련, 학점은행기관의 평생교육 실시 근거 마련 - 2021년 평생교육바우처 발급 및 사용 등에 관한 제도적 기반 마련, 평생교육 통계조사 기반 마련, 장애인 평생학습도시 관련 사항 규정 - 2023년 성인 진로개발역량 향상교육, 평생교육진흥정책평가, 노인평생교육시설 설치 등 조항 신설

「평생교육법」은 총 9개 장으로 구성되어 있으며, 이러한 「평생교육법」의 주요 내용을 살펴보면 다음과 같다. 첫째, 평생교육의 정의 및 목적, 관련 타 법률과의 관계, 이념, 국가 및 지방자치단체의 임무, 교육과정, 공공시설 이용, 학습휴가 및 학습비 지원 등의 내용을 다루고 있다. 이는 평생교육의 개념과 목적 그리고 평생교육법의 적용범위 등에 대해 설명하는 내용을 다루고 있다.

둘째, 국가 및 지방자치단체 장의 평생교육에 대한 책임과, 평생교육 진흥을 위한 정책 및 추진체제에 대한 내용을 담고 있다. 세부적으로 첫째, 국가 단위의 역할 및 책무로 4년 주기로 작성되는 평생교육진흥기본계획, 매년 분석되는 평생교육사업 조사 분석, 교육부장관 소속의 평생교육진흥 정책에 대한 심의기구인 평생교육진흥위원회 설치, 평생교육 통계조사, 평생교육 종합정보시스템 구축 및 운영에 대한 내용을 다루고 있으며, 둘째, 지방자치단체 단위의 평생교육진흥시행계획 수립, 시·도평생교육협의회, 시·군·자치구평생교육협의회, 평생학습도시, 장애인평생학습도시에 대해서 다루고 있다. 마지막으로, 소외계층의 평생교육 지원을 위한 경비보조, 평생교육 이용권, 평생교육 지도 및 지원에 관한 사항을 다루고 있다.

셋째, 평생교육의 업무를 실제 수행하는 수행기관에 대한 내용을 담고 있다. 국가 단위의 국가평생교육진흥원, 국가장애인평생교육진흥원에 대한 내용과, 지방자치단체 기준의 시·도평생교육진흥원, 장애인평생교육시설, 노인평생교육시설에 대한 내용, 기초지자체 단위의 시·군·구 평생학습관, 장애인 평생교육 과정, 읍·면·동 평생학습센터의 운영에 대한 사항을 제시하고 있다.

넷째, 평생교육의 전문인력인 평생교육사에 대한 의미 및 평생교육사의 자격기준, 자격 취소 사유, 양성기관에 관한 사항, 평생교육사의 배치 및 채용기준, 평생교육사의 배치·보수 수준 등에 관한 실태조사, 마지막으로, 평생교육사 채용에 대한 경비 보조 등에 대한 사항을 제시하고 있다.

다섯째, 평생교육 프로그램을 실시하고 지역사회 주민의 평생교육을 기여하기 위한 평생교육기관의 종류(학교, 학점은행기관, 학교 부설, 학교형태, 사내대학, 원격대학, 준용규정, 사업장 부설, 시민사회단체 부설, 지식·인력개발 관련)와 평생교육 기관의 규정, 기관의 평가 인증, 평생교육 시설의 변경인가·변경등록, 신고

처리절차에 관한 사항을 다루고 있다.

여섯째, 성인의 사회생활에 필요한 문해능력 등 기초능력을 높이기 위하여 문해교육의 실시, 지원, 문해교육센터 설치, 문해교육 프로그램의 교육과정, 문해교육종합정보시스템 구축 및 운영에 관한 사항을 제시하고 있다.

일곱째, 진로교육법과 연계하여 평생교육 기관에서 성인의 진로교육 운영에 대한 내용을 다루고 있다.

여덟째, 평생교육법 또는 다른 법령 규정에 따라 평생교육과정을 이수한 사람들의 결과를 학점 또는 학력으로 인정받을 수 있는 기준을 제시하고 있다.

마지막으로는, 앞서 얘기한 규정들에 대하여 위반하였을 시에 대한 행정처분, 이와 관련된 지도 · 감독, 행정처분에 대한 청문, 권한의 위임과 위탁, 유사 명칭의 사용 금지, 벌칙, 과태료 부과 등에 대한 사항 등 규제에 대한 사항에 대해 제시하고 있다.

3) 평생교육체제 영역별 관계 법령 및 주무부서

현재 우리나라에는 「평생교육법」의 적용을 받지 않는 다양한 평생교육분야가 현실적으로 존재한다. 또한 우리나라의 평생교육은 단지 교육부를 통해서만 실시되고 있는 것이 아니라 전 부처에 걸쳐 실시되고 있다. 현실적으로 교육부 이외의 부처에서 오히려 더욱 많은 평생교육사업이 실시되고 있다고 볼 수 있다. 이는 교육부가 여전히 학교 중심의 교육에서 벗어난 지 얼마 안 되는 상황에서 주민들의 교육을 민생의 차원에서 접근하는 일반 정부부처가 보다 적극적인 입장을 취했기 때문이라고 볼 수 있다.

각 부처는 평생교육 사업을 실시하기 위한 법적 기초를 가지고 있다. 비록 각 법률이 현대적인 의미에서 평생교육만을 다루고 있는 법은 아닐지라도 각 법률에는 평생교육의 기반이 되는 조항들이 포함되어 있다. 이와 관련하여 평생교육의 각 영역별로 관련 법률과 소관 부처를 살펴보면 다음과 같다.

⟨표 10-2⟩ 평생교육 영역별 관련 법 및 관련 부처

분야	관련 법 및 주무부서
평생교육일반	독학에의한학위취득에관한법률, 학원의설립운영및과외교습에관한법률, 학점인정등에관한법률, 유네스코활동에관한법률, 평생교육법, 인적자원개발기본법 (이상 교육부)
기술 · 직업교육	기능대학법(고용노동부), 근로기준법(고용노동부), 산업교육진흥법(교육부), 직업훈련기본법(고용노동부), 직업안정법(고용노동부), 근로자직업능력개발법(고용노동부), 한국산업인력공단법(고용노동부), 자격기본법, 중소기업진흥및제품구매촉진에관한법률(외교통상부)
공무원연수 재교육	공무원교육훈련법(행정안전부), 교원자격의취득을위한보수교육에관한규칙(교육부령), 임시교원양성소규정(교육부)
교정교육	보호소년등의처우에관한법(법무부), 보호관찰등에관한법률(법무부)
농어민교육	농업협동조합법(농림수산식품부), 농업기계화촉진법(농림수산식품부), 농촌진흥법(농림수산식품부)
시설평생교육	도서관법(문화체육관광부), 박물관및미술관진흥법(문화체육관광부), 지방문화원진흥법(문화체육관광부)
아동교육	아동복지법(보건복지부), 유아교육진흥법(교육부), 영유아보육법(보건복지부)
청소년교육	스카우트활동육성에관한법률, 청소년기본법(여성가족부)
노인교육	노인복지법(보건복지부), 고령자고용촉진법(고용노동부)
여성교육	여성발전기본법(여성가족부), 남녀고용평등과 일 · 가정지원에 관한 법률(고용노동부)
장애인교육	장애인복지법(보건복지부), 장애인등에관한특수교육법(교육부)
학교 · 준학교 사회교육	교육기본법, 초 · 중등교육법, 고등교육법, 산업체의근로청소년을위한특별학급등의 설치기준령, 한국방송통신대학설치령, 각종학교에관한규칙, 방송통신고등학교설치기준령(이상 교육부)
사회생활교육	교통안전법(국토해양부), 새마을운동조직육성법(행정안전부), 소비자기본법(기획재정부), 재외국민의교육지원등에관한규정(교육부), 산업안전보건법(보건복지부), 한국산업안전공단법(고용노동부), 해상교통안전법(국토해양부), 자연환경보전법(환경부), 관광진흥법(문화체육관광부), 식품위생법(보건복지부)
체육교육	국민체육진흥법(문화체육관광부)
저소득층교육	국민기초생활보장법(보건복지부), 사회복지사업법(보건복지부)

2. 평생교육정책의 개념과 유형

평생학습도시 조성 사업, 독학사제도 등 우리가 쉽게 마주치는 평생교육정책은 국가의 평생교육 정책관에 의해 시행되는 사업이다. 일반적으로 평생교육정책은 국가적 차원에서 이루어지는 평생교육의 기본 방침으로 이해되지만 어떠한 관점으로 이해하느냐에 따라 정책의 시행범위가 달라질 수 있다. 이 절에서는 평생교육정책의 개념을 파악하고 평생교육정책의 유형과 유형별 현황을 알아보고자 한다.

1) 평생교육정책의 개념

정책은 국가적 차원에서의 기본 방침으로 국가와 정부가 공익 및 사회정의 실현을 위해 세운 여러 대안 중 선택한 일정한 방법을 뜻한다(최은수, 2012). 그러한 의미에서 살펴보면 교육정책은 교육활동에 대하여 국민의 동의를 바탕으로 국가의 공권력을 배경으로 강행되는 기본방침을 의미한다.

교육정책은 교육활동의 목적·수단·방법 등에 관한 의도적·합리적인 선택으로 볼 수 있으며, 다양한 정책의 유형 중 하나로 교육영역에서 공익을 위한 정부 통치행위의 전반적인 방향으로써 교육문제를 해결하고 바람직한 상태로 만들기 위해 행하는 공공의 노력이라고 정의할 수 있다(김종철, 1990). 교육정책은 교육환경에서 하나의 목적을 달성하기 위해서 정부가 국민들의 동의 과정을 통해 강제성을 띄는 체계적인 활동 및 지침 및 의사결정이라고 볼 수 있으며(윤정일 외, 2008), 교육이념 또는 교육적 가치를 달성할 수 있도록 하는 교육 관련 집단을 대상으로 전개하는 공식적인 지침으로 이해할 수 있다(최돈민, 1997; 정일환, 1998).

교육정책은 정책의 하위 요소 중 하나로 일반정책의 특징을 가지고 있지만, 교육이라는 특징을 동시에 가진다는 점에서 독특성을 가지고 있다. 그렇기 때문에 교육정책의 개념 정의와 영역을 구분하기 위해서는 어떠한 관점과 입장을 취하느냐에 따라 달라질 수 있다(서정화 외, 2002). 교육정책은 교육의 수준 또는 영역을 기준으로 초·중등 교육을 비롯하여 유아교육, 고등교육, 사회교육, 직업교육, 평생교육 등을 아우르는 종합적인 개념으로 이해될 수 있다. 그러나, 교육의 분야에 따라 세부적인 목표가 있으며, 교육 수혜자의 특성이 차이를 갖고 있기 때문에, 각 교육정책은 고유한 특수성을 가지고 있다고 볼 수 있다(황준성 외, 2017).

평생교육정책은 교육정책의 한 분야로 평생학습사회의 구현을 위해 평생교육분야에서 국가적 차원으로 이루어지는 공공정책을 뜻한다. 평생교육정책은 평생학습사회를 실현하기 위한 국가차원의 기본 방침이나 방향을 의미하는 것이다(최은수, 2012). 또한 평생교육정책은 평생교육의 분야에서 나타나는 정부개입 행동으로 평생학습을 통한 사회발전과 국민들의 성장을 돕는 사회적 인프라 구축, 학습기회 확대, 학습문화 촉진 및 학습결과 인증체제를 갖추는 활동 등으로 볼 수 있다(이병호, 최은수, 2009). 즉, 평생교육정책은 국민들의 평생교육정책 참여유도를 위한 목적을 가지고 있으며, 정부의 권위를 바탕으로 이루어지는 공공적인 행위를 의미하는 것이다.

그러나 평생교육정책은 평생교육이라는 개념에서 이해하느냐, 평생교육정책이 가지고 있는 목적에 초점을 맞춰서 이해하느냐에 따라 정책의 개념과 시행범위는 달라질 수 있다.

〈표 10-3〉 평생교육정책 개념의 의미와 정책의 시행 범위

구분	평생교육정책의 개념	정책 시행 범위
넓은 의미	평생학습을 통한 사회문제 해결, 국민의 성장을 비롯한 사회발전을 이루기 위한 국가적 차원의 공적 행위	범부처
좁은 의미	평생교육 분야에서 나타나는 정부개입 활동으로 국민들의 평생교육 참여 유도와 평생학습사회 실현을 위한 정부의 공적 행위	교육부 또는 평생교육 전담기구

평생교육정책은 평생학습사회의 구현을 위해 평생교육 분야에서 국가적 차원으로 이루어지는 공공정책을 뜻한다. 다시 말해 평생교육과 관련되어 국가가 지지하고 있는 평생교육 이념 및 기본방침 지도 원리를 바탕으로 시행되는 국가적

활동들을 평생교육정책으로 이해할 수 있는 것이다(김영아, 2007).

평생교육정책은 국민들의 평생교육 참여 유도를 위한 목적을 가지고 있으며, 정부의 권위를 바탕으로 이루어지는 공공적인 행위를 의미한다. 이러한 관점에서 평생교육정책을 바라보면 정부에서 국민들에게 평생학습의 기회 확대를 위해 교육을 제공하는 모든 행위를 평생교육정책으로 이해할 수 있다. 달리 말하면 특정한 부처나, 기관에서 시행하는 것만이 평생교육정책으로 이해되는 것이 아니라, 정책이 가지는 목적이 국민들의 평생학습 지원을 위한 국가적 행위와 사회문제 해결을 비롯한 사회발전을 위한 방법 중 하나로 평생학습을 시행하는 정책 모두를 평생교육정책으로 이해할 수 있는 것이다.

그러나 일반적으로 평생교육정책은 교육기본법 하위의 법인 평생교육법에 영향을 받으며, 교육부 그리고 국가평생교육진흥원에서 평생학습사회 구현을 위해 시행하는 정책들만 평생교육정책으로 이해되고 있는 현실이다. 이러한 좁은 의 의미에서 해석되는 평생교육정책의 개념은 '평생교육 분야'에서 시행되는, 즉 교육부에서 시행하는 평생교육 분야에서의 정부개입 활동으로 이해할 수 있다.

이러한 좁은 의미에서의 평생교육정책의 범위는 「평생교육법」에 의거하여 시행되는 정책 그리고 평생교육법에 기제되어 있는 평생교육기관 또는 평생교육 관련 부처인 교육부에서 시행하는 정책들이 평생교육정책으로 이해될 수 있다. 즉, 교육기본법의 하위법령으로 평생교육법이 위치하고 있으므로, 평생교육정책은 교육부에서 시행하는 평생교육정책만이 해당하는 것이다. 이는 평생교육이 갖고 있는 본래의 의미와도 부합되지 않음은 물론, 평생교육을 포괄적으로 이해하는 국제적인 경향과도 일치하지 않게 된다.

반면, 평생교육정책이 갖는 목적을 중심으로 평생교육정책을 이해하게 된다면 평생교육정책은 사회발전과 국민들의 성장을 돕기 위해 시행되는 교육적 활동을 모두를 평생교육정책으로 이해할 수 있다. 일반적으로 정책은 사회문제 해결을 위해 정부가 사회정의 및 공익 실현을 위해 세운 기본방침으로 정의된다(최은수, 2012). 즉, 모든 정책은 사회문제 해결을 위한 국가적 행위로 이해될 수 있다. 그러한 점에서 평생교육정책은 사회문제 해결 및 사회발전을 위하여 교육적 방법을 가지고 범정부 차원에서 시행하고 있는 제도적인 지원으로 이해될 수 있다.

사회문제를 해결하고 국민 및 사회의 성장을 위해 시행되는 다양한 방법 중 한 가지로 평생교육, 평생학습적 가치와 방법을 활용하는 것이다. 이러한 넓은 의미의 관점에서 평생교육정책을 바라본다면 평생교육정책은 포괄적 관점에서 교육의 실천 문제를 다루고 있는 개방적이고 유연한 정책으로 이해될 수 있다.

넓은 의미에서 평생교육정책을 이해하면, 평생교육정책의 범위는 교육부 또는 평생교육 전담 기관, 관련 기관에서 시행하는 정책을 넘어 범부처에서 시행될 수 있다는 것을 알 수 있다. 평생교육이 일상의 모든 영역에서 삶의 문제를 해결하고 성장하기 위한 교육이라는 의미로 이해될 때, 사회문제를 해결하고 사회정의를 실현하기 위하여 교육적 방법을 활용하여 정책을 시행하는 것은 교육부 이외의 많은 정부 부처에서 이루어지고 있는 것을 알 수 있다.

2) 평생교육정책의 유형

평생교육정책은 어떠한 기준으로 구분하는가에 따라 다양한 유형으로 구분될 수 있다. 최은수(2012)는 평생교육정책의 영역에 따라 평생학습 추진정책, 평생학습 활성화정책, 평생학습결과 인증정책, 평생학습 기회확대정책, 평생학습 문화확산정책, 평생교육통계·정보화 정책으로 나누어 제시하였다.

〈표 10-4〉 평생교육정책의 구분

구분	정책내용	
평생학습 추진정책	• 평생교육법 • 평생교육 추진기구	• 평생교육사 등
평생학습 활성화정책	• 평생학습도시 조성 • 평생학습대상	• 평생학습축제 등
평생학습결과 인증정책	• 학점은행제 • 독학학위제 • 교육계좌제	• 학력인정평생교육시설학교 • 평생학습결과 표준화 시범운영 등
평생학습 기회 확대정책	• 성인문해교육 활성화	• 교육소외계층 지원 등

구분	정책내용	
평생학습 문화확산정책	• 여성능력개발 • 군인적자원개발, 군평생학습체제 • 생산적 노인인력 양성	• 중장년 및 중도퇴직자 능력개발 • 성인직업평생교육학원 운영 • 기업에서의 평생교육 등
평생교육 통계 · 정보화 정책	• 평생교육 DB 및 네트워크 구축	• 평생교육통계 등

*참고: 최은수(2012).

　한편, 1997년부터 매해 평생교육의 주요성과 및 계획을 담아 국가평생교육진흥원에서 발표하는 평생교육백서에서는 평생교육정책을 크게 평생학습 진흥사업과 부문별 평생교육으로 구분하고 있다. 평생학습 진흥사업은 다시 평생학습지원체제, 지역평생교육 활성화 지원, 고등교육 단계의 평생교육으로, 부문별 평생교육은 영역별 평생교육, 대상별 평생교육으로 구분하였으며 각 정책구분별 세부 요소를 구분하고 있다(국가평생교육진흥원, 2024).

　그러나 기존의 평생교육정책에 대한 유형은 국가평생교육진흥원, 교육부 주관에서 행해지는 좁은 의미의 평생교육정책을 구분하기에는 적절하나, 해당 부

〈표 10-5〉 평생교육백서의 평생교육정책구분

정책 구분		정책 세부 요소	
평생학습 진흥사업	평생학습 지원체제	• 평생교육 참여비용 지원 • 온라인 평생교육지원	• 평생학습계좌제 • 평생학습문화 조성 사업
	지역평생교육 활성화 지원	• 시 · 도평생교육진흥원 • 평생학습도시 조성	• 지역학습동아리 활동
	고등교육 단계의 평생교육	• 고등교육 수준의 평생교육 • 대학의 평생교육체제 구축	• 한국방송통신대학교 • 대학 평생교육원
부문별 평생교육	영역별 평생교육	• 학력보완교육 • 성인문해교육 • 직업능력향상교육	• 인문교양교육 · 문화예술교육 • 시민참여교육
	대상별 평생교육	• 노인 및 중장년 평생교육 • 청소년 평생교육 • 농업인 평생교육 • 장애인 평생교육	• 학부모 평생교육 • 군 평생교육 • 북한이탈주민 평생교육 • 다문화 평생교육

*참고: 국가평생교육진흥원(2024).

서를 제외한 범부처 차원에서 행해지는 평생교육정책에 대해 포괄적으로 구분하지 못한다는 어려움이 있다. 따라서 평생교육정책을 유형화 하기에는 다른 기준이 필요하다.

평생교육정책은 평생교육이 가지는 지향성과 내용에 따라 네가지로 유형화할 수 있다. 이러한 기준에 따라서 평생교육정책을 분류한다면 좀 더 포괄적인 유형화가 가능하며, 범부처 차원에서 평생교육정책을 유형화할 수 있다는 이점이 발생한다. 해당 기준으로 평생교육정책을 유형화 한다면 다음과 같이 네 가지 유형으로 구분될 수 있다.

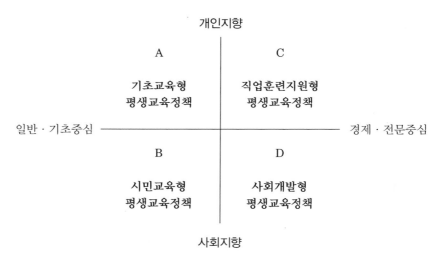

[그림 10-2] 평생교육 실천영역에 따른 평생교육정책의 유형화

첫째, 개인의 성장을 목표로 수행되는 평생교육정책이 기본적 · 일반적인 측면의 교육내용을 다룰 때는 돌봄교육, 문해교육, 사회재적응교육 등의 형태로 나타날 수 있다. 이를 포괄적으로 기초교육형 평생교육정책이라고 할 수 있다.

둘째, 평생교육정책이 개인의 성장을 목표로 경제적 · 전문적 측면과 관련된 교육 내용을 다룰 때는 직업훈련지원 형태의 평생교육정책으로 분류할 수 있다. 현대사회에서 사회적 환경의 급격한 변화는 시민들의 경제적 어려움을 가중시키게 하며 따라서 이들의 직업능력 향상을 위한 다양한 교육이 요구되고 있다.

셋째, 평생교육정책이 사회의 성장을 목표로 하면서 사회구성원의 기본적·일반적인 측면과 관련된 내용을 다룰 때는 시민교육의 형태의 평생교육정책으로 나타난다. 현대 시민사회에서 모든 인간의 인권을 보장하고 성숙한 시민사회를 형성하기 위해서는 모든 구성원이 그에 걸맞은 시민성을 함양해야 한다. 또한 지역사회, 국가 및 세계시민으로서 인류 보편적인 가치를 실현하는 공동체를 형성하고 당면하고 있는 사회문제 해결에 주체적으로 참여할 수 있는 시민성을 함양해야 한다. 이런 점에서 시민교육의 중요성은 더욱 커지고 있으며, 각 정부 부처에서도 시민성 함양을 위한 다양한 평생교육정책을 운영하고 있다.

넷째, 평생교육정책이 사회의 성장을 목표로 하면서 경제적·전문적 측면과 관련된 교육 내용을 다룰 때는 사회개발교육의 형태의 평생교육정책으로 나타난다. 사회개발은 기본적으로 해당 공동체 구성원 전체의 경제적·사회적·문화적 제 조건을 개선하고 생활 수준을 향상하기 위한 조직적인 활동이라고 할 수 있다(김경동, 1968; Midgley, 2014). 일반적인 사회사업이나 자활사업과 달리 사회개발은 사회적 약자만을 돌보는 것이 아니라, 사회구성원 전체의 경제적·사회적 지위 향상을 추구한다. 따라서 사회개발교육은 사회개발을 효과적으로 추진하기 위한 다양한 형태의 교육적 노력을 의미한다. 과거 우리나라에서 시행되던 두레, 계, 품앗이, 향약 등이 사회개발교육의 역사적 사례라고 볼 수 있는 것이다. 사회개발교육의 가장 대표적인 예가 지역사회차원에서 이루어지는 지역사회개발교육이라고 할 수 있다.

이러한 구분은 평생교육정책이 어떠한 내용을 다루는지 그리고 개인과 사회 중 어디에 지향점을 두는지에 따라 구분될 수 있으며, 평생교육정책 외 평생교육 사업, 프로그램의 대상 및 내용에 따라서도 유형화될 수 있다.

3) 우리나라 평생교육정책의 현황

사회에서 발생하는 사회문제는 매우 다양하다. 인구, 교육, 빈곤, 건강, 가족 등 사회가 변함에 따라 더욱 다양화되고 세분화되기 마련이다. 이러한 정책들은 효율적으로 시행하기 위해서 국가에서는 여러 부처를 만들었으며 부처의 성격 및 직무에 따라 정책을 생성 및 시행하고 있다. 다음 〈표 10-6〉은 2022년 18개 정부 부처에서 작성한 주요 업무 보고자료, 자체평가 결과보고서에서 나타난 평생교육정책의 현황을 정리한 것이다.

〈표 10-6〉 부처별 평생교육정책의 시행 현황

부처	평생교육정책 현황	비율(%)
고용고용노동부	19	9.9%
과학기술정보통신부	2	1.0%
교육부	18	9.4%
국방부	4	2.1%
국토교통부	6	3.1%
기획재정부	8	4.2%
농림축산식품부	7	3.7%
문화체육관광부	7	3.7%
법무부	19	9.9%
보건복지부	15	7.9%
산업통상지원부	1	0.5%
여성가족부	33	17.3%
외교부	4	2.1%
중소벤처기업부	7	3.7%
통일부	16	8.4%
해양수산부	6	3.1%
행정안전부	13	6.8%
환경부	6	3.1%
계	191	100%

표에서 확인할 수 있는 것과 같이 교육부를 포함한 정부 부처에서 곳곳에서 평생교육정책을 시행하고 있음을 알 수 있다. 각 부처에서 해당 부처에서 주요하게 여기는 사회문제를 해결하기 위하여 다양한 평생교육정책을 시행하고 있는 것을 알 수 있다.

〈표 10-7〉 유형별 평생교육정책의 개념 및 사례

유형	의미	해결과제	평생교육정책의 사례(시행 부처)
기초교육형 평생교육 정책	개인의 성장을 위하여 기초적·일반적인 교육을 수행하는 평생교육정책	교육불평등 해소 사회적 배제 사회부적응	성인기초문해교육사업(국가평생교육진흥원) 검정고시 프로그램 운영지원(국가평생교육진흥원) 장애유형 및 정도별 맞춤형 교육지원(교육부) 외국인노동자지원센터(고용고용노동부) 소외계층 없는 맞춤 교육기회 강화(기획재정부) 교정교화(법무부) 하나센터(통일부)
직업훈련 지원형 평생교육 정책	고도산업사회, 정보화 사회 적응 등을 위한 개인의 직업능력향상 을 목적으로 하는 교육을 수행하는 평생교육정책	실업문제 빈곤문제 경제적 양극화	매치업(Match 業) (국가평생교육진흥원) 장애인기업육성(중소벤처기업부) 내일배움카드(고용고용노동부) 여성새로일하기센터사업(여성가족부) 직업훈련(법무부)
시민교육형 평생교육 정책	개인을 사회적 존재로 변화시키고 시민성을 회복하기 위한 교육을 수행하는 평생교육정책	시민성 함양 사회문제에 대한 공적 인식	다문화교육 활성화 사업(국가평생교육진흥원) 학교 인성교육 안착 및 독서·인문교육 활성화를 위한 노력(교육부) 사회환경교육(환경부) 아동학대 예방 교육 사업(보건복지부) 민주시민교육사업(행정안전부) 찾아가는 학교통일교육(통일부)
사회개발형 평생교육 정책	교육을 통해 사회를 총체적으로 개발하기 위한 교육을 수행하는 평생교육정책	사회공동체성 회복 지역사회의 경제적 낙후와 불평등	지역평생교육 활성화(국가평생교육진흥원) 대학의 평생교육체제 지원(국가평생교육진흥원) 도시재생사업(국토교통부) 지역사회 문제해결을 위한 지역공동체 활성화 추진(행정안전부) 새마을운동 및 사회적경제활성화(행정안전부) 지역문화활성화(문화체육관광부)

　첫째, 기초교육형 평생교육정책은 교육불평등 해소, 사회적 배제, 사회부적응을 해결하기 위하여 주로 시행되고 있으며 교육부, 고용고용노동부, 여성가족부, 법무부 등 다양한 곳에서 정책을 시행하고 있다. 둘째, 직업훈련지원형 평생교육정책은 실업문제, 빈곤문제, 경제적 양극화를 주요 해결과제로 삼고 있으며 고용고용노동부를 중심으로 여러 부처에서 시행되고 있다. 셋째, 시민교육형 평

생교육정책은 시민성 함양, 사회문제에 대한 공적 인식을 주요 사회문제로 삼고 시행되고 있으며, 마지막으로 사회개발형 평생교육정책은 사회공동체성 회복, 지역사회의 경제적 낙후와 불평등을 주요 해결 과제로 삼고 있다.

　　제11장과 제12장은 평생교육정책의 사례에 대해서 자세히 다루고자 한다. 우선 제11장에서는 평생교육법에 영향을 받고 시행되는 평생교육정책으로 국가평생교육진흥원에서 중점적으로 강조하고 있는 평생교육정책의 사례와 평생교육정책의 향후 추진과제에 대하여 살펴볼 것이다. 이후 제12장에서는 다양한 정부부처에서 시행되고 있는 평생교육정책의 사례를 평생교육 실천 유형에 따라 구분한 뒤 각 유형별 특성을 제시하고 평생교육정책의 향후 추진과제에 대해서 살펴보고자 한다.

3. 평생교육 추진체제

　　평생교육정책이 시행되기 위해서는 정책을 심의하고, 구성하고, 실제로 이를 실행하는 기구들이 필요하다. 그리고 평생교육정책이 국민들에게 효과적으로 시행되기 위해서는 국가를 포함한 광역·기초자치단체에서의 촘촘한 추진체계가 필요하다. 이 절에서는 평생교육의 추진체제의 종류와 행정단위별 추진체제의 역할과 내용에 대해 살펴보고자 한다.

1) 평생교육 추진체제의 종류

　　평생교육 추진체제는 「평생교육법」 제1조 "모든 국민이 평생에 걸쳐 학습하고 교육받을 수 있는 권리를 보장하여 모든 국민의 삶의 질 향상 및 행복 추구에 이바지하기 위해 국가 및 지방자치단체의 평생교육 제도와 운영을 위한 기구 및 단체의 체계"를 의미한다.

　　평생교육 추진체제의 구축 및 운영에 대한 사항은 「평생교육법」 등의 법령과 조례에 의해 규정된다. 「평생교육법」 제5조에 따라 국가 및 지방자치단체는 평생교육 사업 수립 및 추진 의무가 부여하고 있다. 평생교육 추진체제는 심의기구, 행정기구, 전담기구 그리고 법정위원회와 평생교육기관 등의 지원 및 실천기구로 구분된다.

심의기구	행정기구	전담기구
평생교육진흥위원회 시·도평생교육협의회 시·군·구평생교육협의회 문해교육심의위원회	교육부 시·도지방자치단체 시도교육청 시·군·구기초자치단체 교육지원청 직속기관	국가평생교육진흥원 국가장애인평생교육센터 시·도평생교육진흥원 시·군·구 평생학습관 읍·면·동 평생학습센터
법정위원회(경제사회발전노사정위원회, 국가교육위원회 등) 평생교육기관(평생교육시설, 도서관, 사회복지관, 지역시설 등)		

[그림 10-3] 평생교육 추진체제

우선 평생교육 심의기구는 행정기구 또는 전담기구 장이 평생교육진흥 정책과 사업 계획의 심의 및 자문을 구하기 위해 설치 및 운영하는 기구로서 중앙정부의 평생교육진흥위원회를 비롯한 시·도평생교육협의회, 시·군·구평생교육협의회, 시·군·구평생교육실무자 협의회 등이 이에 속한다.

둘째, 행정기구는 국가 및 지방자치단체로, 평생교육 진흥정책과 평생교육 사업을 수립 및 추진해야 하는 임무를 수행하는 기구를 의미한다. 행정기구에는 교육부를 비롯한 중앙정부부처, 시·도 광역자치단체, 시·군·구 기초자치단체, 시·도 교육청, 지역 교육청, 직속기관이 이에 속한다.

마지막으로, 전담기구는 평생교육정책 및 사업 수행의 전문성 확보를 위해 행정기구에 의해서 설치·운영되는 기구를 의미한다. 즉, 평생교육 진흥 업무에 특화된 전문성을 바탕으로 평생교육정책 및 사업 수행을 전담하는 기구를 의미하는 것이다. 우리나라 평생교육 전담기구로 중앙의 국가평생교육진흥원, 국가장애인평생교육센터, 중앙다문화교육센터, 시·도에는 시·도 평생교육진흥원, 시·도 문해교육센터, 시·도 평생교육정보센터 등이 있으며, 시·군·구 기초자치단체에는 시·군·구 평생학습관, 읍·면·동 평생학습센터 등이 전담기구에 포함된다.

심의기구, 행정기구, 전담기구 이외에도 각종 법령 및 조례에 따라서 설치된 각종 국가위원회, 연구기관, 시설 등이 평생교육 추진체제에 포함이 된다. 이들은 평생교육정책 수립 및 자문에 도움을 주고 있으며, 더불어 심의기구, 행정기구, 전담기구에는 포함되지는 않지만 평생교육정책 및 사업을 집행을 하는 다양한 기관들 또한 존재한다.

2) 행정단위 따른 평생교육 추진체제

평생교육 추진체제는 행정 단위에 따라서 구분되며, 각 단위별 역할도 달라진다. 우리나라 「지방자치법」 제2조 제1항에서는 특별시, 광역시, 특별자치시, 특별자치도와 같은 광역단위의 자치단체와, 시·군·구로 나뉘는 기초자치단체로 구분하고 있다. 우리나라 행정단위 별 주요 평생교육 법령과 추진체제는 다음 〈표 10-8〉과 같이 구분될 수 있다.

〈표 10-8〉 행정단위별 평생교육 추진체제

구분	법	심의기구	행정기구	전담기구
중앙정부	평생교육법	평생교육진흥위원회	교육부	국가평생교육진흥원 국가장애인평생교육센터
광역 자치단체	시·도 조례 교육청 조례	시·도 평생교육협의회 시·도 평생교육실무협의회	시·도 광역 자치단체 시·도교육청	시·도 평생교육진흥원
기초 자치단체	시·군·구 조례	시·군·구 평생교육협의회 시·군·구 평생교육실무협의회	시·군·구 기초자치단체 시·군·구 교육지원청	시·군·구 평생학습관
				읍·면·동 평생학습센터

(1) 중앙정부

교육부는 중앙정부 단위의 행정기구로 평생교육의 주무부처이다. 교육부의 평생교육 주무부서는 평생교육직업교육정책관 산하의 평생직업교육기획과와 평생학습지원과 2개의 과로 구성되어있다. 평생직업교육기획과에서는 K-MOOC, 매치업, 평생교육통계, 자격제도, 원격대학, 장애성인평생교육 등의 업무를 수행하고 있으며, 평생학습지원과는 평생교육바우처, 평생학습계좌제, 학점은행제, 학습계좌제, 지역평생교육활성화 등의 업무를 시행하고 있다.

국가 단위의 평생교육 전담기구에는 국가평생교육진흥원이 가장 대표적이다. 국가평생교육진흥원은 헌법 제31조 제5항, 「평생교육법」 제19조 제1항에 따라 국가 주도로 평생교육진흥 관련 업무를 지원하기 위하여 2008년에 설립된 전담기구이다. 국가평생교육진흥원의 업무를 살펴보면 다음과 같다.

「평생교육법」 일부개정 법률안(2023) 제19조 제4항에 따르면 국가평생교육진흥원은, ① 평생교육진흥을 위한 지원 및 조사 업무, ② 진흥위원회가 심의하는 기본계획 수립의 지원, ③ 평생교육프로그램 개발의 지원, ④ 평생교육사를 포함한 평생교육 종사자의 양성·연수(제24조), ⑤ 국내외 평생교육기관 단체 간 연계체제의 구축, ⑥ 시·도 평생교육진흥원에 대한 지원 및 시 도평생교육진흥원과의 협력(제20조), ⑦ 「학점인정 등에 관한 법률」 및 「독학에 의한 학위취득에 관한 법률」에 따른 학점 또는 학력인정에 관한 사항, ⑧ 학습계좌의 통합 관리·운영(제23조), ⑨ 문해교육의 관리 운영에 관한 사항, 정보화 및 온라인 기반 관련 평생교육의 관리 운영에 관한 사항, 평생교육법 또는 다른 법령에 따라 위탁받은 업무, 그 밖에 진흥원의 목적수행을 위하여 필요한 사업 등의 업무를 수행한다. 국가평생교육진흥원은 평생교육의 총괄적인 집행기구로서 한국교육개발원의 평생교육센터·학점은행센터, 한국방송통신대학교의 독학학위검정원 3개 기관을 통합하여 평생교육진흥원의 업무를 편성하였다.

한편, 국가장애인평생교육진흥센터는 2016년 장애인의 평생교육에 대한 국가 책무를 규정하는 법률 개정을 통해 2018년도에 설립이 되었다. 「평생교육법」 제19조 제2항에 따르면 국가장애인평생교육진흥센터는, ① 장애인 평생교육진흥을 위한 지원 및 조사 업무, ② 진흥위원회가 심의하는 기본계획에 관한 사항 중장애인 평생교육진흥에 관한 사항, ③ 장애 유형별 평생교육프로그램 개발의 지원, ④ 장애인 평생교육 종사자의 양성·교육 및 연수와 공무원의 장애인 의사소통 교육, ⑤ 장애인 평생교육기관 간의 연계체제 구축, ⑥ 발달장애인의 평생교육과정의 개발, ⑦ 발달장애인의 의사소통 도구의 개발과 보급, ⑧ 장애인 평생교육프로그램을 운영하는 각급학교와 평생교육기관 양성을 위한 지원, ⑨ 장애 유형별 평생교육 교재·교구의 개발과 보급, ⑩ 그밖에 장애인평생교육진흥센터의 목적 수행을 위하여 필요한 사업을 수행한다.

(2) 광역자치단체

「평생교육법」 제5조에서는 평생교육과 관련된 국가 및 지방자치단체의 임무는 동일하게 규정하고 있다. 국가와 마찬가지로 지방자치단체에서 또한 평생교육진흥 정책과 평생교육 사업 수립·추진, 평생교육 정보제공 및 상담 등의 의무 조항이 있다.

광역자치단체에서는 평생교육 행정기구로 시·도 광역자치단체와 시·도 교육청을 들 수 있으며, 각 행정기구에 전담 부서 및 조직을 설치하여 평생교육 진흥 임무를 수행하고 있다. 광역자치단체는 주민의 행정적 사무는 물론 교육, 복지, 체육 등에 관한 진흥 사무를 주요 사무 범위 안에 포함하고 있다. 각 광역자치단체에서는 지역주민의 역량 강화와 평생교육 확대, 평생교육 진흥을 목적으로 자치 입법을 하고 있는데 이것이 「평생교육진흥조례」이다. 현재 우리나라의 17개 광역자치단체 모두 평생교육진흥 조례를 제정하여 운영하고 있으며, 지역주민들의 평생교육 참여 확대를 위하여 조례를 제정·개정하여 운영하고 있다.

교육청은 지역주민의 평생학습 기회 확대 및 평생교육 활성화를 위한 평생교육 진흥 정책을 수립하는 행정기관 중 하나로, 평생교육활성화 조례를 제정하고 있다. 2000년 광주광역시 교육청의 평생교육활성화 조례 제정을 시작으로 다양한 광역시 교육청에서 평생교육 활성화 조례를 제정·개정하고 있다. 또한 시·도 평생교육협의회를 설치하여 평생교육정책 및 사업에 대한 심의를 하고 있다.

한편, 광역자치단체의 평생교육 전담기구는 시·도 평생교육진흥원을 들 수 있다. 시·도지사가 지정 또는 설치 운영하도록 규정되어 있는 시·도 평생교육진흥원은, ① 해당 지역의 평생교육 기회 및 정보의 제공, ② 평생교육 상담 및 컨설팅 지원, ③ 평생교육 프로그램 운영 및 지원, ④ 해당 지역의 평생교육기관 간 연계체제 구축, 국가 및 시·군·구 간 협력 연계, 해당 지역의 평생교육 진흥을 위한 조사 연구, 시행계획 수립의 지원, 평생교육 관계자의 역량강화 지원 그 밖에 평생교육진흥을 위하여 시·도지사가 필요하다고 인정하는 사항 등의 기능을 수행한다.

(3) 기초자치단체

우리나라는 17개의 광역자치단체와 광역에 속한 시·도·군 228개를 기초자치단체로 두고 있다. 기초자치단체 평생교육 행정기구로는 시·군·구 기초자치단체, 교육지원청 그리고 직속기관이 이에 해당한다. 기초자치단체장은 광역자치단체장과 동일하게 평생교육 진흥정책과 평생교육 사업 수립·추진 등의 임무를 수행하여야 한다.

기초자치단체 또한 광역자치단체와 마찬가지로 기초자치단체 내의 평생교육 진흥정책 수립 및 운영을 위하여 평생교육 조례를 제정·개정하며 평생교육 활성화를 위한 노력을 하고 있다. 기초자치단체의 평생교육 조례에는 평생교육 활성화를 위한 지원 조례 내용을 포함하여, 교육의 사각지대에 놓여있는 느린학습자, 경계선 지능인을 위한 평생교육 지원 사항을 다루고 있다.

시·군·구 기초자치단체의 평생교육 활성화를 위해 시·군·구 평생교육 협의회를 두고 있으며, 필요에 따라서는 시·군·구 평생교육실무협의회 등의 기구를 추가설치하여 운영하고 있다. 이 기구들은 지역주민을 위한 평생교육의 실시와 관련되는 사업간 조정 및 유관기관 간의 협력 증진을 위하여 심의하는 역할을 수행한다. 마지막으로, 시·도 교육감이 지정 또는 설치 운영하도록 규정되어 있는 평생학습관, 시장 군수 또는 자치구 구청장이 지정 또는 설치 운영하도록 규정되어 있는 평생학습센터도 보다 지역과 밀접한 관계를 맺고 평생교육 프로그램 운영 기능을 수행하도록 명시되어 있다.

이상의 내용을 바탕으로 우리나라 평생교육 전담기구 간의 관계를 살펴보면 다음 [그림 10-4]와 같다.

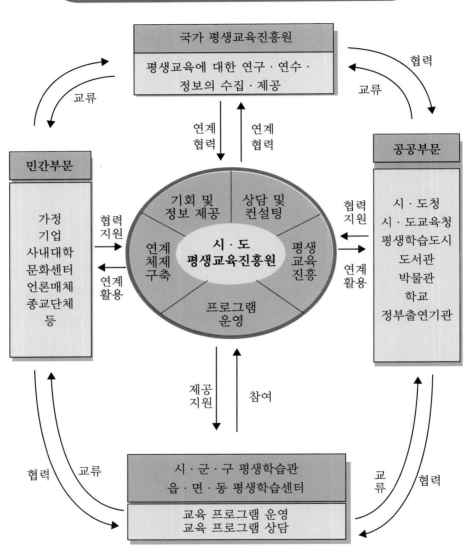

[그림 10-4] 평생교육 전담기구의 연계체제

요약

1. 우리나라의 평생교육법은 헌법과 교육기본법에 제시되어있는 평생교육 진흥 조항을 바탕으로 1999년 사회교육법이 평생교육법으로 대체되면서 시행되었다. 평생교육법은 국민들의 학습권 보장 및 삶의 질 향상을 위하여 지속적으로 수정·보완하면서 시행되고 있다. 한편, 평생교육은 교육부에서만 통해 실시되는 것이 아니라 교육부 이외의 부처에서도 실시되고 있다. 이처럼 법률에서 또한 평생교육 기반이 되는 조항들도 다수 포함되어 있다.

2. 평생교육정책은 평생교육이라는 개념에서 이해하느냐, 평생교육정책이 가지고 있는 목적에 초점을 맞춰서 이해하느냐에 따라 정책의 개념과 정책의 시행범위는 달라진다. 우선 법에서 명시된 평생교육의 개념으로 평생교육정책을 이해하면 평생교육법에 영향을 받아 시행되는 정책으로 교육부 또는 국가평생교육진흥원에서 시행하는 정책만이 평생교육정책이 된다. 하지만 하지만 평생교육정책의 목적으로 이해한다면 사회발전과 국민들의 성장을 돕기 위해 시행되는 교육적 활동 모두를 평생교육정책으로 이해할 수 있다. 이러한 넓은 범위에서 평생교육정책은 교육부에 한정된 것이 아닌 범부처 차원에서 시행되는 교육적인 정책을 평생교육정책으로 이해할 수 있다. 평생교육정책은 교육부 외 많은 정부부처에서 현재 시행되고 있으며, 해결하고자 하는 사회문제에 따라서 다양한 유형의 평생교육정책이 시행되고 있다.

3. 평생학습사회 구현에 있어서 가장 중요한 것은 지역사회 평생교육의 활성화이다. 이를 위해 평생교육법에서는 국가 및 지자체의 평생교육 제도와 운영을 위한 추진체제를 구축하고 있다. 평생교육 추진체제는 크게 심의기구, 행정기구, 전담기구로 구성되어있으며 그 밖의 법정위원회, 평생교육 기관 등이 지원기구로 구분된다. 이러한 평생교육 추진체제는 행정 단위에 따라서 구분되며 각 행정 단위별 역할 또한 달라지며 각 추진체제들 간의 협력과 지원을 통해 업무가 수행되고 있다.

🎓 연구문제

1. 현재 평생교육법 체계가 갖고 있는 한계와, 평생교육법이 나아갈 방향에 대하여 제시하시오.

2. 다양한 범위에서 시행되고 있는 평생교육정책을 아우를 수 있을 만한 새로운 기준에 따라 평생교육정책을 유형화해 보고, 그 기준을 제시한 이유에 대해 논의하시오.

3. 내가 살고 있는 지역을 기준으로 국가/시·도/시·군·구/읍·면·동 평생교육기관을 조사하고 각 기관에서 시행하는 대표적인 평생교육정책 또는 사업(프로그램)을 소개하시오.

📚 참고문헌

국가평생교육진흥원(2024). 2023 평생교육백서.

김경동(1968). 사회개발과 도시 사회병리현상과 사회개발. 도시문제, 3(3), 20-27.

김종철(1990). 한국교육정책연구. 교육과학사.

김지선(2024). 한국 정부부처 사회교육정책의 특성에 관한 다차원 정책분석모델 적용 연구. 동의대학교 대학원 박사학위논문.

김영아(2007). 평생학습도시 정책의 형성과정과 평가 연구. 전북대학교 대학원 박사학위논문.

서정화, 임해철, 김용호, 박영숙, 김숙이, 전제상(2002). 한국 교원정책 50년사 데이터베이스 구축 연구. 한국교원교육연구, 19(1), 273-300.

윤정일, 송기창, 조동섭, 김병주(2008). 교육행정학원론. 학지사.

이병호, 최은수(2009). 한국의 평생교육정책과정 추이분석에 관한 연구: 지역사회 발전 평생교육정책 사례들을 중심으로. 평생교육 · HRD연구, 5(3). 221-246.

정일환(1998). 교육정책분석에서의 가치론에 관한 탐구. 교육정치학연구, 5(1), 102-126.

최은수(2012). 평생교육정책론. 학지사.

최돈민(1997). 교육정책 결정 및 추진과정에서의 사회적 이해 관계 분석: 고교 평준화 정책을 중심으로. 한양대학교 대학원 박사학위논문.

황준성, 박균열, 이희현, 유경훈, 주영효, 윤선인, 김홍주, 김순남(2017). 교육정책의 현장 실행과정 및 개선과제. 한국교육개발원.

Midgley, J. (2014). *Social development*. SAGE Publications Ltd.

제11장

교육부 중심의 평생교육 진흥정책

평생교육정책은 평생교육법의 개정과 더불어 한 단계 발전하고 있다. 국가의 평생교육 청사진을 그리기 위하여 평생교육종합진흥계획이 5년 주기로 수립 및 시행되고 있다. 평생교육정책은 평생교육진흥종합계획을 바탕으로 시행이 되고 있으며, 지역평생교육 체제 확립 및 활성화를 위하여 각 지역의 특성을 담은 평생교육 활성화를 위하여 평생학습도시 조성 사업이 진행되고 있다.

더불어 사회적 약자의 평생교육 참여 기회를 제공하기 위한 다양한 교육복지차원의 정책이 시행되고 있으며, 평생교육정책 및 사업이 효과적으로 운영되기 위하여 평생교육의 전문가인 평생교육사를 양성하고 배치하는 등의 자격제도 등이 보다 체계적으로 확대·정비되고 있다.

그밖에도 평생교육의 분야별로 보다 구체적인 사항들이 제도화되고 있다. 그럼에도 불구하고 평생교육의 발전을 위해 추진해야 할 더 많은 제도적 과제가 존재하고 있다. 여기에서는 우리나라의 주요 평생교육제도의 현황을 살펴보고 향후 추진해야 할 제도적 과제들에 대해 살펴보고자 한다.

■ **학습목표**

1. 평생교육진흥종합계획의 주요 목적 및 내용에 대해 이해한다.

2. 평생학습진흥의 근간이 되는 평생교육사 자격제도와 정책의 현황과 발전과제를 이해한다.

3. 지역평생교육 활성화를 위한 평생학습도시 조성 사업의 현황과 발전과제를 이해한다.

4. 평생학습진흥을 위한 평생교육바우처 사업의 현황과 발전과제를 이해한다.

1. 평생교육진흥기본계획

평생학습정책이 체계적으로 시행되기 위해서는 국가의 평생교육 철학과 방향을 담고 있는 이른바 가이드 라인이 필요하다. 평생교육진흥기본계획은 평생교육 진흥을 위하여 5년마다 작성되는 마스터 플랜으로 이를 기반으로 다양한 평생교육정책이 시행되고 있다. 이 절에서는 평생교육진행기본계획의 의미와 주요 내용, 진흥기본계획에 따라 현재 시행되고 있는 주요 평생교육사업을 제시하고자 한다.

1) 평생교육진흥기본계획의 의미와 역할

대한민국 「헌법」 제31조 제5항에는 '국가는 평생교육을 진흥하여야 한다.'고 명시되어 있다. 우리나라 헌법의 모든 조문 중에 유일하게 '진흥'이라는 단어가 쓰인 조문이다. 일반적으로 진흥(振興)은 '떨치어 일어남'을 뜻하는 단어로 이는 국가가 모든 국민에게 평생교육을 누릴 수 있도록 노력할 책무를 강조하는 것을 의미한다.

평생교육진흥기본계획은 1995년 5·31 교육개혁안의 일환으로 2002년 '평생교육진흥종합계획' 이라는 이름으로 작성되었다. 당시의 기본계획은 국가적-법정 규정에서 수립되기 보다는 평생학습사회라는 지향성을 가진 인적자원개발 정책담당자의 노력에 의해서 작성되었다. 이후, 2008년 평생교육법이 개정됨에 따라, 제9조 제1항에서는 평생교육진흥기본계획을 수립하기 위한 교육부장관의 의무를 규정함으로써 법적인 근거를 마련하였다. 이로써 2008년 제2차 기본계획을 시작으로 5년 주기마다 수립되고 있으며, 가장 최근에는 2023년 제5차 평생교육기본계획이 수립되어 현재 시행되고 있다.

「평생교육법」 제9조 제2항에서는 평생교육진흥기본계획에 포함되어야 할 내용을 제시하고 있다. 평생교육진흥기본계획에는 평생교육진흥의 중·장기 정책 목표 및 기본방향, 평생교육의 기반구축 및 활성화, 평생교육진흥을 위한 투자확대 및 소요재원, 평생교육진흥정책에 대한 분석 및 평가, 장애인의 평생교육진흥, 장애인 평생교육진흥정책의 평가 및 제도개선, 그 밖에 평생교육진흥을 위하여 필요한 사항을 제시할 것을 다루고 있다.

평생교육진흥기본계획은 국가의 국정철학을 반영하여 세워진 평생교육의 5년 단위의 계획서로, 평생학습정책의 기본 방향과 핵심 추진과제를 제시함과 동시의 정부별 평생교육정책의 기본방향과 기틀을 다지는 역할을 수행한다. 평생교육진흥기본계획의 내용이 발표되면 평생교육진흥기본계획에 따라 지방자치단체에서도 평생교육진흥계획을 세우게 되며, 매년 단위로 평생교육진흥시행계획을 수립하고 시행하고 있다.

「평생교육법」 제11조에서는 연도별 평생교육진흥시행계획의 수립과 시행에 대하여 제시하고 있다. 중앙행정기관의 장, 시·도지사는 기본계획에 따라 연도별 평생교육진흥시행계획을 수립하고 시행하여야 하며, 이를 교육부 장관에게 제출하여야 한다. 구체적으로 평생교육진흥시행계획에는 전년도 시행계획의 추진 실적과, 해당연도의 시행계획을 포함하고 있어야 한다.

기초자치단체의 경우에도 마찬가지로 국가의 평생교육진흥기본계획과, 광역자치단체의 평생교육진흥계획, 시행계획과의 연계성을 가지고 평생교육 중장기 발전계획을 세우고 있다.

[그림 11-1] 행정단위에 따른 평생교육 진흥기본계획

2002년 제1차 평생교육진흥종합계획을 시작으로 지금까지 다섯 번의 평생교육진흥기본계획 수립과 시행을 통해 정부는 국정 철학을 담은 평생학습사회를 구현하기 위하여 노력하였다. 평생교육진흥기본계획을 바탕으로 평생학습은 국가 정책의 한 영역으로 자리매김할 수 있게 되었으며, 평생교육 관련 인프라 확충과 사회적 인식을 제고하였다는 등의 성과를 도출할 수 있었다.

2) 평생교육진흥기본계획의 주요 내용

(1) 평생교육진흥기본계획의 흐름

평생교육진흥기본계획은 대통령의 국가 통치관에 따라서 5년 단위로 제시되는 평생교육의 마스터플랜으로 이해될 수 있다. 평생교육진흥기본계획은 교육정책 전반의 목표와 기본방향 그리고 주요 추진과제를 수립하고 이를 바탕으로 중앙부처와 지방자치단체가 공동으로 시행하고 관리하는 5년 단위의 중장기 플랜으로, 근원적인 동시에 미래의 방향을 가늠하기 위한 제도적 기반이 될 수 있다.

〈표 11-1〉 평생교육진흥기본계획의 변화

차수	시기	비전	과제
1차	2002~2006	배우는 즐거움, 나누는 기쁨, 인정받는 학습사회 실현	5개 영역 26개 추진과제
2차	2008~2012	배우는 즐거움, 일구어 가는 내일, 함께 살아가는 평생학습사회 구현	3개 영역 18개 추진과제
3차	2013~2017	100세 시대 창조적 평생학습을 통한 국민 행복 실현	4개 영역 12개 추진과제
4차	2018~2022	개인과 사회가 함께 성장하는 지속가능한 평생학습사회 실현	4개 영역 9개 추진과제
5차	2023~2027	누구나 계속 도약할 수 있는 기회, 함께 누리는 평생학습사회	7개 영역 20개 추진과제

1차 평생교육진흥종합계획(2002~2006년)은 국가적으로 정치 민주화의 도래로 인한 민주시민사회 건설의 필요성, 지식기반사회 진입에 따른 인적자원개발

의 중요성 강조, 국제화와 세계화에 걸맞은 글로벌 시민 역량 강화, 급속하게 진행되는 인구 고령화 대비 등의 배경으로 수립하게 되었다. 1차 평생교육진흥종합계획은 '배우는 즐거움, 나누는 기쁨, 인정받는 학습사회의 실현'이라는 비전 아래 5개 영역 26개의 추진과제가 제안되었다. 1차 진흥계획은 법적 근거하에 작성된 진흥계획은 아님에도 불구하고 평생학습에 관한 체계적·종합적 계획을 마련하였으며 지역평생교육정보센터, 평생학습관 설치, 평생학습도시 지정, 성인문해교육 지원 등과 같이 제도적 기반 마련과 사회통합에 기여하였다는 평가를 받고 있다.

2차 평생교육진흥기본계획(2008~2012년)은 1차 기본계획의 성과를 발전시키고, 한계를 극복하기 위해 수립 및 발표되었다. 2차 기본계획은 평생교육법 전부 개정에 따른 지원추진체계 개편 및 평생학습전달 체계 개선 등의 필요성과 국가인적자원개발 기본계획과의 연계 지속, 국제사회의 평생교육 요구에 대응, 양극화 현상에 대비한 사회적 공적 지원 시스템 마련의 필요성을 바탕으로 수립되었다. 2차 진흥계획은 '배우는 즐거움, 일구어 가는 내일, 함께 살아가는 평생학습사회 구현'이라는 비전 아래 3개 영역 18개의 추진과제를 제시하였으며, 평생학습 추진체제 정비를 통한 참여율 증가, 저소득층의 평생학습 참여율 증가 등 평생교육의 양적 확대라는 긍정적인 평을 받았으나, 소득·학력에 대한 격차는 여전히 큰 것으로 평가되었다.

3차 평생교육진흥기본계획(2013~2017년)은 2차 진흥계획의 성과와 한계점을 분석한 시사점을 토대로 수립되었다. 3차 평생교육진흥기본계획은 '100세 시대 창조적 평생학습을 통한 국민 행복 실현'이라는 비전하에 4개 영역 12개의 추진과제가 제시되어있다. 특히 3차 평생교육진흥기본계획에서는 생애주기·계층·지역에 따라 보다 다양한 평생교육의 장을 마련하고 모든 국민이 언제 어디서나 학습에 쉽게 접근할 수 있도록 평생학습 종합지원체제 구축에 대한 계획을 구체적으로 담고 있다. 이러한 결과로 대학 중심 평생교육이 활성화되었으며, 기존 시·군·구 단위의 평생학습 추진체제를 읍·면·동 단위까지 확장시켜 평생학습센터가 구축되었다. 또한 시·도 평생교육진흥원 설립이 완료되어 지금의 평생교육 추진체제를 구축하였다는 평을 받고 있다.

4차 평생교육진흥기본계획(2018~2022년)은 기술의 발달, 사회구조의 변화 등 다양한 교육환경의 변화에 대응하기 위하여 진흥계획이 제시되었다. 4차 평생교육진흥기본계획은 '개인과 사회가 함께 성장하는 지속가능한 평생학습사회 실현'이라는 비전하에 제시되었다. 4차 평생교육진흥기본계획은 학습자 중심으로의 패러다임 전환, 지속적이고 자발적인 참여 확대, 개인과 사회의 동반 번영, 지원기관 및 제도 간 연계ㆍ협력 강화를 강조하기 위하여 다양한 대상을 바탕으로 한 세부 과제들이 제시되었다. 이시기에는 특히 평생교육직업훈련, 평생교육 바우처 지원, 국가장애인평생교육진흥센터 설치 등과 같이 포용적인 평생학습 정책과, 정책의 내실화를 위한 환류체제 마련 등 지속가능한 성장을 할 수 있는 정책들이 제시되었다는 평을 받고 있다.

마지막으로, 가장 최근에 수립된 5차 평생교육진흥기본계획(2023~2027년)은 4차에 걸쳐 추진되어 온 평생교육정책에 대한 평가와 평생학습 환경의 변화에 대응하기 위하여 수립되었다. 코로나 이후 국민 간의 격차 해소를 위하여 국민들의 역량개발을 강조하고, 개발된 역량을 활용함으로써 성장하는 것을 목표로 하고 있다. 이러한 관점에서 5차 평생교육진흥기본계획은 지속가능성, 기회, 연계라는 주요 키워드를 중심으로 '누구나 계속 도약할 수 있는 기회, 함께 누리는 평생학습 사회'라는 비전하에 6대 핵심 과제와 뒷받침 과제를 제시하고 있다.

(2) 평생교육진흥기본계획에 따른 국가평생교육진흥원의 주요 사업

우리나라 국가 단위의 평생교육 전담기구인 국가평생교육진흥원은 평생학습 사회 구현을 위한 정책을 총괄적으로 시행하는 기관이다. 2008년 설립된 국가평생교육진흥원은 모든 국민이 누구도 소외됨 없이 평생동안 학습을 통해 일과 삶이 지속되는 포용 사회를 만들기 위해 평생교육진흥을 위한 지원사업, 평생교육종사자 양성ㆍ연수, 평생교육종합정보시스템 구축, 시ㆍ도 평생교육진흥원에 대한 지원, 평생학습도시 활성화 등과 같은 다양한 과업을 수행하고 있다.

국가평생교육진흥원에서 시행하는 정책은 국가 단위의 평생학습 진흥 정책으로, 평생교육진흥기본계획을 바탕으로 정책을 수행하고 있다. 우리나라 국가평생교육진흥원에서 시행하고 있는 주요 평생교육 사업은 다음 〈표 11-2〉와 같다.

〈표 11-2〉 국가평생교육진흥원 주요 평생교육 사업

정책 명	주요 내용
지역평생교육 활성화	인생 100시대에 대비하여 전생애에 걸쳐 국민의 삶의 질을 향상시키고 국민의 행복을 증진시키기 위하여 국가/시 · 도/시 · 군 · 구/읍 · 면 · 동으로 이어지는 평생교육 추진 체제 구축 및 지역평생교육 활성화를 위한 평생학습도시 조성 사업 운영
매치업(Match 業) 사업	신산업 분야의 직무능력 향상을 희망하는 대학생, 구직자, 재직자 등을 위한 산업맞춤 단기직무능력인정과정으로 해당 분야 대표기업이 과정 이수자를 대상으로 직무 능력을 인증하는 프로그램
평생교육바우처 지원	학습자가 본인의 학습요구에 따라 자율적으로 학습활동을 결정하고 참여할 수 있도록 학습 비용을 지원하는 사업
대학의 평생교육 체제 지원	대학을 지역 내 성인학습자의 평생교육의 플랫폼으로 육성하고, 대학이 지자체와 협력체계를 구축하여 지역별 수요 · 발전계획과 연계한 지역인재 양성을 추진함으로써 지역 재생 및 지역 정주여건 개선을 통해 대학과 지역의 동반성장을 지원하는 사업
평생교육사 자격제도 운영	「평생교육법」 제19조 및 제24조에 따라 평생교육의 기획, 진행, 분석, 평가 및 교수업무를 수행하는 현장전문가인 평생교육사의 자격증을 교부하고, 평생교육사 전문 역량 강화를 위한 연수 운영을 시행하는 정책
온국민 평생 배움터	흩어져 있는 평생교육 정보와 학습 콘텐츠를 한 곳에 통합 제공하여 모든 국민이 언제, 어디서나, 원하는 평생학습 기회를 누릴 수 있도록 지원하는 평생학습 종합 포털 정책
평생학습계좌제	「평생교육법」 제23조에 따라 국민의 다양한 학습경험을 온라인 학습계좌에 누적 · 관리하고 이를 학력 · 자격인정과 연계하거나 고용정보로 활용함으로써, 학습이수 결과에 대한 사회적 인정 및 활용 기반을 확대하기 위한 정책
학점은행제	「학점인정 등에 관한 법률」에 의거하여 학교에서 뿐만 아니라 학교 밖에서 이루어지는 다양한 형태의 학습 및 자격을 학점으로 인정받고, 학점이 누적되어 일정기준을 충족하면 학위 취득이 가능한 정책
독학학위제	「독학에 의한 학위취득에 관한 법률」에 의거하여 국가에서 실시하는 학위취득시험에 합격한 사람에게 학사학위를 수여함으로써 평생교육의 이념을 구현하고 개인의 자아실현과 국가사회의 발전에 이바지하는 것을 목적으로 하는 정책
한국형 온라인 공개 강좌(K-MOOC)	「평생교육법」 제22조 및 「고등교육법」 제26조에 다라 수강인원의 제한 없이 모든 사람이 수강 가능한 웹 기반의 강좌인 무크의 한국형 모델로 모든 국민이 학습할 수 있는 온라인 지식공유 플랫폼 사업
성인문해교육 지원	「평생교육법」 제39조에 따라 비문해 · 저학력 성인을 대상으로 성인문해교육 프로그램 운영 지원, 초등 · 중등 학력인정제도 구축 등을 통해 사회통합 실현을 위한 교육 기회를 제공하는 제도
검정고시 프로그램 운영지원	「초 · 중등교육법」 및 「평생교육법」에 의거하여 검정고시 교육복지 및 평생교육 이념 실현을 위하여 학력 및 미인정 학습자를 대상으로 검정고시 프로그램 운영 지원 및 활성화 노력을 통해 학력보완 교육 기회를 제공하는 제도

정책 명	주요 내용
학부모 자녀교육 역량 강화	「교육기본법」 제13조 및 「평생교육법」 제19조에 기반하여 '부모 등 보호자'가 자녀를 교육할 권리와 책임을 수행할 수 있도록 자녀교육 역량을 강화, 학교교육 참여 제반활동 및 주요 교육정책에 관한 교육정보 제공 등을 지원하는 제도
다문화교육 활성화 지원	「교육기본법」 제4조, 「다문화가족지원법」 제10조, 「초·중등교육법 시행령」 제19조에 따라 다문화학생 중심의 맞춤형 교육지원과 다문화 사회에 대한 인식을 제고하기 위한 사업을 수행하는 제도

2. 평생교육사 자격제도

평생교육정책을 수행하는 데 있어 기관에서 평생교육 프로그램을 기획하고, 학습자들에게 제공하는 전문가인 평생교육사 또한 매우 중요한 영역 중 하나이다. 평생교육사 자격제도는 평생교육을 진흥하기 위한 전문인력인 평생교육사를 양성하고, 양성된 평생교육사를 배치, 전문성을 신장하기 위한 연수 등을 지원하는 제도로 평생교육사 자격제도의 도입 배경 및 주요 내용에 대해서 다루어 보고자 한다.

1) 평생교육사 자격제도의 도입 배경

21세기는 지식기반사회이다. 지식이 한 개인과 사회의 부를 축적하는 데 중요한 역할을 담당한다면, 개인적·사회적 차원에서 전개되는 모든 학습활동을 체계적으로 지원하는 일은 사회적으로 중요한 의미를 지니게 된다. 이와 같은 요구를 평생교육 분야에 충족시키기 위한 조치가 바로 평생교육사 제도이다.

평생학습시대의 도래와 함께 전문성과 실무 능력을 겸비한 평생교육사를 양성하기 위하여 새로운 정책의 필요성이 대두되었다. 평생교육에서 최대의 효과를 얻고, 보다 체계적이고 효율성 있는 평생교육 활동이 현장에서 이루어지기 위해서는 평생교육 업무를 전문적으로 담당하는 평생교육 전문인력이 필요하다. 물론 평생학습은 누구나 자유롭게 할 수 있고, 할 수 있는 것이어야 하겠지만, 그렇다고 하여 누구나 평생교육을 준비하고 실시할 수 있는 것은 아니다. 특히 정부에서 평생교육을 진흥하기 위한 조직을 구축한 경우라든지 기관의 성격이 공공성을 띠고 있다면 최소한 그 조직에서 일하는 인사의 전문성은 확보될 필요가 있다.

또한 교육활동은 단지 일시적으로 이루어지는 교수자-학습자 간의 지식전달 행위를 넘어서 개인학습자들의 작은 학습 성과가 모여 학습자의 전 생애에 걸쳐 의미 있는 전환을 이루어 내는 것이기 때문에 지역마다 기관마다 소신과 전문성을 가진 많은 평생교육 전문인력이 그 역할을 담당할 때 평생학습사회 구현은 이룩될 수 있다.

국가에서는 1982년 「사회교육법」 제정을 통해 국가의 평생교육 전문인력을 양성하기 위하여 '사회교육전문요원'을 양성하고 배치하였다. 이후 2000년 「평생교육법」이 시행되면서 평생교육에 종사하는 사람들의 전문성이 강조되었다. 이에 평생교육 담당자에 대한 국가적 인증제도가 도입되었으며, 그 결과 종전의 '사회교육전문요원'은 '평생교육사'로 개칭되어 현재까지 운영되고 있다.

평생교육사의 명칭은 평생교육법이 시행된 기점으로 사용되었지만, 그전에는 '사회교육자' '사회교육지도자' '성인교육자' '교육간사' '교육 트레이너' '프로그래머' 등 맥락에 따라 다르게 사용되어 왔다(한국교육개발원, 2000). 평생교육사의 원형인 성인교육자, 사회교육자의 명칭을 종합해 보았을 때, 평생교육사는 평생교육현장에서 취업의 기준이 되는 자격증을 취득한 사람만을 의미하는 것이 아니라, 사회교육 및 성인교육 등 평생교육의 현장에서 적극적으로 학습자들의 교육을 촉진시키도록 도와주고, 학습자의 성장을 돕는 역할을 하며, 더불어 사회교육현장의 문제를 확인하고 변화를 이끌도록 노력하는 실천가의 역할까지 하는 전문가임을 알 수 있다.

평생교육사는 「평생교육법」 제17조에 '대학에서 법이 정한 평생교육 관련 과목을 일정 학점 이상 이수한 자 또는 법이 정한 평생교육사 양성기관에서 소정의 과정을 이수한 후 자격증을 부여 받은 사람'으로 정의되어 있다.

「평생교육법」에 따르면 평생교육 현장의 효율성과 전문성을 강화하기 위하여 평생교육의 기획, 진행, 분석, 평가 등을 담당하는 전문인력 양성과 배치, 연수를 제도화하기 위한 국가자격으로 평생교육사를 규정하고 있다. 이러한 법적 규정과 학자들의 주장을 종합하여 평생교육사의 역할을 제시하면 다음과 같다.

- 평생교육기관을 효율적으로 운용하기 위한 각종 기획 전문가의 역할
- 학습자의 생애발달에 대한 충분한 이해를 바탕으로 학습자들의 요구에 부응하는 프로그램 개발 전문가의 역할
- 평생교육에 헌신하고자 하는 태도와 자세를 가지고 프로그램을 직접 운영하는 프로그램 운영자의 역할
- 만들어진 프로그램이나 기관을 홍보하고 마케팅하는 마케팅 전문가의 역할
- 기관에서 발생하는 여러 가지 행정을 처리하는 행정업무자의 역할
- 학습자를 상대로 직접 가르치는 교수자의 역할
- 학습자들의 학습수준이나 요구에 맞는 교육 프로그램을 연결해 주는 학습상담자의 역할

평생교육사와 관련하여 평생교육법 제24조에서는 평생교육사 자격요건 및 역할에 대하여 설명하고 있으며, 제25조(평생교육사 양성기관), 제26조(평생교육사의 배치 및 채용) 제27조(평생교육사 채용에 대한 경비보조) 등을 통해 평생교육사에 관한 제반 사항을 다루고 있다. 또한 평생교육법 시행령과 시행규칙에서는 그 밖의 자격요건(동법 시행령 제15조), 자격증 교부절차(동법 시행령 제20조), 자격증 수여(동법 시행규칙 제6조)에 대해 명시하고 있다.

평생교육사 제도는 평생교육 이념을 실현하기 위해 실무능력과 전문성을 가진 평생교육 전문가를 양성하고 배치하여 연수하는 것을 목적으로 한다.

〈표 11-3〉 평생교육사 자격제도의 구성요소

구분	내용	
양성 제도	• 담당 정부 부서 및 기관 • 관련 규정 • 자격등급의 종류 • 등급별 역할 • 교육과정	• 등급별 양성과정 참여자의 자격과 조건 • 등급별 양성기관의 종류 및 수 • 양성기관 지정기준 및 지정권한 • 자격 취득 조건
배치 제도	• 관련 규정 • 임용 기준 • 배치대상기관의 종류	• 등급별 배치기준 • 배치 현황

구분	내용	
연수 제도	• 담당 정부 부서 및 기관 • 관련규정 • 승진체계 • 근무 평정	• 경력 산정 • 승급 연수 • 연수경비부담 주체

평생교육사 양성제도는 평생교육현장에서 전문가로 활동하기 위하여 교육부 장관 명의로 지정된 평생교육 양성기관에서 일련의 지식을 학습하고 이를 자격 증으로 인정해 주는 과정을 뜻하며, 평생교육사 배치제도는 평생교육사가 평생 교육현장에서 전문성을 발휘할 수 있는 사회적 시스템을 갖추기 위한 제도를 뜻 한다. 마지막으로, 평생교육사 연수제도는 평생교육사 승급 및 직무향상의 목적 으로 교육을 받는 것을 의미하는 것으로 양성·배치·연수 제도는 서로 유기적 으로 상호작용하여 평생교육사의 전문성을 높이는 순환적 체제를 가지고 있다 (한국교육개발원, 2000, 2001).

2) 평생교육사 양성제도의 주요 내용

평생교육사 자격은 1·2·3급으로 구분되어 있으며, 평생교육사 이수 과정 을 통해서 자격을 취득할 수 있다, 평생교육사 양성은 「평생교육법」 제17조(대 학), 제18조(양성기관)에 따라 이원화되어 평생교육 관련 과목을 일정학점 이상 이수한 자에게 평생교육사 자격을 부여하도록 되어 있다. 우선 대학 내의 양성 과정은 최근 많은 대학과 대학원에서 전공학과를 개설하여 전문적으로 평생교 육 전문가를 양성하려는 움직임이 또한 있으나 일반적으로 '교직과정'과 비슷한 성격으로 운영되고 있다.

평생교육사 양성제도는 다시 양성기관, 양성교과, 자격기준으로 구분 되어진 다. 각 항목별로 살펴보면 다음과 같다.

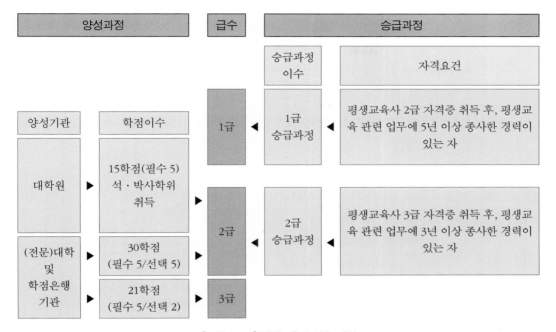

[그림 11-2] 평생교육사 이수 과정

*출처: 국가평생교육진흥원 평생교육 자격관리

(1) 평생교육사 양성기관

현행「평생교육법」제4장 제24조에 의하면 '교육부장관은 고등교육법 제2조의 규정에 의한 학교(이하 '대학'이라 한다) 또는 이와 같은 수준 이상의 학력이 있다고 인정되는 기관에서 평생교육 관련 교과목을 일정 학점 이상 이수한 자, 혹은 학점인정 등에 관한 법률 제3제1항에 따라 평가인정을 받은 학습과정을 운영하는 교육훈련기관(이하 '학점은행기관'이라 한다)에서 평생교육 관련 교과목을 일정 학점 이상 이수하고 학위를 취득한 사람, 혹은 대학을 졸업한 사람 또는 이와 같은 수준 이상의 학력이 있다고 인정되는 사람으로서 대학 또는 이와 같은 수준 이상의 학력이 있다고 인정되는 기관, 제25조에 따른 평생교육사 양성기관, 학점은행기관에서 평생교육 관련 교과목을 일정 학점 이상 이수한 사람'을 평생교육사라고 칭하고 있다. 이처럼 평생교육사는 대학 또는 이와 같은 수준 이상의 학력이 있다고 인정되는 기관에서 평생교육 관련 과목을 운영하는 곳으로 한정하여 양성을 하고 있다.

(2) 평생교육사 양성교과

평생교육사 자격을 취득하기 위해서는 지정 양성기관에서 평생교육 관련 과목을 이수하여야 한다. 평생교육사 양성기관에서 취득할 수 있는 자격증은 2 · 3급으로 전문성 있는 평생교육사의 양성을 위하여 보다 구체적인 과목이 구성되어 있으며, 평생교육사의 실무 경험도 미리 익힐 수 있도록 실습교과목도 포함하고 있다.

〈표 11-4〉 평생교육 관련 과목(평생교육법 시행규칙 제5조제1항 관련

과정	구분		과목명
양성 과정	필수		평생교육론, 평생교육방법론, 평생교육경영론, 평생교육프로그램개발론
			평생교육실습(4주, 160시간 이상)
	선택	실천 영역	아동교육론, 청소년교육론, 여성교육론, 노인교육론, 시민교육론, 문자해득교육론, 특수교육론, 성인학습 및 상담 (1과목 이상 선택하여야 함)
		방법 영역	교육사회학, 교육공학, 교육복지론, 지역사회교육론, 문화예술교육론, 인적자원개발론, 직업 · 진로설계, 원격(이러닝, 사이버)교육론, 기업교육론, 환경교육론, 교수설계, 교육조사방법론, 상담심리학(1과목 이상 선택하여야 함)

비고
1. 양성과정의 과목명칭이 동일하지 아니하더라도 교과의 내용이 동일하다는 평생교육진흥원장의 승인을 받은 경우 동일과목으로 본다.
2. 필수과목은 평생교육실습을 포함하여 15학점 이상을 이수하여야 한다.
3. 과목당 학점은 3학점으로 하고, 성적은 각 과목을 100점 만점으로 하여 평균 80점 이상이어야 하며, 평생교육실습 과목은 「평생교육법 시행령」 제69조 제2항에 따라 문자해득교육 프로그램으로 지정받은 기관, 「평생교육법」 제19조부터 제21조까지의 규정에 해당하는 평생교육기관에서의 4주 간 현장실습을 포함한 수업과정으로 구성한다.

평생교육사 양성과목은 필수과목과 선택과목으로 구분되어 있으며, 선택과목은 영역에 따라서 다시 실천영역과 방법영역으로 구분된다. 급수와 상관없이 필수과목 다섯 과목은 모두 수강하여야 하며 2급을 취득하기 위해서는 선택 다섯 과목, 3급을 취득하기 위해서는 선택 두 과목을 추가로 이수하여야 하며, 각 영역별 한 과목 이상은 이수하도록 규정되어 있다.

(3) 평생교육사 자격기준

평생교육사의 등급별 자격 요건은 「평생교육법 시행령」 제16조에서 규정하고 있다. 평생교육사의 자격 기준은 대학 및 평생교육 양성기관의 양성과정과 평생교육진흥원의 승급과정으로 구분된다. 특히 평생교육사 1급의 경우 양성 초기에는 양성과정을 통해서도 취득이 가능하였으나, 현재는 2급을 취득한 후 5년 이상의 경력이 있는 자가 국가평생교육진흥원에서 운영하는 평생교육사 1급 승급과정을 이수해야만 취득할 수 있도록 기준을 강화하였다. 평생교육사 2급은 대학원에서 필수과목 15학점(5과목) 이상 이수하거나, 대학 및 학점은행기관 등에서 관련 과목을 30학점 이상 이수하고 학위를 취득한 자, 3급 자격증을 보유하고 3년이상의 평생교육 경력이 있는 자가 2급 승급 과정을 이수하였을 때 취득하도록 제시하고 있다. 마지막으로, 3급의 경우 대학 또는 학점은행 기관 등에서 관련 과목 21학점 이상 이수하고 학위를 취득한 자가 자격증을 취득할 수 있도록 규정하고 있다. 평생교육사 등급별 자격의 구체적인 기준은 다음 〈표 11-5〉와 같다.

〈표 11-5〉 평생교육사의 등급별 자격요건(평생교육법 시행령 제16조 제2항 관련)

등급	자격기준
평생교육사 1급	평생교육사 2급 자격증을 취득한 후, 교육부장관이 정하는 평생교육과 관련된 업무에 5년 이상 종사한 경력이 있는 자로서 진흥원이 운영하는 평생교육사 1급 승급과정을 이수한 자
평생교육사 2급	1. 「고등교육법」 제29조 및 제30조에 따른 대학원에서 교육부령으로 정하는 평생교육과 관련된 과목 중 필수과목을 15학점 이상 이수하고 석사 또는 박사학위를 취득한 자. 다만, 「고등교육법」 제2조에 따른 학교(이하 '대학'이라 한다)에서 필수과목을 이수한 경우에는 선택과목으로 필수과목 학점을 대체할 수 있다. 2. 대학 또는 이와 같은 수준 이상의 학력을 인정할 수 있는 기관, 「학점인정 등에 관한 법률」에 따라 평가인정을 받은 학습과정을 운영하는 교육훈련기관에서 관련과목을 30학점 이상 이수하고 학위를 취득한 자 3. 대학을 졸업한 자 또는 이와 같은 수준 이상의 학력이 있다고 인정되는 자로서 다음 각 목의 어느 하나에 해당하는 기관에서 관련과목을 30학점 이상 이수한 자 　가. 대학 또는 이와 같은 수준 이상의 학력을 인정할 수 있는 기관 　나. 법 제25조 제1항에 따른 평생교육사 양성기관(이하 "지정양성기관"이라 한다) 　다. 학점은행기관 4. 평생교육사 3급 자격증을 보유하고 관련업무에 3년 이상 종사한 경력이 있는 자로서 진흥원이나 지정양성기관이 운영하는 평생교육사 2급 승급과정을 이수한 자

등급	자격기준
평생교육사 3급	1. 대학 또는 이와 같은 수준 이상의 학력을 인정할 수 잇는 기관, 학점은행기관에서 관련 과목을 21학점 이상 이수하고 학위를 취득한 자 2. 대학을 졸업한 자 또는 이와 같은 수준 이상의 학력이 있다고 인정되는 자로서 다음 각 목의 어느 하나에 해당하는 기관에서 관련과목을 21학점 이상 이수한 자 　가. 대학 또는 이와 같은 수준 이상의 학력을 인정할 수 있는 기관 　나. 지정양성기관 　다. 학점은행기관 3. 관련 업무에 2년 이상 종사한 경력이 있는 자로서 진흥원이나 지정양성기관이 운영하는 평생교육사 3급 양성과정을 이수한 자 4. 관련 업무에 1년 이상 종사한 경력이 있는 공무원 및 「초·중등교육법」 제2조 제2호부터 제6호까지 또는 학력인정 평생교육시설의 교원으로서 진흥원장이나 지정양성기관이 운영하는 평생교육사 3급 양성과정을 이수한 자

3) 평생교육사 배치 및 연수 제도

(1) 평생교육사 배치제도의 주요 내용

「평생교육법」 제26조에서는 평생교육사의 평생교육기관 의무배치에 대하여 규정하고 있다. 기관유형별 평생교육사의 배치인원은 동법 시행령 제22조에서 구체적으로 규정하고 있다. 국가 및 시·도평생교육진흥원의 경우 평생교육사 1급 1명 이상을 포함한 평생교육사 5명 이상의 배치를 규정하고 있으며, 시·군·구 평생학습관의 경우 정규직원이 20명 이상일 경우 1급 또는 2급 2명 이상, 20명 미만인 경우 1급 또는 2급 1명 이상을 배치하여야 한다. 그 외 장애인 평생교육시설, 일반 평생교육시설, 학점은행기관 등의 경우 평생교육사 1명 이상을 의무적으로 배치하도록 규정하고 있다.

2023년 평생교육백서에 따르면 평생교육사의 평생교육기관 배치율은 86.5%로 나타났다. 다시 말해 전체 5,029개 평생교육기관의 86.5%인 4,348개의 기관에 평생교육사가 배치되어 있는 것으로 나타났다. 공공기관의 경우 전국 시·도평생교육진흥원에 평생교육사가 배치되어 있으며, 시·군·구 평생학습관의 경우 83.4%의 배치율을 보이고 있다.

⟨표 11-6⟩ 평생교육사 배치 대상 기관 및 기준(평생교육법 시행령 제22조 관련)

기관 유형	평생교육사 배치 인원
국가 평생교육진흥원 시 · 도 평생교육진흥원	• 1급 1인 이상을 포함한 5명 이상
장애인 평생교육시설	• 평생교육사 1명 이상
시 · 군 · 구 평생학습관	• 정규직 20명 이상: 2인 이상(1, 2급 포함) • 정규직 20명 미만: 1인 이상(1, 2급 포함)
기타 평생교육법상의 시설 (학력인정 평생교육시설 제외) 학점은행기관 타 법령에 따라 평생교육을 주된 목적으로 하는 시설 법인 또는 단체	• 평생교육사 1인 이상

한편 평생교육 시설의 경우 사업장 부설 평생교육시설의 경우 97.6%, 언론기관 부설 평생교육 시설의 경우 86.8% 순으로 높았으며, 학교 부설 평생교육시설 (82.7%), 시민사회단체 부설(85.0%), 지식 · 인력개발형태 평생교육시설(85.0%)의 경우 전체 평균 배치율 86.5%보다 낮게 나타났다.

(2) 평생교육사 연수제도의 주요 내용

평생교육사에 대한 연수는 크게 국가평생교육진흥원에서 실시하는 승급과정과 국가평생교육진흥원 또는 시 · 도평생교육진흥원에서 실시하는 역량강화 연수로 구분된다.

⟨표 11-7⟩ 평생교육사 연수 구분

구분		대상
승급과정 연수	평생교육사 1급 승급과정	평생교육사 2급 자격증 취득 후 관련경력 5년 이상 된 자
	평생교육사 2급 승급과정	평생교육사 3급 자격증 취득후 관련경력 3년 이상된 자

구분		대상
역량강화 연수	평생교육 실무자 역량강화연수	평생교육사 2급(5년 미만 경력자) 또는 평생교육사 3급 소지자
	평생교육 관리자 역량강화연수	평생교육사 2급 자격 취득 후 관련 경력 5년 이상 된 자

「평생교육법 시행령」 제16조 및 동법 제18조에서는 평생교육사 승급과정에 대해서 다루고 있다. 평생교육사 승급과정은 국가평생교육진흥원에서 진행하고 있으며, 1급 승급과정과 2급 승급과정으로 구분된다. 1급 승급과정은 평생교육 기관 경영자 및 평생교육정책 전문가로서의 평생교육사를 양성하고, 2급 승급 과정에서는 평생교육 프로그램 전문가로서의 평생교육사를 양성하기 위한 내용으로 구성되어 있다.

그러나 2급 승급과정에 대한 수요는 적어 모집은 하였지만 운영되지 못한 경우가 많았으며, 수요가 높은 1급 승급 과정만 대부분 운영되고 있다. 1급 승급과정의 경우 연 1회 운영되고 있으며, 온라인 비대면 교육과 집합교육을 병행하여 운영하고 있다.

역량 연수 과정의 경우 국가 및 지방자치단체에서 필요나 수요에 따라 운영하고 있다. 대부분 국가평생교육진흥원 또는 시·도평생교육진흥원에서 시행하고 있으며, 평생교육사 또는 평생교육 강사들을 대상으로 다양한 주제를 바탕으로 역량 강화 연수를 시행하고 있다.

3. 평생학습도시 조성 사업

평생교육이 활성화되기 위해서는 지역 단위에서 평생교육이 활성화되어야 한다. 지역주민들의 교육 요구를 잘 반영한 프로그램이 운영되어야 하며 이를 뒷받침하기 위하여 지역 내 평생교육 유관기관들이 협력·공유가 필요하다. 평생학습도시는 지역단위의 평생학습 추진을 위한 방안으로 본격적으로 시작된 사업으로, 현재 평생교육의 대표적인 사업으로 손꼽을 수 있다.

1) 평생학습도시 조성 사업의 수립 배경

한국교육개발원(2002)은 평생학습도시를 '개인의 자아실현, 사회적 통합 증진, 경제적 경쟁력을 제고하여 궁극적으로 개인의 삶의 질 향상과 도시 전체의 경쟁력을 증대시킬 수 있도록 언제, 어디서, 누구나 원하는 학습을 즐길 수 있는 학습공동체 건설을 도모하는 총체적 도시 재구조화 운동이자 지역사회의 모든 교육자원을 기관 간 연계, 지역사회 간 연계, 국가 간 연계시킴으로써 네트워킹 학습공동체를 형상하려는 지역 시민에 의한, 시민을 위한, 시민의 지역사회 교육운동'으로 정의하고 있다. 이는 방법적으로는 지역 내의 자원을 활용하여 지역주민 누구에게나 쉽게 학습을 할 수 있도록 제공하는 것이며, 이를 통해 지역 중심의 자아실현 나아가 사회적 통합, 지역의 경쟁력을 향상시키는 목표를 두고 있는 사업으로 이해할 수 있다.

평생학습도시는 다시 말해 개인의 성장을 촉진하고 사회통합을 유지하며 번영하기 위해 시민 모두의 잠재력을 풍부히 개발하기 위한 자체의 모든 자원을 동원하는 도시, 마을, 지역을 의미한다. 평생학습도시는 1970년 '국제교육의 해'를 통해 본격적으로 평생학습이 공론화되고, OECD와 EU의 주도하에 지역을 중심으로 평생학습을 실현하자는 관심이 전 세계적으로 보급되면서 등장하게 되었다.

1979년 일본 가케가와시에서 학습도시를 선언하였으며, 1992년 괴텐베르그시에서 개최된 OECD 회의가 도화선이 되어 영국, 스페인, 호주, 캐나다, 미국, 남미, 아프리카 등 전세계적으로 학습도시에 대한 관심이 확산되었다. 평생학습도시는 유네스코 글로벌 학습도시 네트워크, 국제교육도시연합 등과 같이 국제적인 연결망을 갖추고 있을 만큼 도시발전의 중요한 핵심축으로 학습을 강조하고 있는 상황이다.

평생학습도시 사업의 해외 사례의 경우 각 국가마다 특징이 다르게 나타난다. 영국을 중심으로 하는 유럽 지역에서의 평생학습도시 사업은 지역의 경제 발전과 시민의 고용능력 향상을 위한 사업이 활발하게 추진되고 있다. 일본의 경우 지역사회의 활성화를 위하여 지역주민의 동참과 협력을 강조하며, 각 지역 특성에 적합한 학습도시 조성을 지속적으로 추진하고 있다. 이처럼 평생학습도시 사업은 지역의 특성에 따라 사업이 추진되지만 공통적으로 추구하는 것은 학습을 통한 지역과 시민의 성장인 것이다.

한편, 우리나라의 경우 1997년 경기도 광명시에서 학습도시를 선언한 이후 시·군·구 지역의 평생학습 활성화를 위하여 2001년부터 본격적으로 추진되어 운영되었다. 2001년 경기도 광명시, 대전광역시 유성구, 전라북도 진안군 3개의 시군구가 처음으로 평생학습도시로 지정되었으며, 2024년 기준 226개의 기초자치단체 기준 198개의 자치단체가 평생학습도시로 지정되었다. 이는 전체 기초자치단체의 87.6%에 이르는 수치이다.

2007년 전부 개정된 「평생교육법」에서는 평생학습도시 조항을 포함하여 지역사회의 평생교육 활성화를 위하여 국가가 평생학습도시를 지정·지원할 수 있도록 법적으로 명시하였다. 또한 평생학습도시 간의 연계·협력 및 정보교류의 증진을 위하여 전국 평생학습도시협의회를 둘 수 있도록 포함하였다. 더불어 평생학습도시의 질적 관리를 위하여 2018년부터 3년 주기로 학습도시 재지정 평가를 시행하고 있어 단순 지정으로 그치지 않고 지속가능한 발전을 위해 노력하고 있는 것을 알 수 있다(한인섭 외, 2022).

2) 평생학습도시 조성 사업의 주요 내용 및 가치

평생학습도시 조성 사업은 시·군·구를 대상으로 지역 내의 평생교육 기반의 조성과 지역평생학습 네트워크 구축을 통한 지역평생교육 진흥 사업을 지원한다. 또한 기존 평생학습도시를 대상으로 지역 균형 발전과 평생학습의 격차 해소 등과 같은 국가 시책 사업, 지역현안을 반영한 평생학습도시 모델 발굴을 지원하는 평생학습도시 특성화 사업 또한 함께 시행하고 있다.

평생학습도시의 선정은 시·군·구 자치단체와 해당 지역교육청의 신청을 받고 심사를 거쳐 선정하고 있으며, 선정 기준으로는 평생학습 도시의 일반적인 가치와 함께 지역의 특성을 고려하여 평생학습 문화를 조성할 수 있는지를 보고 있다. 구체적으로 평생학습도시 기반 구축실적 및 계획(평생학습 도시 비전과 목표, 평생교육 관련 업무 수행, 평생교육 네트워크 구축, 평생교육 예산), 사업 추진시행(사업목표, 사업 계획, 사업 추진, 학습자 지원), 예산 및 성과관리(예산 집행 계획, 성과지표, 결과의 활용)으로 구분되어 평가를 하고 있다. 또한 평생학습도시의 지속가능한 발전과 질 관리를 위하여 2018년부터 평생학습도시 재지정평가를 도입하였으며 2020년부터 본격적으로 재지정평가를 추진하여 운영하고 있다.

〈표 11-8〉 평생학습도시 조성 현황 (2024년 3월 기준)

(단위: 개, %)

광역	기초자치단체	평생학습도시	조성 비율
서울	25	22	
부산	16	16	
대구	9	6	
인천	10	8	
광주	5	5	
대전	5	4	
울산	5	5	
세종	0	1	
경기	31	31	87.6%
강원	18	16	
충북	11	11	
충남	15	15	
전북	14	12	
전남	22	15	
경북	22	14	
경남	18	15	
제주	0	2	
계	226	198	

*비고 1) 목포시(무안군)는 하나의 평생학습도시로 지정되어 1개로 계산함.
　　　2) 제주특별자치도는 2006년 기초자치제도를 폐지하여 기초자치단체를 0으로 처리함.

〈표 11-8〉에서와 같이 2024년 3월 기준 기초자치단체 226개 중 평생학습도시로 지정된 자치단체는 198개로 87.6%가 평생학습도시로 지정되어 있다. 특히 부산광역시, 광주광역시, 울산광역시, 경기도, 충청북도, 충청남도의 경우 지역 내 기초자치단체 전체가 평생학습도시로 지정될 만큼 기초자치단체에서 많은 관심을 갖고 있는 것을 알 수 있다.

평생학습도시 조성 사업은 단위 행정구역에 평생학습 환경을 구축하여 주민들에게 학습을 지원을 함으로써 주민의 역량개발과 지역의 발전을 동시에 추구하는 것을 목적으로 한다. 따라서 평생학습도시 조성 사업은 지역을 단위로 학습조직을 구축하고, 관련 기관 간의 네트워킹을 통하여 인적자본과 사회적 자본을 형성하여 지역의 혁신 동력을 제공하는 사업으로 볼 수 있다.

평생학습도시로 지정된 지방자치단체에서는 평생학습도시 컨설팅 사업, 평생학습도시 네트워크 구축 사업, 학습결과 표준화 사업 등 다양한 사업을 통해 지속적인 발전을 도모하고 있다. 변종임 등(2006)에 의하면, 평생학습도시 조성 사업을 통해 지역주민들은 학습에 관심도가 높아졌으며, 프로그램 제공 기회가 증가하였다. 또한 네트워크 형성 등으로 평생교육 관계자들의 전문성이 향상되는 계기가 되었으며, 지방자치단체에서의 교육에 대한 예산이 증가하였다. 이처럼 평생학습도시 조성 사업은 우리나라의 지역평생학습문화 확산 및 참여기회 제공에 큰 영향을 미친 사업으로 평가받고 있다.

평생학습도시 조성 사업은 우수(특성화) 프로그램 지원, 평생학습도시 컨설팅, 평생학습결과 표준화 사업, 네트워크 구축지원 사업 등 다양한 평생학습도시 지원 사업을 지속적으로 추진하면서 성장해 나갔다. 평생학습도시 기반조성 사업은 평생학습도시를 지정하고 일정한 사업비를 지원함으로써 지방자치단체가 지역 내 평생학습자원 간 네트워크를 구축하여 지역주민의 평생학습을 활성화하고 지역사회의 변화와 발전을 도모하는 사업을 추진하도록 유도하였다. 평생학습도시가 형성되는 과정에서 기본적인 큰 틀과 요소에 대한 이해는 평생학습도시의 계획을 구체화할 수 있으며 과정에 필요한 지원체제와 구체적인 방법을 제시하였다고 볼 수 있다(고영상 외, 2010).

한편 기존 지정된 평생학습도시들의 지원을 위하여 특성화 지원사업을 시행하고 있다. 평생학습도시 특성화 지원사업은, ① 지역특화프로그램형, ② 컨소시엄형으로 구분하여 지원하고 있다. 지역특화프로그램형은 지역의 현안을 해결하고 선도할 수 있도록 지원하며, 컨소시엄형은 시·도 진흥원을 대상으로 지역의 특성과 평생교육 환경을 고려한 사업을 추진하여 지역사회에 결과를 환류하고, 우수사례를 발굴·타 지방자치단체로 확산을 통해 평생학습 활성화 확대에 기여하고 있다.

한국교육개발원에서는 평생학습도시가 사회전반에 다양한 지식과 기술을 보급을 통하여 개인의 성장과 더불어 사회발전을 촉진한다는 점에서 중요한 사업으로 인식하고 있다. 한국교육개발원에서는 평생학습도시의 특징을 크게 네 가지로 제시하고 있는데 다음 [그림 11-3]과 같다.

도시 공간에 대한 새로운 인식	자생성과 자기 혁신성 추구
• 인근 지역과 상호작용 • 기존 도시 공간을 학습이라는 특성으로 재편 • 학습기회 확대를 지역 운영의 원리로 채택	• 주민의 요구와 지역사회의 문제를 극복 • 자체의 생명력을 기반으로 지속적 발전 • 지역의 교육적 자본 축적을 통한 새로운 지역문제에 적극적 대처

학습의 가치에 대한 재인식	핵심 전략 융합 활용
• 지역의 경제적 번영과 고용 강화 • 지역의 평등과 사회적 통합 증진 • 지역의 문화 창조 및 발전의 원동력제공 • 지역 행정 혁신과 주민의 자치력 증진에 기여	• 개인의 능력 및 삶의 질 향상 도모 • 지역 단위의 조직학습을 추동하여 지역사회 문제해결 및 사회통합 도모

[그림 11-3] 평생학습도시 특징

*출처: 한국교육개발원(2007).

이러한 평생학습도시 조성 사업이 갖는 의미는 다음과 같다. 첫째, 지역 단위의 평생교육 추진체제를 마련하여 평생학습사회 실현을 위한 기반을 확장하는데 기여하였다. 국가평생교육진흥원 자료에 의하면 2024년 3월 기준 기초 지자체 226개 중 198개의 지자체(87.6%)가 평생학습도시로 지정되어 운영되고 있다. 평생학습도시 조성 사업은 국가-시·도-시·군·구-읍·면·동으로 이어지는 지역 단위의 평생교육 추진체제를 구축하게 하였으며, 평생교육을 통한 지역 경제 활성화를 견인하는 등 '학습-고용-복지'의 선순환 구조로의 정착을 유도 하고 있다.

둘째, 평생학습도시 조성 사업은 지역사회 내 자원의 활용을 통하여 주민들에게 다양한 교육의 기회를 제공하고 주민들이 스스로 학습공동체를 형성하게 함으로써 개인의 성장과 도시 전체의 재구조화를 통한 도시의 성장을 도모하는 역할을 한다. 평생교육에 참여한 지역주민들이 '학습공동체' 형성, 재능기부, 자원봉사 등 '사회 환원 활동을 통한 지역사회 참여'를 이끌어 학습에서 그치는 것이 아닌 지역의 발전까지 가능하게 한다는 선순환적인 역할을 한다.

4. 평생교육바우처 사업

평생학습사회가 구현되기 위해서는 다양한 평생교육의 제공도 중요하지만, 사회적 약자들이 평생교육을 자유롭게 참여할 수 있는 환경을 구축하는 것이 중요하다. 사회적 약자들의 평생교육 참여 기회를 확대하고 양질의 교육을 받을 수 있도록 2018년 시작된 '평생교육바우처' 사업은 대표적 사회적 약자 지원 평생교육정책으로 이 절에서는 평생교육바우처 사업의 수립배경과 주요 내용에 대해 살펴보고자 한다.

1) 평생교육바우처 지원 사업의 수립 배경

바우처(voucher)는 특정 상품 또는 서비스를 구매할 수 있는 권리를 제공하는 증서나 상품권으로 국가가 정한 자격기준을 충족하는 개인에게 지급하는 증표를 의미한다. 우리나라에서는 2007년 사회서비스 바우처 도입을 시작으로 다양한 부처에서 바우처 사업을 시행하고 있다.

바우처는 다양한 분야에서 활용되지만 교육부분에서 바우처는 공립학교를 시장원리를 도입하여 개선시키고자 주목받기 시작하였다. 존스튜어트 밀은 의무교육을 비롯한 교육에 대한 정부의 재정적 지원의 필요성은 강조하였지만, 학습자의 개성과 의견의 다양성을 수용하기 위해서는 학교를 자유롭게 선택할 수 있어야 한다고 주장하였다. 이러한 의견을 받아 경제학자인 밀튼 프리드만이 공립학교 개혁정책으로 교육바우처를 처음 제시하였다. 그는 공립학교에 직접적으로 지원하기보다는 학부모에게 바우처 형태로 수업료를 지원함으로써 학부모가 직접 학교를 선택할 수 있도록 사업이 운영되어야 함을 강조하였다. 이러한 의견은 이후 1970년대부터 받아들여져 학교에서 교육바우처 사업이 시범적으로 운영되었다.

교육바우처는 기존 공교육이 가지고 있던 관료주의적 교육체계를 개선하기 위해 경쟁과 선택을 기본적 원칙으로 내세우는 신자유주의의 개념을 적극 활용하였다. 교육바우처는 교육기회의 불평등을 해소하고 교육 수요자들의 교육선택권을 강화하여 궁극적으로 공교육 체제에서 국가가 적극적으로 교육에 관여하여 경제적 약자들의 교육의 공공성과 균등한 교육기회를 제공하고, 양질의 교육을 제공할 수 있다는 점에서 강점이 있다.

우리나라에서 시행된 교육바우처사업의 대표적인 사례로는 방과후학교 자유수강권 및 보육바우처 사업을 들 수 있다. 우선 방과후학교 자유수강권은 저소득층 학생들에게 방과후학교에 참여할 수 있는 바우처를 지급하여 교육의 기회를 제공하고 방과후 학교를 활성시키기 위해 교육복지적 차원에서 2006년 처음 시작되었다. 1인 연간 60만 원 내외 수강료를 지원하여 방과후 프로그램, 돌봄교실의 수강료 그리고 프로그램 내의 경비에 사용가능하도록 지원하고 있다.

유아교육·보육 바우처는 보육의 공공성을 강화하기 위하여 무상교육·보육을 확대하는 방법 중 하나로 바우처를 활용하고 있다. 방과후학교 자유수강권은 저소득층 위주의 지원이라면 유아교육·보육 바우처는 소외계층 중심에서 전 계층으로 확대하여 모든 사람이 동일한 교육기회를 제공받도록 하고 있으며, 공정한 출발선을 보장하는 차원에서 시행하고 있다.

한편, 성인 교육분야의 바우처 사업은 해외에서 먼저 적극적으로 시행되었다. 중국의 경우 성인학습 참여 지원을 위하여 매년 약 100만원의 지원금을 지급하고 있으며, 미취업 대학 졸업생을 위한 직업훈련 또한 바우처 사업으로 지원하

고 있다. 미국의 경우 성인 및 실업자를 위한 개인훈련 계좌를 도입하고 있으며,
싱가포르에서도 미래 인재 양성을 위하여 바우처 사업을 시행하고 있다.

우리나라에서 성인들의 교육활동 지원을 위한, 즉 평생교육 바우처 사업이 시
작된 배경에는 4차 산업혁명, 저출산, 고령화, 노동 · 고용 시장의 급격한 변화
등 다양한 이유를 들 수 있다. 기존의 학령기 교육만으로는 급격한 사회 변화에
대응하기에 어려움이 생기면서 성인의 지속적인 역량 개발이 중요시되었다. 성
인 단계의 교육복지 지원은 문화 · 예술 영역에서는 이루어지고 있었으나, 성인
교육 영역에서 국가의 책무는 여전히 부족한 실정이었다.

국내 · 외 안팎에서 성인학습을 비롯한 평생교육의 중요성은 계속적으로 강조
되었지만, 여전히 교육복지 지원은 초 · 중등 및 고등교육 단계 중심으로만 운영
이 되었다. 소득과 같은 경제적 여건은 평생학습 참여에 영향을 미치며 이러한
결과로 능력개발 기회 격차가 발생하여 사회 양극화 심화는 지속되었다. 이 같
은 상황에서 평생교육바우처 사업이 본격적으로 등장한 것은 제4차 평생교육진
흥기본계획에서이다.

제4차 평생교육진흥기본계획은 양극화를 극복하는 차원에서 사회적 포용과
사회적 정의를 추구하는 정책 추진계획을 담고 있다. 이에 한 방법으로 국가는
2018년 소외계층 성인학습자의 교육기회 제공을 위하여 평생교육바우처 시범사
업을 시행하게 된 것이다. 평생교육바우처 사업은 2018~2022년까지 시범사업
으로 운영되어 오다가 2021년 「평생교육법」 개정을 통하여 제16조 경비보조 및
지원 근거 조항을 마련하였으며, 2022년 본격적으로 시행하게 되었다.

평생교육바우처 지원사업은 경제적 여건에 따른 평생학습의 참여 격차가 개
인의 능력개발 격차로 이어지는 것을 예방하고자 시작된 사업이다. 기초생활수
급자, 차상위계층, 중위소득 65%에 해당하는 경제적 취약계층을 대상으로 학습
자가 스스로 교육 수준 및 여건을 고려하여 원하는 학습을 자율적으로 결정하고
참여할 수 있도록 정부가 일정한 금액의 학습지원비를 제공하는 사업으로 이해
될 수 있다(변종임 외, 2020).

2) 평생교육바우처 지원사업의 주요 내용 및 가치

　평생교육바우처 사업은 교육부와 국가평생교육진흥원에서 시행하는 교육복지정책 중에 하나이다. 「평생교육법」 제16조 2항에는 평생교육바우처와 관련된 사항을 다음과 같이 기제하고 있다.

　제16조 1. 국가 및 지방자치단체가 모든 국민을 대상으로 신청을 받아 평생교육이용권을
　　　　　　발급할 수 있다.
　제16조 2. 교육부 장관이 평생교육 소외계층에게 우선하여 평생교육이용권을 발급할 수
　　　　　　있도록 규정하고 있다.

　평생교육바우처 사업의 대상은 성인 소외계층으로 한정되어 있다. 평생교육바우처 사업의 대상은 만 19세 이상 성인 중 기초생활수급자, 차상위계층, 기준 중위소득 65% 이하인 가구의 구성원으로 되어 있으며, 1인 가구의 경우에는 기준 중위소득 120% 이하만 인정이 된다.

〈표 11-9〉 평생교육바우처 이용 신청 자격

구분	자격명
기초생활수급자	기초생계급여수급자 기초의료급여수급자 기초주거급여수급자 기초교육급여수급자
차상위계층	차상위장애인연금 대상자 차상위 장애수당 대상자 차상위자활근로자 확인서 발급 대상자 차상위 본인부담경감 대상자 차상위계층확인서 발급 대상자 한부모가족지원법 지원 대상자
기타	기준 중위소득 65% 이하인 가구원 (단, 1인가구의 경우 기준 중위소득 120% 이하)

평생교육바우처 사업의 운영은 이용 신청 자격에 적합한 성인학습자가 평생교육바우처 이용권을 신청하고 자격심사 및 선발 과정을 통해 최종 확정이 되면 평생교육희망카드를 수령받을 수 있으며 이후 원하는 교육에 참여할 수 있는 것이다.

평생교육바우처 대상에 선정되면 1년을 기준으로 사용할 수 있다. 바우처는 사용기관으로 등록된 곳에서만 사용이 가능하며 수강료, 해당 강좌의 교재비로만 사용할 수 있기 때문에 평생학습 참여 이외의 용도로는 활용할 수 없다. 평생교육 바우처 지원 금액은 1인당 35만원으로 제한되어 있으나, 2021년부터는 사용 실적이 우수한 경우에는 최대 70만원까지 사용할 수 있도록 지원하고 있다.

1. 평생교육바우처 신청   2. 자격 심사   3. 이용자 선정   4. 카드 발급 신청, 수령

8. 이용 완료!   7. 수강 결과 확인   6. 강좌 신청 및 수강   5. 평생교육바우처 사용기관 및 강좌 검색

[그림 11-4] 평생교육바우처 이용절차

*출처: 평생교육바우처 사이트.

한편 국가평생교육진흥원에서는 평생교육바우처 활성화를 위하여 다양한 사업을 하고 있다. 평생교육바우처 이용자들 중 지원금 35만원을 전액 사용하고, 1과목 이상 이수한 자들을 대상으로 우수이용자를 선정하여 바우처 지원금을 추가로 지급을 하고 있다. 또한 이용자들을 대상으로 우수사례 수기 공모전을 활용하여 우수사례를 공유하고 참여를 독려하고 있다.

평생교육바우처 지원사업은 개인적·사회적·국가적 차원에서 가치를 지닌다는 점에서 의미가 있다. 첫째, 평생교육바우처 지원사업은 개인적 차원에서 저소득층 성인의 자기계발 및 자아실현을 지원한다. 평생교육바우처 지원사업

은 저소득층 성인에게 직접 교육비(강좌 수강비, 교재비)를 지원함으로써 이들이
원하는 학습에 참여 할 수 있도록 지원을 한다. 바우처 이용자 대상으로 조사한
결과 바우처를 통한 평생학습 경험이 자기계발, 심리적 만족 및 행복감 증대, 삶
의 희망에 기여하고 있다고 하였다. 결과적으로 저소득층의 삶의 질 변화에 도
움을 주고 있다고 하였다(변종임 외, 2020).

둘째, 평생교육바우처 지원사업은 참여자들이 관용, 시민참여, 긍정적 상호성
을 높임으로 사회구성원에게 긍정적인 영향을 미친다. 국가평생교육진흥원에서
2023년 시행한 평생교육바우처 성과분석 연구에 따르면, 평생교육바우처의 수
혜자들은 선정되지 못한 사람들에 비하여 타인으로부터 받은 호의와 선의를 좀
더 적극적으로 보답하려는 경향이 높아졌으며, 다른 의견과 문화에 좀 더 포용
적이었다. 또한 이를 바탕으로 시민 및 사회참여에 적극적으로 임하려고 한다는
점에서 사회에 긍정적인 역할을 한다.

마지막으로, 평생교육바우처 지원사업은 국가 전반의 평생학습 참여율을 제
고하는 역할을 하며, 국가 인적자본 축적을 촉진하는 역할을 한다. 즉, 생애 초
기 형성된 인적자본과 생애 소득의 격차를 완화하는 역할을 하는 것이다. 일반
적으로 학령기 정규교육단계에서 형성된 인적자본의 격차는 성인이 되어서도
유지된다. 학령기 정규교육을 많이 받은 고학력자, 고소득층일수록 성인기에 평
생학습에 참여율이 높다. 이들은 평생학습에 적극 참여하면서 인적자본을 더 많
이 축적하는 기회를 얻으며, 그에 따라 노동시장의 성과를 더 향상시킬 수 있다.
따라서 정부가 학력기 정규교육을 충분히 받지 못한 저학력, 저소득층에게 평생
교육바우처를 제공하여 이들이 평생교육에 참여함으로써 국가적 차원의 평생학
습 참여율을 제고시키며 이를 통해 국가의 인적자원을 향상시킬 수 있다.

5. 교육부 중심의 평생교육정책 개선 과제

우리나라는 비교적 빠른 속도로 평생학습을 지원하기 위한 제도화가 이루어
지고 있으며, 평생학습의 추진체제 정비 및 실천을 위한 노력이 이루어지고 있

다. 그러나 주요 선진국에 비교할 때 아직은 미흡한 점도 많은 것이 사실이다. 향후 보다 완전한 평생학습지원체제의 구축을 위해 시급하게 개선되어야 할 점을 제시하면 다음과 같다.

1) 평생교육 추진체제의 제도적 기반 강화

우리나라 17개의 시·도 평생교육진흥원은 시도에 따라 설립시기뿐 아니라 설립형태, 재원, 역할과 기능이 모두 상이하다. 시·도 평생교육진흥원이 광역권 평생교육의 중추적 역할을 수행하고 그 위상을 정립하기 위해서는 제도적 기반이 강화될 필요가 있다. 현행 평생교육법령에서 시·도 평생교육진흥원의 역할과 업무에 대한 내용이 법적으로 뒷받침 되어 있지 않기에 법률 개정을 통하여 시도평생교육진흥원의 역할을 강화할 필요가 있다. 또한 시·도 평생교육진흥원협의회 설치·운영의 법적근거를 마련하여 시·도 평생교육진흥원협의회의 위상을 정립하고 기능을 강화하여야 한다.

2) 지방자치 활성화를 위한 평생교육 지원의 강화

산업화, 세계화로 인해 황폐화된 인간성의 회복과 지방분권 시대의 주민자치 능력을 향상시키기 위해 주민주도적 지역평생교육 인프라를 구축하고, 지방자치단체와 교육청 등 관련 유관기관들 간의 연계·협력이 강화되어야 한다. 주민의 자치능력 향상을 위한 프로그램을 강화가 필요하며, 지역문제 토론을 위한 학습동아리 모임을 지원함으로써 지역풀뿌리 평생교육을 활성화할 수 있도록 하여야 한다.

3) 평생교육사 양성과 배치 강화

평생교육사 양성제도의 정비를 위하여 양성 관련 학과의 제한 및 관련 교과목 및 이수시간의 강화, 실무능력의 강화, 대학 및 평생교육사 양성기관과의 역할 분담 등을 실시할 필요가 있다. 더불어, 공공 평생교육시설의 성장을 위해 평생교육사를 공무원으로 배치하고, 학교 평생교육 담당 교사를 신설하며, 공무원 직렬 체제를 구축할 필요가 있다. 민간 평생교육기관에 대해서도 일정 규모 이상의 기관과 학점은행제 참여기관, 대학 평생교육원, 원격대학 등의 기관에 평생교육사의 배치 기준을 강화하며 각종 지원의 조건으로 평생교육사 배치를 유도한다. 또한 평생교육사의 배치 기준을 학교까지 확대하여 학교가 지역사회 핵심 평생교육기관으로서의 역할을 할 수 있도록 변화가 필요하다.

4) 평생학습 촉진을 위한 재정 지원 강화

기업의 인적자원개발 촉진을 위한 지원 확대, 근로자의 자율적인 직업능력개발에 대한 지원확대, 평생학습을 위해 지출한 학습비의 교육비 정산 인정, 지방재정교부금의 일정금액 평생학습 지원비 계상 등의 정책을 통해 모든 국민이 생애에 걸쳐 실질적인 학습을 보장하여 학습권을 담보하고 지속적인 성장을 도모할 수 있도록 한다.

5) 생애 모든 단계 및 전 영역에서의 종합적 학습인증체제 구축

대학 단계뿐만 아니라 고등학교 단계를 포함한 모든 단계에서 학습인증체제의 실시가 필요하다. 정규교육 이외 경험학습을 포함한 다양한 학습경험을 유연성 있게 평가, 인증하며, 직장인을 위해 시간제 등록, 사이버 교육의 활성화, 주말 교육 프로그램 도입 등을 통해 근로자의 고등교육 접근기회를 확대한다.

📖 요약

1. 평생교육법에서는 평생교육 진흥을 위하여 5년 단위의 평생교육진흥기본계획을 수립하고 있다. 2002년 제1차 진흥기본계획을 수립을 시작으로 현재 5차까지 수립된 평생교

육진흥기본계획은 평생교육진흥의 중·장기 정책목표와 기본 방향 그리고 평생교육 체계 구축 및 활성화, 진흥을 위한 정책에 대한 평가와 분석 등을 제시하고 있다. 국가의 진흥기본계획을 바탕으로 자치단체에서도 진흥계획과 시행계획을 수립하고 있다. 평생교육진흥기본계획은 정부의 국정철학을 바탕으로 평생학습사회 구현을 위해 수립된 평생교육 청사진으로 기본계획의 내용을 바탕으로 평생교육정책 또는 사업이 수립되고 시행된다는 점에서 중요한 역할을 하고 있다.

2. 평생학습사회 구현에 있어서 가장 중요한 것은 지역사회 평생교육의 활성화이다. 평생학습도시 조성 사업은 시·도 단위에서 수행되는 평생학습 사업으로 2001년 시행하여 지역의 특성이 반영된 지역 단위의 평생학습 활성화 사업 중 하나로 대표적인 평생교육사업으로 꼽을 수 있다.

3. 평생교육정책을 수행하는 전문인력인 평생교육사의 자격제도는 평생교육사의 양성, 배치, 연수를 담당하고 있다. 평생교육사가 되기 위해서는 양성기관에서 특정 이상의 학점을 이수하여야 하며, 1급의 경우에는 연수를 통해서만 승급이 가능하다. 또한 평생교육법에서는 평생교육 관련기관에서는 의무적으로 평생교육사 1명 이상이 배치될 수 있도록 의무배치조항을 규정하고 있다.

4. 향후 보다 완전한 평생학습지원체제의 구축을 위해서는 평생교육 추진체제의 제도적 기반이 강화되어야 하며, 지방자치 활성화를 위한 평생교육 지원이 강화되어야 한다. 또한 평생교육사의 양성과 배치 그리고 연수의 기회가 확대되어야하며, 지역주민들의 평생학습 촉진을 위해서 국가의 재정 지원이 강화되어야 한다. 마지막으로, 생애 모든 단계 그리고 전 영역에서의 종합적인 학습인증체제가 구축되어야 할 것이다.

🎓 연구문제

1. 내가 살고 있는 지역에서 작성된 평생교육진흥시흥계획을 평생교육진흥기본계획과 연결시켜 동향을 분석하시오.

2. 교육부 및 국가평생교육진흥원에서 시행하는 평생교육정책의 사례를 조사하고 소개하시오

(수립 배경, 주요 내용, 평생학습적 가치 등을 포함하여 사례 조사).

3. 평생교육사 자격제도의 제도적 개선 방향을 제시하시오(강화되어야 할 부분, 보완되어야 할 부분 등).

4. 현재 시행되는 평생교육정책의 문제점을 제시하고, 향후 평생교육정책의 개선 과제를 소개하시오.

🏛️ 참고문헌

국가평생교육진흥원(2024). 2023 평생교육백서. 국가평생교육진흥원.

국가평생교육진흥원(2023). 2023년 평생교육바우처 성과분석 연구. 국가평생교육진흥원 연구보고서.

고영상(2010). 한국평생학습도시 조성사업에 대한 반성: 사업에 대한 주요 영향 요소의 비판적 분석. *Andragogy today, 13*(4), 1-27.

김민정, 남수경(2023). 평생교육 활성화를 위한 재정 확대 방안: 평생교육바우처 사업을 중심으로. 평생학습사회, 19(1), 97-117.

김지선(2016). 한국 평생교육사 양성정책의 전개과정과 정책변동 특성에 관한 연구. 동의대학교 대학원 석사학위논문.

변종임, 홍준희, 조윤성(2020). 평생교육바우처 이용이 개인의 삶에 미치는 영향 분석. 한국교육문제연구, 38(2), 1-23

변종임, 권두승, 양병찬, 이희수, 이경아, 이세정, 남춘화, 김민서(2006). 지역혁신을 위한 평생학습도시 지원체제 구축 방안 연구. 한국교육개발원 연구보고서.

이경호, 조대연, 장은하(2023). 평생교육진흥 기본계획 비교·분석 연구: 평생교육진흥 기본계획 수립에 주는 시사점을 중심으로. 한국교육학연구. 29(1), 77-106.

정민승(2024). 이상주의적 비전과 정책대상의 소실: 「평생교육진흥기본계획」에 대한 비판적 분석. 평생교육학연구. 30(2), 1-26.

한국교육개발원(2007). 평생학습도시 가이드북.

한국교육개발원(2002). 지역을 살리기 위한 평생학습마을·도시만들기.

한국교육개발원(2001). 평생교육사 양성교육과정.

한국교육개발원(2000). 평생교육사 양성 연수 종합계획.

한인섭, 김정렬, 김진화, 길혜지, 윤신희, 이효정(2022). 평생학습도시 평생학습지수 개발 연구. 국가평생교육진흥원 연구보고서.

제12장

범정부적 차원의 사회문제 해결형 평생교육정책

평생교육정책은 사회문제 해결을 위한 교육적 활동임과 동시에 학습자의 생애주기 및 주체성을 강조하는 국가의 교육 활동이다. 이러한 평생교육정책은 '교육부'라는 특정한 영역으로 한정지어 설명하기에는 한계가 분명히 존재한다. 교육은 학교를 떠나서 모든 사회에 존재하고 있기 때문이다. 따라서 평생교육정책은 범정부적 차원에서 살펴볼 필요성이 있다.

정부 부처에서는 부처의 직무 수행 및 사회문제 해결을 위하여 적합한 유형의 평생교육정책을 시행하고 있다. 이 장에서는 범정부적 차원에서 사회문제 해결을 위해 시행되는 평생교육정책을 살펴보기 위하여 평생교육정책 유형별로 나누어 제시하고자 한다. 이후 평생교육정책 유형별 사례와 특징, 범부처 차원의 평생교육정책의 향후 발전계획에 대해 알아 보고자 한다.

■ **학습목표**

1. 유형별 평생교육정책의 사례와 특성을 이해한다.
2. 범정부적 차원에서 시행되는 기초교육형 평생교육정책의 사례와 특성을 이해한다.
3. 범정부적 차원에서 시행되는 직업훈련지원형 평생교육정책의 사례와 특성을 이해한다.
4. 범정부적 차원에서 시행되는 시민교육형 평생교육정책의 사례와 특성을 이해한다.
5. 범정부적 차원에서 시행되는 사회개발형 평생교육정책의 사례와 특성을 이해한다.
6. 범정부적 차원의 평생교육정책의 향후 발전과제에 대해 이해한다.

1. 기초교육형 평생교육정책 사례와 특성

평생교육의 주요 관심사 중 하나는 사회적 약자의 교육을 통한 삶의 질 향상이다. 기초교육은 개인의 사회적응 및 삶을 영위할 수 있도록 하는 것을 목표로 시행되는 교육으로 평생교육정책에서 여전히 강조되고 있는 영역 중 하나이다. 이 절에서는 우리나라에서 시행되는 기초교육형 평생교육정책을 살펴보고자 한다.

1) 기초교육형 평생교육정책의 사례

기초교육은 사회적약자가 대상이 되며, 사회적약자가 교육을 통해 사회에 적응하고 영위할 수 있도록 의식과 기본소양에 대한 함양이 주된 내용을 이룬다. 주로 학습능력 증진과 돌봄, 사회문화 적응, 문해능력 함양 등 사회에서 사람답게 살 수 있도록 기본적인 교육 수준을 보상하는 교육들이 주요 사례로 꼽힐 수 있다(오혁진, 2022).

기초교육은 사회적약자를 대상으로 사회 포용을 지향하면서 기본적·일반적인 내용을 다루는 평생교육의 유형 중 하나이다. 교육은 개인의 능력 개발 및 사회참여, 나아가 자아실현을 하는 데 중요한 역할을 하기 때문에 인간의 중요한 권리 중 하나로 인정되고 있다. 이러한 점에서 기초교육은 개인의 학습권을 보장하고 자아실현을 추구할 수 있는 기초적인 단계로서 중요한 역할을 한다(윤복남, 1999). 기초교육은 한 개인이 전 생애에 걸쳐 사회를 살아나가는 데 필요한 생존의 기초능력, 즉 삶의 영위를 위한 기초능력을 위한 교육으로 읽기, 쓰기, 셈하기라는 단순 문자 문해력 교육뿐만 아니라 고차원적인 기능 문해, 포괄적 생애능력 교육의 내용까지 다루고 있다(최운실, 2006).

기초교육형 평생교육정책은 개인의 성장을 목적으로 시행되는 정책으로, 이들이 교육을 통해 사회에 적응하고 삶을 편히 영위할 수 있도록 의식과 기본 소양의 함양이 주된 내용을 이루고 있는 주제들을 다루고 있는 정책이다. 따라서 기초교육형 평생교육정책은 주로 개인의 학습능력 증진과 사회적 약자의 돌봄, 사회·문화 적응, 문해능력 함양 등과 같이 사회구성원이 사회에서 사람답게 살 수 있도록 돕기 위하여 기본적인 교육 수준을 보상하는 교육 내용들이 주요 사례로 꼽힐 수 있다(오혁진, 2022).

기초교육형 평생교육정책은 정책 내용에 따라, ① 돌봄교육 평생교육정책, ② 사회문화 적응을 위한 평생교육정책, ③ 기본소양 함양을 위한 평생교육정책, ④ 일반적 교정교육 형태의 평생교육정책으로 구분될 수 있다.

(1) 돌봄교육 평생교육정책

돌봄은 한 가정 안에서 이루어지는 돌봄 활동을 제외한 국가의 법적·제도적 지원을 통해 수행 되어지는 활동으로 국민들의 가정 내 돌봄을 경감시키기 위한 공식적인 활동으로 볼 수 있다(신지현, 2021). 즉, 돌봄교육 평생교육정책은 국민들의 가정 내 돌봄에 대한 부담을 경감시키기 위한 국가의 공식적인 활동 정책을 의미한다.

저출산·고령화 사회의 도래로 인하여 가족의 지속가능성에 대한 문제가 생기면서 돌봄교육 평생교육정책은 지속적으로 확대되고 있다(김은지 외, 2017). 돌봄정책은 돌봄의 대상에 따라 아동돌봄과 노인 돌봄으로 구분된다. 아동 돌봄의 경우 여성가족부, 보건복지부, 국방부 등 다양한 부처에서 아이돌봄을 지원하는 정책을 시행하고 있었으며, 노인 돌봄의 경우 보건복지부에 돌봄 정책을 지원하고 있음을 확인할 수 있다.

돌봄교육 평생교육정책의 대표적인 사례에는 아이돌봄 지원(여성가족부), 지역아동센터(보건복지부), 군 어린이집 운영지원(국방부), 취약노인돌봄 강화(보건복지부) 등이 있었다.

〈표 12-1〉 기초교육형 평생교육정책의 사례(1)

연번	정책 명	시행 부처	정책 내용	대상 특성	
				연령	특성
1	아이돌봄 지원	여성가족부	아이돌보미가 가정으로 직접찾아가 1:1로 아동을 안전하게 돌보는 서비스로 시설보육의 사각지대를 해소	아동	일반

연번	정책 명	시행 부처	정책 내용	대상 특성	
				연령	특성
2	지역아동센터	보건복지부	방과후 돌봄이 필요한 지역사회 아동의 건전 육성을 위하여 보호 교육 등 종합적인 복지서비스 제공	아동	일반
3	군 어린이집 운영지원	국방부	군 어린이집 설치 및 운영 등을 통해 저출산 극복 대책에 부응하고 간부들이 육아에 대한 걱정 없도록 군 복지 여건 개선	아동	일반
4	취약 노인돌봄 강화	보건복지부	노인 맞춤형 돌봄서비스 확대 및 강화	취약	장년 이상

(2) 사회문화 적응을 위한 평생교육정책

사회문화 적응을 위한 평생교육정책은 사람들이 일상 생활과 관련된 일들을 처리할 수 있도록 지원하기 위한 평생교육을 시행하는 정책으로 사회의 질서를 유지하기 위한 개인적 기능 및 사회적 기능을 길러주는 교육으로 정의될 수 있다(정창윤, 2023). 즉, 일상에서 사용되는 형태를 습득하고, 거주하고 있는 사회의 생활양식을 수용하는 등 사고방식과 가치를 지향하는 것으로(윤여상, 2002), 이는 다시 말해 현재 속한 사회문화 등 다양한 환경과 조건을 균형 있게 하기 위하여 지식, 기술 등을 익히고 소외에서 벗어나 한 사회의 구성원으로 자아정체성을 갖도록 지원해 주는 것을 말한다(정창윤, 2023). 즉, 사회문화 적응을 위한 평생교육정책은 개인이 생태학적 체계를 포함한 사회, 문화, 제도 등 일상생활에 살아가는 데 필요한 다양한 체계에 대해 익히고 그 과정에서 자아정체성을 형성하기 위하여 평생교육을 지원하는 정책으로 볼 수 있다.

사회문화 적응을 위한 평생교육정책의 사례에는 탈북학생 교육지원(교육부), 외국인사회통합지원(법무부), 이주배경 청소년 지원(여성가족부), 장애인 자립생활 지원을 위한 활동지원 체계 구축(보건복지부) 등이 있었다.

이러한 사회문화 적응교육과 관련된 정책은 기존의 사회에서 한국 사회로 이주한 외국인, 다문화가정 또는 북한이탈주민을 위한 정책들이 대표적인 사례로 들 수 있다. 새로 정착한 한국사회에서 적응을 할 수 있도록 교육을 통하여 언어적·사회적 다방면 지원을 하는 것이다. 한편 신체적 상황으로 사회적응에 어려움을 겪는 사람들이 사회에 잘 적응하도록 돕는 정책 또한 사회문화 적응 교육에 포함이 된다.

〈표 12-2〉 기초교육형 평생교육정책의 사례(2)

연번	정책 명	시행 부처	정책 내용	대상 특성	
				연령	특성
1	탈북학생 교육지원	교육부	탈북학생 특성을 고려한 단계별 맞춤형 교육지원	청소년	취약 계층
2	외국인사회통합지원	법무부	장기체류를 희망하는 외국인에게 사회적응정보를 제공함으로써 우리 사회에 성공적으로 적응할 수 있도록 지원	전연령	취약 계층
3	이주배경 청소년 지원	여성가족부	이주배경 청소년의 조속한 사회적응과 건강한 성장을 지원	청소년	취약 계층
4	장애인 자립생활 지원을 위한 활동지원 체계 구축	보건복지부	혼자서 일상생활과 사회생활을 하기 어려운 장애인의 자립생활 지원	전연령	취약 계층
5	북한이탈주민 정착 지원 사무소	통일부	북한이탈주민의 사회정착을 지원하기 위하여 기초교육, 지역사회 이해, 건강증진 등을 지원	전연령	취약 계층

(3) 기본소양 함양을 위한 평생교육정책

사회구성원들이 사회에서 사람답게 살아갈 수 있도록 교육의 기본적인 수준을 보장하는 것은 매우 중요하다. 기본소양 교육은 읽고 쓰는 문해 능력을 포함한 의사소통 능력, 공감 능력, 인문학적 소양을 함양할 수 있도록 돕는 것을 의미한다(유주영, 강대중, 2021). 이에 따라 기본소양 교육은 기초학력 보장, 문해능력 향상, 디지털 리터러시, 문화예술을 포함한 사회구성원으로써 기본적인 지식·기술을 보장할 수 있도록 돕기 위하여 다양한 주제의 교육정책으로 나타난다.

기본소양 함양을 위한 평생교육정책의 사례로는 기초학력 보장 기반 구축 및 결손 해소 지원(교육부), 정보화 마을 사업(행전안전부), 민감 취약계층 건강보호 강화(환경부), 사각지대 문화취약계층 문화예술 지원사업(문화체육관광부) 등이 있다.

〈표 12-3〉 기초교육형 평생교육정책의 사례(3)

연번	정책 명	시행 부처	정책 내용	대상 특성	
				연령	특성
1	기초학력 보장 기반 구축 및 결손 해소 지원	교육부	교육 결손 해소를 위한 교과학습보충 및 튜터링 실시, 기초학력 다중 안전망 강화 등	청소년	취약 계층
2	정보화 마을 사업	행정안전부	정보화에 상대적으로 소외된 농촌·산촌·어촌에 정보 이용 환경을 조성하고, 정보화 교육을 제공하여 정보격차를 해소하여 지역주민 주도의 자립형 마을공동체 육성 지원	전연령	취약 계층
3	민감 취약계층 건강보호 강화	환경부	취약계층 환경보건서비스 지원 강화, 어린이 환경안전관리 강화	전연령	취약 계층
4	사각지대 문화 취약계층 문화예술 지원사업	문화체육 관광부	문화예술 향유 기회가 적은 대상에 대한 정책적 접근을 통한 문화예술 교육 사각지대 해소	전연령	취약 계층

(4) 일반적 교정교육 형태의 평생교육정책

교정교육은 교정시설에 수용되어 있는 수용자를 변화시키기 위해서 교정시설 내외부에서 시행되는 모든 형태의 학습 지원 활동을 뜻하는 것으로 일반적으로 교정과 교화를 목적으로 진행되는 교육 형태이다(유주영, 강대중, 2021). 교정교육은 수용자들이 수감 이후 사회에서 원만하게 적응할 수 있는 자주적·자립적 사람으로 양성하기 위하여 생활지도, 정서지도, 교과교육, 직업훈련을 진행하고 있다(송태호, 1995).

다만, 교정교육의 형태는 다양하지만 경제적인 부분과 관련된 직업훈련은 기초교육이 아닌 직업훈련지원형 평생교육정책에 포함된다. 따라서 기초교육에서 의미하는 교정교육은 직업훈련을 제외한 것으로 학과교육, 종교교육, 문화예술교육, 치료교육, 심리교육 등 다양한 내용의 교육을 다루고 있다(신용해, 2012).

〈표 12-4〉 기초교육형 평생교육정책의 사례(4)

연번	정책 명	시행 부처	정책 내용	대상 특성	
				연령	특성
1	교정교화	법무부	수용자의 출소 후 재범 방지를 목표로 시설 내 성폭력사범 및 마약사범 등에 대한 교정교화 및 사회복귀 지원	성인	취약 계층
2	수형자 집중인성 교육	법무부	인성, 감성교육 강화, 가족, 지역사회와의 관계 회복 등을 통해 수형자 내면의 근본적인 변화에 의한 범죄성 개선을 목적으로 함	성인	취약 계층

2) 기초교육형 평생교육정책의 특성

기초교육형 평생교육정책은 교육부를 비롯한 여성가족부, 법무부, 보건복지부와 같은 정부 부처에서 다수 시행하고 있다. 교육부의 경우 교육이 가지고 있는 기본적인 성격과도 관련이 깊다. 교육의 궁극적인 목적은 학습과정을 통한 인격 형성과 인간의 성장 및 발달로 개인의 인성을 함양하고 인간다운 삶을 영위하며, 나아가 국가의 발전과 이상을 실현하는 데 중요한 역할을 하는 것이다. 즉, 교육의 기본 목적은 기초교육의 목적과 동일하다고 볼 수 있다. 더불어 교육부의 정책 주요 대상은 아동과 청소년으로 이들은 미래 사회구성원으로 성장하기 위하여 사회에 대한 관습이나 역할, 가치관 등을 습득하는 시기에 속하기 때문이다.

한편, 교육부를 제외하고 기초교육형 평생교육정책을 시행한 부처들의 경우 사회적 약자를 주요 정책 대상으로 두고 있는 정부 부처들이다. 여성가족부의 경우 다문화 이주민과 위기청소년, 학교 밖 청소년을, 법무부 경우 외국인, 보건복지부는 장애인을 주요 정책 대상으로 삼고 정책을 시행하는 부처이다. 이들 부처의 주요 정책 대상은 한국 사회에 적응하기 위하여 필수적으로 익혀야 하는 지식과 태도가 필요한 기초교육의 주요 대상들로 이해될 수 있다.

더불어 기초교육형 평생교육정책은 모든 생애주기를 고려하여 정책이 시행되고 있지만, 특히 아동과 청소년 대상으로 삼는 정책이 많이 시행되고 있다. 또한 특정한 연령을 고려하기보다는 모든 연령을 대상으로 시행되는 정책이 다수이다. 우선 아동과 청소년 대상의 기초교육형 평생교육정책의 경우 아동 및 청소년의 돌봄 또는 활동지원과 관련이 있다. 아동과 청소년은 기초지식 습득을 바탕으로 사회에 대한 가치관을 확립하는 시기이기 때문이다. 반면 연령과 무관하게 시행된 정책의 경우 연령보다는 집단의 특성이 강하다고 이해될 수 있다. 다문화가정, 외국인, 장애인, 북한이탈주민과 같이 사회에 적응하는 데 필요한 언어, 법률, 가치관, 습관, 문화 등의 기초지식 습득이 이들에게 중요하기 때문이다.

기초교육은 사회적 약자를 대상으로 학습자 본인이 당면한 사회문제를 인식하고 문제를 비판적으로 바라보면서 주체적으로 해결하기 위할 수 있도록 자신감·자존감을 확립하며, 문제에서 벗어날 수 있도록 역량을 강화시키는 역할을 한다. 기초교육형 평생교육정책들의 주요 내용으로 '맞춤형 지원' '소외계층 지원' '실생활에 필요한' '사회적응(사회정착)' '사회복귀' '돌봄서비스(양육)' '자립지원' 등이 공통적으로 나타나는 것을 확인할 수 있다.

이를 종합하였을 때 기초교육형 평생교육정책은 사회적 약자가 주요 정책의 대상이 되며, 사회적 약자를 대상으로 정책을 시행하는 부처들에서 주로 정책을 시행하는 것을 알 수 있다. 기초교육형 평생교육정책은 사회적약자의 전 생애 걸쳐 사회에 살아가는 데 필요한 지식을 알려주고, 이를 바탕으로 이들의 역량 강화 및 자아실현을 도와주면서 사회구성원으로 나아갈 수 있도록 돕는 정책들이 주를 이루고 있는 것을 알 수 있다.

2. 직업훈련지원형 평생교육정책 사례와 특성

직업훈련지원형 평생교육정책은 일자리 문제의 해결을 위해 국가에서 강조하는 정책 중 하나로 노동시장에 필요한 인적자원을 양성하고, 변화하는 노동시장에 대응할 수 있는 인력을 양성하기 위하여 지속해서 확대되고 있다. 제5차 평생교육진흥기본계획에서도 국민의 역량개발로 성인의 직업훈련지원을 강조하고 있다. 이 절에서는 직업훈련형 평생교육정책의 사례와 특징을 살펴보고자 한다.

1) 직업훈련지원형 평생교육정책의 사례

직업훈련지원형 평생교육정책은 크게 일반인 대상의 직업훈련지원과 사회적 약자 대상의 경제적 자활교육으로 구분될 수 있다. 일반적으로 '직업훈련'은 근로자에게 직업에 필요한 직무 수행능력을 습득·향상 시키기 위하여 실시하는 훈련을 의미한다. 이는 직업훈련지원형 평생교육정책의 대상자가 노동시장에 진입하였거나, 진입 예정인 취업자, 취업예정자, 퇴직을 준비하는 근로자, 노동시장에 재진입을 희망하는 퇴직자 등 대상이 다양함을 알 수 있다.

그러나 직업훈련지원에서 중요시해야 할 부분 중 하나는 사회적 약자의 경제적 활동을 지원하기 위한 경제적 자활교육이다. 경제적 자활교육은 사회적약자의 경제적 자활능력 향상을 제일의 목적으로 삼는 유형이다(오혁진, 2022). 경제적 자활은 협의적으로는 근로활동 참여를 통해 저소득계층이 스스로 욕구를 충족할 수 있도록 경제력을 갖추도록 도우며, 광의적으로 공적 지원 없이 생활할 수 있을 정도의 경제적 수준을 갖춘 계층으로 상승하도록 돕는 데 목적이 있다(송인한, 박장호, 김우식, 2013).

경제적 자활교육은 상대적 빈곤 계층에게 직업훈련 교육을 지원함으로써 빈곤으로부터 해방될 수 있도록 돕는 것과 동시에 사회적 가치를 심어 주는 교육을 의미한다(김주섭, 박진희, 이지은, 2006). 이는 교육 현장에서 경험을 학습에 근거로 두고, 경험 과정을 통해 인지적·심리적·심미적·도덕적·종교적 측면의 양태를 구하는 것으로 볼 수 있다(정훈, 2009).

직업훈련지원형 평생교육정책은 일반인 대상 직업훈련 평생교육정책, 취약계층 대상의 자활 직업훈련지원 평생교육정책, 직업훈련 형태의 교정교육 평생교육정책, 사회적기업 대상의 교육훈련을 위한 평생교육정책으로 세분화 할 수 있다.

(1) 일반인 대상 직업훈련지원을 위한 평생교육정책

일반인 대상 직업훈련지원을 위한 평생교육정책은 성인을 비롯한 사람들에게 직업 훈련의 기회를 제공하여 사회에 진출할 수 있도록 지원하기 위하여 평생교육을 시행하는 정책을 의미한다.

　직업훈련지원은 크게 실업자 또는 취업준비자를 대상으로 취·창업을 위한 새로운 직무역량 습득을 하는 것과 이미 노동을 하는 근로자의 직무역량을 향상시키기 위하여 지원하는 재직자 훈련으로 구분된다.

　최근 청년실업, 노인계층의 빈곤 등 다양한 사회적 이슈로 인하여 사람들은 직업훈련에 대해 많은 관심을 갖고 있으며, 직업훈련을 통해 경제적 활동 진출까지 연결되기를 희망하고 있다. 국가에서는 취업난을 해결하고 취업률 향상을 강조하는 만큼 직업훈련지원 평생교육정책은 범부처 차원에서 많이 시행되고 있으며 특히 고용노동부에서 적극적으로 정책을 시행하고 있다.

〈표 12-5〉 직업훈련지원형 교육정책의 사례(1)

연번	정책 명	시행 부처	정책 내용	대상 특성	
				연령	특성
1	국민내일배움카드	고용노동부	실업자 및 재직자가 취·창업 등을 위해 직무 능력 개발에 필요한 직업 훈련과정을 수강할 수 있도록 지원	성인	일반
2	일학습병행	고용노동부	기업이 청년을 훈련실시하고 숙련형성 및 자격 취득까지 연계하는 현장중심 교육훈련 제도	청년	일반
3	중장년일자리희망 센터	고용노동부	중장년이 새 출발을 할 수 있도록 직업훈련 외 경력진단 재설계를 지원	중장년	일반
4	청년친화형 기업 ESG지원사업	고용노동부	기업 ESG 경영 차원의 청년 대상 직무훈련 등 청년고용 지원	청년	일반

(2) 사회적 약자 대상 자활 직업훈련지원 평생교육정책

　자활 직업훈련지원은 사회적인 지원 없이는 자립이 어려운 사회적 소외계층에게 직업훈련 기회를 제공함으로써 그들의 자활 능력을 향상시키고 자립을 촉진할 수 있도록 도움을 주는 교육적 활동으로 이해될 수 있다(오영훈, 2005). 자활훈련의 주요 대상은 여성, 저학력자, 저소득층, 건강에 문제가 있거나, 장애가 있는 등 기본적으로 직업시장에서 좋지 못한 여건을 갖고 있는 사람, 즉 근로빈곤계층의 가능성이 높은 사람들이 주요 대상이 된다(김주섭, 2006). 이에 따라 자활훈련과 관련된 정책을 펼치는 부서는 고용노동부를 비롯한 보건복지부, 여성가족부, 통일부 등 사회적 약자를 주요 정책 대상으로 삼고 있는 정부 부처에서 운영되고 있음을 알 수 있다.

〈표 12-6〉 직업훈련지원형 교육정책의 사례(2)

연번	정책 명	시행 부처	정책 내용	대상 특성	
				연령	특성
1	경력단절여성 취업 지원	고용노동부	경력단절여성에게 직업상담, 직업훈련, 취업알선 등 종합적인 취업서비스 제공	성인	취약계층
2	장애인 일자리 창출 및 확대	보건복지부	취약계층인 미취업 장애인에게 직업적응훈련, 직업상담 등 맞춤형 직업재활 서비스 제공을 통해 장애인의 사회참여 확대 및 소득보장 지원	성인	취약계층
3	취업지원제도	통일부	북한이탈주민 취업을 지원하기 위하여 직업훈련 기회를 제공	성인	취약계층
4	내일이룸학교 운영	여성가족부	학교 밖 청소년에게 맞춤형 직업훈련을 실시하여 청소년의 성공적인 사회진출 및 자립을 지원	청소년	취약계층

(3) 직업훈련 성격의 교정교육 평생교육정책

직업훈련 성격의 교정교육 평생교육정책은 교정교육의 다양한 형태 중 수용자가 출소한 이후에 사회에 빠르게 복귀하기 위하여 직업적인 능력을 함양할 수 있도록 돕는 교육을 의미한다(유주영, 강대중, 2021).

법무연수원 2021년 자료에 따르면 16개 직종 192개의 직업훈련 과정이 운영되고 있으며 지식 기술 습득 및 자격증 취득, 기능대회 참가를 할 수 있도록 지

〈표 12-7〉 직업훈련지원형 교육정책의 사례(3)

연번	정책 명	시행 부처	정책 내용	대상 특성	
				연령	특성
1	교도작업	법무부	수형자에게 일거리를 제공함으로써 근로정신을 함양시키고 기술습득을 통한 사회적응 능력 배양	성인	취약계층
2	직업훈련	법무부	수형자에게 취업에 유용한 기술을 습득시켜 출소 후 경제적 자립기반을 돕기 위한 기술교육사업으로 출소자의 건전한 사회복귀를 지원	성인	취약계층

원하고 있다(법무연수원, 2021). 직업훈련 성격의 교정교육 평생교육정책은 우리나라 부처 중 법무부에서만 현재 시행하고 있으며, 성인 및 소년범들이 출소 후 사회에 복귀할 수 있도록 적극적으로 직업훈련을 지원하고 있다.

(4) 사회적기업의 교육 · 훈련을 위한 평생교육정책

「사회적기업육성법」에 의하면 사회적기업은 '취약계층에게 사회서비스 또는 일자리를 제공하거나 지역사회에 공헌함으로써 지역주민의 삶의 질을 높이는 등의 사회적 목적을 추구하면서 재화 및 서비스의 생산 · 판매 등 영업활동을 하는 기업'으로 정의되고 있다.

사회적기업 대상의 교육은 자립 가능한 사회적기업 운영을 위한 사회적기업가의 양성, 사회적기업의 경영성과 극대화 및 지속가능한 사회적기업으로 발전할 수 있도록 교육적 지원을 하는 활동으로 정의될 수 있다(이성기, 2010). 현재 국내에서 사회적기업과 관련된 교육을 지원하는 부처로는 기획재정부와 중소벤처기업부, 고용노동부가 있으며 이들 부처에서는 사회적기업인들이 성장하고 활성화할 수 있도록 적극적인 교육지원을 하고 있다.

〈표 12-8〉 직업훈련지원형 교육정책의 사례(4)

연번	정책 명	시행 부처	정책 내용	대상 특성	
				연령	특성
1	사회적기업 성장 지원센터	기획재정부	양질의 사회적 기업가를 육성하고 (예비)사회적기업으로의 진입을 돕기 위한 교육 및 멘토링 지원	성인	일반
2	장애인기업육성	중소벤처 기업부	장애인의 창업 및 보육을 위하여 창업교육 등을 진행	성인	취약 계층
3	사회적기업 활성 화 및 성장지원	고용노동부	사회적경제 활성화를 위해 성장잠재력이 높은 사회적경제 기업을 대상으로 지원	성인	일반

2) 직업훈련지원형 평생교육정책의 특성

직업훈련지원형 평생교육정책은 고용노동부가 중심으로 여러 부처에서 시행되고 있다. 이는 고용노동부라는 부처의 성격이 시민들의 고용 촉진 업무를 담당하고 있기 때문으로 이해될 수 있다. 「고용노동부와 그 소속기관 직제」 제3조에는 고용노동부의 직무를 '고용노동부는 고용정책의 총괄, 고용보험, 직업능력개발훈련, 고용 평등과 일·가정 양립지원, 근로조건의 기준, 근로자 복지 후생, 노사관계의 조정, 노사협력의 증진, 산업안전보건, 산업재해보상보험과 그 밖에 고용과 노동에 관한 사무를 관장한다'고 명시하고 있다. 즉, 경제적 어려움으로 인하여 불평등을 겪고 있는 국민들에게 직업능력개발훈련지원을 비롯한 고용을 촉진할 수 있도록 지원을 하는 것이 고용노동부의 주요 역할 중 하나라고 이해할 수 있다.

고용노동부를 제외한 직업훈련지원형 평생교육정책을 많이 시행한 정부 부처로는 중소벤처기업부를 들 수 있다. 이는 중소벤처기업부 또한 부처의 역할 때문으로 이해될 수 있다. 고용노동부의 경우 개인의 취업을 위한 교육정책을 시행한다면, 중소벤처기업부는 사회적기업 양성 중심의 교육정책이 주로 시행되고 있다. 그 밖에 직업훈련지원형 평생교육정책을 시행한 정부 부처로는 수형자 및 범죄피해자, 외국인을 대상으로 정책을 시행하는 법무부, 장애인 및 취약계층 대상으로 정책을 시행하는 보건복지부, 경력단절여성 및 다문화 가정을 담당하는 여성가족부, 북한이탈주민 대상의 정책을 시행하는 통일부, 농촌주민을 주요 정책대상으로 삼는 농림축산식품부와 등이 있다. 이처럼 직업훈련지원형 평생교육정책을 시행한 부처에는 고용과 기업을 담당하는 정부 부처 외에 사회적약자들을 대상으로 정책을 시행하는 정부 부처에서 또한 많이 시행하는 것을 알 수 있다.

직업훈련지원형 평생교육정책은 장애인, 북한이탈주민, 경력단절여성 등과 같이 취약계층을 대상으로 정책을 시행하는 비율이 높다. 그러나 최근에는 은퇴자, 청년 등과 같이 사회적 약자가 아닌 일반인을 대상의 직업훈련지원 평생교육정책 또한 상당히 시행되고 있다. 이는 청년 취업률, 노인 빈곤 등 사회적으로 많은 이슈가 되고 있으며, 이들이 지속적으로 경제활동을 하지 않으면 빈곤층으로 취약계층으로 이동할 가능성이 높기 때문이다.

한편, 직업훈련지원형 평생교육정책의 주요 대상자의 연령은 다른 평생교육정책과는 두드러진 차이가 나타난다. 바로 성인을 대상으로 시행하는 정책이 상당히 많다는 것이다. 이는 직업훈련지원형 평생교육정책의 주요 내용이 직업ㆍ고용과 관련이 있으므로, 아동ㆍ청소년과 같은 학령기의 연령을 대상으로 하기보다는 실제 경제활동을 수행하는 성인 이후의 연령을 주요 대상자로 삼기 때문이다. 물론 그렇다고 해서 청소년을 대상으로 시행되는 직업훈련지원형 평생교육정책이 없는 것은 아니다. 학교 밖 청소년 또는 소년원에 다니는 학생들을 대상으로 경제적 자립을 지원하기 위한 직업훈련 정책들 또한 존재하고 있다. 하지만 상대적으로 직업훈련지원형 평생교육정책은 성인을 주요 정책 대상으로 삼고 있는 것을 알 수 있다.

이처럼 직업훈련지원형 평생교육정책은 학습자 개인의 빈곤 문제를 해결할 수 있는 실천능력을 함양하고, 이를 위한 전문적인 지식과 기술을 습득할 수 있도록 도와주는 역할을 한다. 직업훈련지원형 평생교육정책과 관련된 정책들의 내용에서 공통적으로 찾아볼 수 있는 단어로는 '소외계층' '자활' '사회적기업' '기업육성' '직업교육(직업훈련)' '고용지원(취업지원)' 등을 들 수 있다. 따라서 경제적 자활교육형 평생교육정책은 기초교육형 평생교육정책과 마찬가지로 사회적약자를 주요 정책 대상으로 삼으며, 사회적약자를 대상으로 정책을 시행하는 정부 부처와, 고용과 관련이 있는 고용노동부, 중소벤처기업부를 중심으로 시행된다. 이러한 경제적 자활교육을 활용한 평생교육정책의 주요 내용으로는 사회취약계층의 직업훈련을 통한 고용지원과 사회적 기업육성을 위한 정책들이 주를 이루는 것을 알 수 있다.

3. 시민교육형 평생교육정책 사례와 특성

민주주의 사회에서 '시민'의 역할은 매우 중요하다. 시민이 민주시민으로서 자신의 역할을 다하고, 한 사회의 구성원들이 서로 공유한 질서를 지킬 수 있도록

'시민성' 향상을 국가는 중요하게 여기고 있다. 이 절에서는 우리나라에서 시행
되는 시민교육형 평생교육정책의 사례를 살펴보고 특성에는 무엇이 있는지 보
고자 한다.

1) 시민교육형 평생교육정책의 사례

시민교육은 일반인을 대상으로, 사회공동체를 지향하며 기초적·일반적 교
육내용을 다루는 평생교육의 유형이다. 시민교육은 시민을 최소한의 관점에서
인식하느냐 최대한의 관점으로 인식하느냐에 따라 구분이 된다. 최소한의 시민
의 역할은 법치주의 토대에서 시민적 지위와 권리로 이해된다(우현정, 2018). 이
때의 시민은 정치참여와 같은 시민으로서의 역할을 중요시 여긴다. 반면 최대의
관점에서의 시민은 한 사회의 공동체의 구성원으로서 가지는 자의식으로 사회
적·문화적·심리적 차원까지 확장하여 이해될 수 있다.

시민교육은 '시민사회' '민주 시민성'이라는 독특한 맥락을 토대로 한 위에 이
해되는 교육의 모습으로 시민이 의사결정권자로서 주인이 될 수 있도록 사회인
식능력, 의사소통능력, 집단적 실천능력을 학습할 수 있도록 하는 교육을 뜻한
다(김창엽, 2005).

시민교육의 주요 내용으로는 통일교육, 주민자치교육, 시민교육, 민주주의 교
육 등을 들 수 있다. 특히 주민자치는 지역의 결사체 혹은 주민공동체가 지역의
현안과 의제에 대하여 중요한 영향력을 행사하는 민주적 의사결정 체계와 문화
를 뜻하는 것으로 주민자치교육은 지역주민들의 주민자치 능력을 높이기 위한
공동체 교육, 연대의 지속성을 높이기 위한 주민자치 인식, 주민 역량강화, 지역
주민의 조직화, 문제해결을 의사소통 등을 교육내용으로 삼는다(김용련, 2016; 홍
지오, 김용련, 2018).

(1) 민주시민 평생교육정책

민주시민교육의 대표적인 사례에는 행정안전부에서 시행하는 '민주시민교육'을
들 수 있다. 민주시민 평생교육정책은 시민들 스스로 참여와 실천을 통해 민주주

의 발전을 이끌어 나갈 수 있도록 시민사회단체와 협력하여 다양한 민주시민교육
사업을 진행하는 정책이다. 즉, 국민들이 민주주의의식을 함양할 수 있도록 교육
적으로 지원하는 정책으로 볼 수 있다. 행정안전부의 민주시민교육사업 이외에도
법무부에서 이민자 중심으로 세계시민교육을 양성 및 교육기관에 파견하도록 돕
는 '세계시민교육' 정책, 국민들이 직접 정책을 설계할 수 있도록 교육적으로 지원
하고 실제 제안한 정책이 실현될 수 있도록 지원하는 행정안전부의 '온·오프라인
국민참여 활성화' 등이 민주시민교육 정책의 대표적인 사례로 들 수 있다.

〈표 12-9〉 시민교육형 평생교육정책의 사례(1)

연번	정책 명	시행 부처	정책 내용	대상 특성	
				연령	특성
1	민주시민교육	행정안전부	민주주의 발전과 시민 스스로 참여와 실천을 이끌어 나가기 위한 민주시민교육 사업을 진행	모든 연령	일반
2	세계시민교육	법무부	이민자통합센터에서 이민자 중심으로 세계시민교육 강사를 양성하여 이들을 교육기관에 파견하여 세계시민 마인드를 심어줌	성인	일반
3	청소년정책 참여 지원	여성가족부	청소년의 실질적인 정책참여 활성화 및 민주시민 역량 함양을 위한 다양한 체험기회 제공	청소년	일반
4	온·오프라인 국민참여 활성화	행정안전부	국민들이 직접 정책을 제안하고 실현할 수 있도록 하는 다양한 교육 및 활동 실시	모든 연령	일반

(2) 시민의식 형성을 위한 평생교육정책

시민의식 형성교육은 개인으로 요구되는 자질이 아닌 사회구성원, 즉 시민이
라는 지위에서 요구되는 자질을 기르는 교육을 의미한다(이해주, 1995). 다시 말
해 시민의식 형성교육은 시민들이 시민적 자질을 갖게 하는 것으로 공공의 문제
를 바르게 판단할 수 있는 분별력을 키우는 평생교육정책이라고 볼 수 있다.

시민의식 형성교육은 각종 사회문제에 대한 의식개선 및 인식 확산에 대한 내
용을 다루고 있기 때문에 매우 다양한 형태로 나타난다. 대표적인 시민의식 형
성을 위한 평생교육정책으로는 고용노동부의 '직장 내 괴롭힘 예방·근절', 교육
부의 '학교폭력 없는 안전한 학교 환경 조성', 국토교통부의 '교통사고예방지원',

농림축산식품부의 '동물보호·안전관리 제도·인프라확충 및 동물보호·복지 인식제고', 법무부의 '아동인권 증진', 여성가족부의 '양성평등 문화확산', 통일부의 '한반도 통일미래센터 운영', 행정안전부의 '지진재난 대응역량 강화', 환경부의 '사회 전반으로 친환경 소비문화 확산' 등이 있다. 시민의식 형성을 위한 평생교육정책은 단순 교육적인 활동뿐만 아니라 범국민 차원의 캠페인 등을 통하여 사회문제에 대해 중요성을 인식하고 해결을 위한 고민을 함께한다는 것에서 교육적 의의가 있다.

〈표 12-10〉 시민교육형 평생교육정책 사례(2)

연번	정책 명	시행 부처	정책 내용	대상 특성	
				연령	특성
1	청소년 국토교육 지원	국토교통부	청소년들을 대상으로 우리 국토의 현황 및 여건 등 올바르고 균형잡힌 건전한 국토관 정립을 위한 교육 지원	청소년	일반
2	아동학대 예방 교육 사업	보건복지부	신고의무자 교육 및 아동학대 예방교육 강화, 부모교육 확산, 아동학대 인식개선을 위한 대국민 홍보 추진	모든 연령	일반
3	양성평등문화 확산	여성가족부	남녀평등 촉진에 대한 범국민적 관심 제고를 위한 다양한 활동 지원, 양성평등 및 여성사회참여 확대를 위한 프로그램 공모 및 지원	모든 연령	일반
4	지역통일교육센터	통일부	지역 주민들의 통일문제에 대한 관심과 이해제고를 위한 사회통일교육 기관 운영	모든 연령	일반
5	사회환경교육 활성화	환경부	지역 맞춤형 환경교육 활성화 지원, 환경교육 전문가 양성, 대상별 맞춤형 환경교육 제공	모든 연령	일반

2) 시민교육형 평생교육정책의 특성

시민교육형 평생교육정책은 모든 정부 부처에서 관심을 갖는 평생교육정책 유형 중 하나이다. 특히 행정안전부, 환경부, 통일부, 해양수산부와 같은 부처에서는 시민교육을 적극적으로 활용하여 평생교육정책을 시행하고 있다. 이는 각 정부부처에서 시민의식을 강조하고자 하는 내용들이 다양하게 나타나기 때문으로 이해될 수 있다.

환경부의 경우 환경문제와 관련한 시민들의 인식 고취를 위한 정책들을 시행하고 있으며, 해양수산부의 경우 동일한 환경문제에 관심을 갖지만 주로 해양환경 및 수질오염 등에 특화된 정책을 시행하고 있다. 통일부의 경우 시민들의 통일의식 함양을 위한 정책을 많이 시행하고 있다. 한편, 행정안전부의 경우 두 가지의 형태로 시민교육형 평생교육정책을 시행하고 있다. 하나는 재난 등의 상황에서의 대응능력 함양을 위한 평생교육정책이며, 다른 하나는 시민사회 활성화를 위하여 국민들의 민주시민의식을 향상하기 위한 정책으로 양분되어 나타나고 있다.

이러한 시민교육형 평생교육정책은 사회적약자를 대상으로 한정 짓기 보다는 일반 시민들을 대상으로 시행하는 경우가 많다. 그러한 이유는 시민교육이 가지고 있는 특성 때문으로 이해될 수 있다. 시민교육에서 주된 관심사인 시민성 함양과 사회문제에 대한 인식, 문제 해결책발굴은 특정 집단에게 필요하기 보다는 사회구성원 모두에게 필요한 내용이다. 따라서 시민교육형 평생교육정책은 사회적 약자를 포함한 모든 사람을 대상으로 정책이 시행될 수밖에 없는 것이다.

또한 시민교육형 평생교육정책은 청소년을 대상으로 시행된 정책과, 모든 연령을 대상으로 시행하는 정책들이 양분되어 나타난다. 이는 청소년이 가지는 연령별 특성과 관련된 것으로, 사회의 가치관을 확립하는 시기이기 때문이다. 국가는 청소년들에게 건전한 사회 가치관을 함양할 수 있도록 청소년 맞춤형 시민교육 정책을 다수 시행하고 있다. 실제로 청소년 대상의 시민교육형 평생교육정책은 찾아가는 법 교육, 학교환경교육 등 학교교육과 연계되어 시행되는 정책들이 많다. 반면, 군이 연령에 제한두지 않고 모든 사회구성원을 대상으로 시행하는 정책 또한 많이 시행되고 있다. 이는 앞서 살펴본 바와 같이 시민성은 사회구성원 모두가 갖추어야 하는 능력으로 남녀노소를 가리지 않기 때문이다. 이러한 이유로 시민교육형 평생교육정책은 특정 연령대를 대상으로 하기보다는 참여를 희망하는 국민 누구나 접할 수 있도록 운영되는 경향이 높다.

시민교육은 사람들에게 사회문제에 대한 실태와 비판적 인식을 형성시켜줄 수 있으며, 시민이 스스로 이를 해결할 수 있도록 주체적인 참여와 연대를 할 수 있는 기술과 전략을 습득할 수 있도록 지원하는 교육이다. 시민교육형 평생교육정책은 '인식개선(인식제고)' '가치관 함양' '실천유도(참여유도)' '문화조성(문화개선, 문화확산)' '공감대 확산' '예방' 등의 키워드를 공통적으로 찾아볼 수 있다. 따라서 시민교육형 평생교육정책은 일반시민들이 주요 정책의 대상이 되며, 시민들의 의식함양을 위한 정부의 다양한 부처에서 시행되고 있는 것을 알 수 있다. 이러한 시민교육형 평생교육정책은 시민들의 공감대를 바탕으로 사회에 대한 올바른 가치관을 심어 주고, 긍정적인 사회문화를 형성함과 동시에 시민들의 실천 활동을 통한 사회문제 해결을 위한 내용들이 주로 구성되어있는 것을 알 수 있다.

4. 사회개발형 평생교육정책 사례와 특성

국가는 시민 개인의 성장도 중요하게 여기지만 지역사회의 성장도 중요시한다. 시민들이 지역공동체 안에서 사회문제를 해결할 수 있도록 교육적 지원을 다양하게 하고 있다. 과거 이상촌 운동 등 민간에서 시행된 사회개발교육은 정책으로서도 나타나고 있다. 이 절에서는 사회개발형 평생교육정책의 사례와 주요 내용을 살펴보고 그 특징을 파악해 보고자 한다.

1) 사회개발형 평생교육정책의 사례

사회개발교육은 일반인을 대상으로 사회공동체를 지향하며, 경제적 · 전문적 교육 내용을 다루는 평생교육의 유형이다. 사회개발교육은 일정한 공동의 물리적 공간을 배경으로 지속적인 사회적 상호작용을 수행하며, 공동의 목적, 긴밀한 유대감과 정체성을 가지고 있는 공동체를 의미한다. 즉, 사회개발교육은 공동체 구성원의 환경을 개선하고 생활 수준을 향상하기 위한 다양한 형태의 교육적 노력으로 이해될 수 있다(오혁진, 2022).

사회개발교육은 일정한 공동의 물리적 공간을 배경으로 지속적인 사회적 상호작용을 수행하며, 공동의 목적, 긴밀한 유대감과 정체성을 가지고 있는 공동체를 의미한다. 즉, 사회개발교육은 공동체 구성원의 환경을 개선하고 생활수준을 향상하기 위한 다양한 형태의 교육적 노력으로 이해될 수 있다(오혁진, 2022). 사회개발교육에는 이상촌 운동, 협동조합 운동, 마을만들기 교육과 같이 지역과 함께하는 교육들을 예시로 들 수 있다.

사회개발교육의 대표적인 사례로는 지역사회개발교육을 들 수 있다. 지역사회개발교육은 지역주민의 교육적 필요에 대비함으로써 전체 지역사회에 봉사하는 철학적인 개념으로, 지역주민의 교육적 성장을 통한 지역학습공동체 형성을 목적으로 지역의 발전, 지역사회문제의 해결, 지역사회의 개발을 목적으로 가지고 진행하는 교육을 뜻한다(이재민, 2015). 사회개발교육형 평생교육정책은 크게 지역경제 활성화를 위한 교육적 활동과 지역사회교육으로 분류될 수 있다.

(1) 지역경제 활성화를 위한 평생교육정책

지역경제 활성화를 위한 평생교육정책은 단어가 가지는 의미와 같이 지역의 경제를 활성화하기 위하여 교육적인 활동을 하는 정책들이다. 다시 말해 지역사회의 활성화를 위하여 지역의 기반을 활용할 수 있도록 교육적인 활동과 지원을 하는 정책으로, 지역의 특성을 활용한 지역사회 개발을 돕는다는 데 의의가 있다.

〈표 12-11〉 사회개발형 평생교육정책의 사례(1)

연번	정책 명	시행 부처	정책 내용	대상 특성	
				연령	특성
1	지역기반 로컬크리에이트 활성화	중소벤처기업부	지역의 자원을 소재로 로컬크리에이터의 지원을 통해 지역경제 활성화 도모	모든 연령	일반
2	어촌·어항 개발을 통한 어촌경제 활성화	해양수산부	다양한 교육 및 복지지원, 어촌 콘텐츠 개발을 통한 지역 경제 활성화	모든 연령	일반
3	지역과 상생하는 생태관광 활성화	환경부	지역 주도 생태관광 프로그램 개발 및 지역사회 활성화를 위한 체험 교육 서비스 제공	모든 연령	일반
4	도시재생사업	국토교통부	쇠퇴하는 도시를 지역역량 강화, 새로운 기능 도입·창출 및 지역자원 활용을 통한 지역 활성화를 돕는 사업	모든 연령	일반

(2) 지역사회교육 차원의 평생교육정책

지역사회교육은 지역의 발전, 지역사회의 문제해결, 지역공동체성 향상을 목적으로 지역 내의 인적·물적 자원을 활용한 교육적 활동으로 정의될 수 있다(이재민, 2015). 지역사회교육은 앞서 지역경제 활성화를 위한 평생교육정책과 마찬가지로 지역사회를 기반으로 하고 있지만 정치적·경제적 가치보다는 지역주민들의 자발적 참여를 통한 지역공동체를 추구하는 데 목적이 있다. 즉, 지리적인 지역을 기반으로 지역주민들이 자발적으로 참여하여 지역주민의 개인적 성장뿐만 아니라, 지역사회의 발전을 지향하는 평생교육정책으로 이해될 수 있는 것이다.

지역사회교육 차원의 평생교육정책은 행정안전부에서 시행하는 지역사회 문제해결을 위한 지역공동체 활성화 추진 정책과, 국토교통부에서 시행하는 취약지원 생활여건 개조사업이 있다. 해당 정책들은 지역에 인프라를 제공하는 것에서 그치는 것이 아니라, 지역주민들이 스스로 지역사회의 문제해결을 할 수 있도록 지원하고 이러한 과정을 통해 지역공동체가 활발해진다는 점에서 교육적 의의가 있다.

〈표 12-12〉 사회개발형 평생교육정책의 사례(2)

연번	정책 명	시행 부처	정책 내용	대상 특성	
				연령	특성
1	지역사회 문제 해결을 위한 지역공동체 활성화 추진	행정안전부	마을기업 발굴 및 지역문제 해결을 위한 의제 실행	모든 연령	일반
2	마을관리 사회적 협동조합 육성지원	국토교통부	마을조합 설립 및 운영을 희망하는 국가지역 도시재생 사업 구역 대상 마을조합 육성 절차 및 공공지원 사항 등을 교육	모든 연령	일반
3	공동육아나눔터	여성가족부	이웃 간 자녀돌봄 품앗이 활동 지원 및 주민 공동체의 돌봄활동 지원을 통한 지역사회 중심의 양육친화적 사회환경 조성	성인	일반
4	취약지원 생활여건 개조	국토교통부	취약지역의 주민들이 최소한의 삶의 질을 보장받을 수 있도록 주민생활과 밀접한 생활여건 개선 및 주민역량강화사업 등을 지원	모든 연령	취약 계층

2) 사회개발형 평생교육정책의 특성

사회개발형 평생교육정책은 지역 내에서 발생하는 사회문제에 관심을 가지고, 이를 해결하기 위한 정책들을 많은 부처에서 시행하고 있으나, 특히 '지역'과 관련된 업무를 시행하는 부처인 국토교통부, 행정안전부에서 주로 맡아서 시행하고 있다.

국토교통부는 사회개발교육형 평생교육정책을 시행하는 대표적인 정부 부처 중 하나로 '국토종합계획의 수립 및 조정, 국토의 보전 · 이용 · 개발, 도시 · 도로 및 주택의 건설 등 국토 개발 및 도시개발'과 관련된 직무를 수행하고 있다. 행정안전부의 경우 지방자치제가 잘 시행되기 위하여 여러 업무를 지원하는 부처로 지방자치제도, 낙후지역 지원, 지역균형발전 지원 등 지역과 관련된 업무를 중점적으로 하고 있다. 국토교통부의 경우 도시재생을 중점적으로 시행하고 있으며, 행정안전부의 경우 지역사회 문제해결에 초점이 된 평생교육정책들을 다수 시행하는 모습을 보였다.

한편, 사회개발형 평생교육정책은 특정한 연령 또는 집단을 고려해서 시행되지는 않는다. 사회개발교육은 사회라는 공간에 함께하고 있는 구성원들이 공동의 문제를 발굴하고 스스로 이를 해결함으로써 사회공동체를 지향하는 평생교육의 유형이다. 따라서 사회개발형 평생교육정책은 사회구성원 모두에게 관심을 갖는다. 사회개발형 평생교육정책은 특정 연령을 대상으로 하거나, 특정한 집단을 대상에 초점을 맞추어 정책을 시행하기보다는 사회구성원 특히 사회구성원이 소속된 지역사회를 대상으로 시행되는 것을 알 수 있다.

사회개발교육은 개인의 문제가 아닌 지역사회와 같은 사회집단 속에서 공동체성을 발휘한 문제해결을 돕고, 공동체의 사회문제를 실천하는 교육으로 사회개발교육형 평생교육정책의 내용을 살펴본 결과 공통적으로 '공동체' '지역문화' '지역사회' '지역발전' '지역문제해결' '지역주도'와 같은 키워드를 활용하는 것을 알 수 있었다. 이를 종합하면 사회개발교육형 평생교육정책은 행정안전부, 국토교통부가 중심이 되어 시행하고 있으며, 주요 정책 대상은 지역사회의 구성원 모두가 되는 것을 알 수 있다. 이처럼 사회개발교육형 평생교육정책은 지역의 문제해결을 위하여 지역사회의 구성원들이 직접 참여하여 문제를 해결하는 과정을 통해 공동체성 함양과 지역의 발전을 가져오도록 하는 평생교육정책으로 이해할 수 있다.

5. 범정부적 차원의 사회문제 해결형 평생교육정책의 향후 발전 과계

정부는 국민 개인의 성장과 사회문제 해결을 비롯한 사회의 성장 그리고 평생학습사회 구현을 위하여 다양한 평생교육정책을 시행하고 있다. 평생교육정책은 사회문제를 해결하기 위하여 교육적인 방법을 활용하는 정책이므로 교육정책을 시행하는 교육부 외 다양한 정부 부처에서 시행될 수 있으며, 실제로 부처의 직무 및 역할에 따라 다양하게 평생교육정책이 시행되고 있다.

그러나 평생교육정책은 중앙정부 차원의 정책을 종합적으로 계획 및 분석, 발전방안에 대한 논의 과정이 없이 개별 부처 차원에서 진행이 되고 있다. 이러한 이유로 평생교육정책은 부처 간 중복·유사 시행되는 경향이 많았으며, 부처 내에서도 중복되어 시행되는 비효율적인 문제가 나타나고 있다. 따라서 평생교육정책이 효율적·효과적으로 시행되기 위해서 평생교육정책 추진을 위한 정부부처들 간의 업무와 기능의 정비가 필요하다.

평생교육정책의 실효성을 높이기 위해서는 정부 부처 간의 협력이 무엇보다 중요하다. 평생교육정책의 시행에 있어 정부 부처를 포함한 다양한 기관들 간 협력은 지속적으로 요구되고 있으며, 최근 이를 위한 움직임들이 나타나고 있다. 국가 사회부총리를 맡고 있는 교육부장관의 주관으로 교육·사회 및 문화정책, 즉 사회정책을 담당하는 관계 장관들이 모여 회의를 진행하고 있으며, 사회정책 방향을 설정하며 관계 부처간 협력이 지속되고 있다. 또한 범정부적 차원에서 평생교육정책 및 사업을 조사·분석하고자 시도 또한 나타나고 있다. 2022년 국가평생교육진흥원에서 시행한 평생교육사업 조사분석에 관한 연구에서는 기존 평생교육사업 조사 분석이 교육부에서만 진행되는 것에 대한 한계를 지적하며, 정부 부처간 중복되는 사업을 방지하고, 평생교육정책의 효율성을 높이기 위한 방법으로 평생교육 관련 부처들과의 협동 거버넌스 구축을 통한 평생교육 사업의 체계적인 조사와 분석의 필요성을 강조하고 있다.

효율적인 평생교육정책의 시행을 위한 부처 간 협력 가능성은 거버넌스(Governance)의 개념에서 찾아볼 수 있다. 거버넌스는 다양화된 사회문제로 인하여 정부의 역할만으로는 해결되지 못하는 사회문제가 발생하게 되면서 등장한 개념이다. 거버넌스는 사회문제 해결을 위한 공공부문을 비롯한 다양한 사회구성원들의 집합적 행동 및 노력으로 정의되는 개념으로 이해되고 있다(이명석, 2010). 복잡다단한 사회문제의 해결과 사회의 성장을 위해서는 평생교육 현장과 관련된 많은 이해관계자의 협력 및 공동의 노력이 그 어느 때보다 중요하다. 평생교육정책을 시행함에 있어서도 협력적 거버넌스가 구축되어야 한다. 국가의 사회정책을 종합적으로 관장하고 있는 교육부를 중심으로 정부 부처 간의 거버넌스를 구축할 필요가 있다. 나아가 현재 평생교육체제를 '국가-지방자치단체-시민사회-시장' 등 사회의 다양한 기관 간의 협력적 관계 형성으로 확대된 거버넌스가 구축되어야 한다. 더불어 평생교육정책을 올바르게 시행하기 위해서는 평생교육의 실천 원리 등에 대한 실무진들 간의 지식·정보를 교류할 수 있는 네트워크 형성이 필요하다. 협력적 거버넌스 구축을 바탕으로 평생교육정책을 시행하는 부처들 간 인적·물적 네트워크를 형성하고, 필요에 따라서는 전문가들로 구성된 범정부 차원의 TF(Task Force) 구성을 통한 효율적인 평생교육정책의 시행이 필요하다.

사회문제는 시대에 따라 새로 생성되기도 하고 사라지기도 한다. 또한 시대와 상관없이 지속해서 나타나는 사회문제들도 존재한다. 현재와 다른 새로운 사회문제들이 나타났을 때 정책적으로 어떻게 대응할 것인지 그리고 지속적으로 해결되지 못하는 사회문제에 대해서는 국가 차원에서 어떻게 대응할 것인지에 대해 정부부처 간, 나아가 지방 및 민간 단체에서 함께 협력적으로 논의하고 해결할 수 있는 장을 만들어 상호협력적 관계를 바탕으로 사회문제를 해결할 수 있는 장을 마련할 필요성이 제기된다.

요약

1. 평생교육정책은 정책이 가지는 목적이 개인의 성장인지, 사회의 발전인지 그리고 다루는 교육 내용이 일반적·기초적인지 전문적·기술적인지에 따라 기초교육형 평생교육정책, 직업능력훈련형 평생교육정책, 시민교육형 평생교육정책, 사회개발교육형 평생교육정책으로 구분될 수 있다.

2. 평생교육정책은 유형에 따라서 주로 시행하는 부처나, 대상 등이 다르게 나타나는 것을 알 수 있다. 기초교육형 평생교육정책의 주요 대상은 사회적 약자이며, 주요 정책 시행 부처는 사회적 약자를 주요 대상으로 삼는 부처들이다. 반면 직업훈련지원형 평생교육정책은 일반인을 대상으로 할 때에는 고용노동부, 사회적 약자를 대상으로 할 때는 사회적 약자 대상의 정책 시행부처에서 많이 시행하고 있으며, 성인대상의 정책이 많다. 시민교육형 평생교육정책은 다양한 부처에서 시행하고 있으며, 연령과 집단 특성을 고려하지 않고 모두를 대상으로 시행한다. 마지막으로, 사회개발형 평생교육정책은 지역과 관련된 업무를 수행하는 국토교통부, 행정안전부에서 주로 시행하고 있으며 연령과 집단을 고려하기보다는 지역주민 전체를 대상으로 시행하는 정책이 많았다.

3. 범정부적 차원의 평생교육정책이 효과적으로 시행되기 위해서는 범정부 차원에서 평생교육정책을 계획하고 조정하는 지원체제가 구축될 필요가 있다. 이를 위해서는 평생교육 거버넌스 구축, 범정부 차원의 평생교육 사업조사 등이 꾸준히 진행되어야한다. 평생교육정책의 컨트롤타워는 교육부와 국가평생교육진흥원에서 수행하여야하며, 각 관계부처의 담당자, 담당 기관의 실무자 등이 지속적으로 네트워크를 갖고 교류를 해야 할 필요성이 있다.

연구문제

1. 각 유형별 평생교육정책의 사례를 조사하고 소개하시오.
2. 범정부적 차원에서 시행되는 평생교육정책의 향후 발전계획을 제시하시오.

📚 참고문헌

김지선(2024). 한국 정부부처 사회교육정책의 특성에 관한 다차원 정책분석모델 적용 연구. 동의대학교 대학원 박사학위논문.

김용련(2016). 마을공동체 구축을 위한 주민자치 실천 사례 연구: 나가노현(長野県) 아치무라(阿智村) 주민자치 활동을 중심으로. 일본연구, 70, 7-28.

김은지, 김소영, 선보영, 서영, 양난주, 김수정, 김혜영(2017). 지속가능한 돌봄정책 재정립 방안 연구(Ⅰ). 한국여성정책연구원.

김주섭(2006). 빈곤계층 대상 직업훈련의 실태와 성과. 노동리뷰, 2006(7), 25-39.

김주섭, 박진희, 이지은(2006). 탈빈곤을 위한 직업훈련 정책의 실태와 과제: 자활 직업훈련을 중심으로. 한국노동교육원.

김창엽(2005). 시민단체와 시민교육의 지향성에 대한 논의. 한국교육문제연구, 21, 31-48.

법무연수원(2021). 2020 범죄백서. 법무부.

송인한, 박장호, 김우식(2013). 전문가 지지, 근로희망과 경제적 자활의 관계: 자활사업 전문가 교육을 위한 제언. 한국사회복지교육, 22, 179-202.

송태호(1995). 교정교육학. 미리내출판사.

신지현(2021). 아동돌봄정책의 사회·경제적 성과: 퍼지셋 분석을 통한 OECD 국가 비교. 숙명여자대학교 대학원 박사학위논문.

신용해(2012). 수형자 교정교육의 현황과 개선방안. 교정연구, 57, 61-104.

오영훈(2005). 자활직업훈련 효과에 관한 연구. 직업교육연구, 24(3), 317-341.

오혁진(2022). 사회교육학 탐구. 학지사.

오혁진, 김영석, 이재민, 이슬기(2022). 평생교육사업 조사·분석의 개념과 내용 분석. 국가평생교육진흥원.

우현정(2018). 비판적 시민성과 시민사회 교육. 한국교원대학교 대학원 박사학위논문.

유주영, 강대중(2021). 교정교육의 목적과 기능에 관한 질적연구: 교정공무원 면담을 중심으로. 교정담론, 15(3), 241-276.

윤복남(1999). 외국의 문해교육 및 성인기초교육의 실천. 한국교육학연구, 5(1, 2), 155-180.

윤여상(2002). 탈북자 적응에 관한 태도변용이론의 적용 가능성. 대한정치학회보, 10(1), 195-223.

이명석(2010). 협력적 거버넌스와 공공성. 한국구정관리학회, 20(2), 23-53.

이성기(2010). 사회적기업 교육과정 연구. 한국사회복지교육, 13, 99-117.

이재민(2015). 한국 지역사회교육정책의 변천과정에 관한 연구. 동의대학교 대학원 석사학위논문.

이해주(1995). 사회교육을 통한 시민의식 함양에 관한 연구: 여성사회교육을 중심으로. 시민교육연구, 20, 95-113

정창윤(2023). 북한이탈주민의 남한에서의 고등교육경험을 통한 사회문화적응 과정. 숭실대학교 대학원 박사학위논문.

정훈(2009). 노작교육의 내재적 정당화에 관한 탐색. 교육연구문제, 33, 55-7.

최운실(2006). 문민정부의 교육개혁과 평생교육정책 공과 분석. 교육종합연구, 4(2), 27-46.

홍지오, 김용련(2018). 마을교육공동체 구축과정에서 나타나는교육주민자치 실천에 관한 연구: 서종면 교육주민자치 사례를 중심으로. 敎育行政學硏究, 36(5), 139-165.

찾아보기

▌저자 소개

오혁진(Oh, Hyuk-Jin)
서울대학교 영어교육과 학사
서울대학교 대학원 교육학과 석사, 박사(평생교육 전공)
현 동의대학교 평생교육 · 청소년상담학과 교수
　　한국평생교육학회 이사
　　한국사회교육연구회 회원

김지선(Kim, Ji-Seon)
동의대학교 평생교육학과 학사
동의대학교 대학원 평생교육학과 석사, 박사(성인 및 지역사회교육 전공)
현 동의대학교 교수학습개발센터 연구교수
　　한국사회교육연구회 회원

평생교육론

한국적 평생교육의 이해와 실천

Introduction to Lifelong Education:
Theory and Practice of Korea

2025년 2월 20일 1판 1쇄 인쇄
2025년 2월 25일 1판 1쇄 발행

지은이 • 오혁진 · 김지선
펴낸이 • 김진환
펴낸곳 • ㈜ **학 지사**

04031 서울특별시 마포구 양화로 15길 20 마인드월드빌딩
대표전화 • 02)330 - 5114   팩스 • 02)324 - 2345
등록번호 • 제313 - 2006 - 000265호

홈페이지 • http://www.hakjisa.co.kr
인스타그램 • https://www.instagram.com/hakjisabook

ISBN 978 - 89 - 997 - 3371 - 0 93370

정가 20,000원

출판미디어기업 **학 지사**

간호보건의학출판 **학지사메디컬** www.hakjisamd.co.kr
심리검사연구소 **인싸이트** www.inpsyt.co.kr
학술논문서비스 **뉴논문** www.newnonmun.com
교육연수원 **카운피아** www.counpia.com
대학교재전자책플랫폼 **캠퍼스북** www.campusbook.co.kr